2024年学校高层次人才引进专项课题（项目编号：2024rcxm13）

社会互动对情景记忆的影响

—— 基于社会传染效应的研究

史秀玉 著

上海交通大学出版社
SHANGHAI JIAO TONG UNIVERSITY PRESS

内容提要

在记忆领域，个体在社会互动中传递信息时，会出现将未经历过的信息误以为自己经历过的情况，这一现象称为社会传染效应(Social Contagion Effect)。社会传染效应体现了社会互动对情景记忆的负面影响，导致个体在记忆来源监测上出现偏差(Source Monitoring Bias)，产生所谓的"剽窃"记忆现象(Stealing Memory)。本书将带你认识人类这一奇妙的记忆偏差现象——记忆的社会传染效应，围绕"社会互动对情景记忆社会传染效应的影响"这一核心研究主题，从现象验证、效应对比、影响因素和情境拓展四方面对其存在特征、和其他记忆偏差效应的对比、影响因素、存在情境特征等方面对其进行全面深入的了解。

图书在版编目(CIP)数据

社会互动对情景记忆的影响：基于社会传染效应的研究 / 史秀玉著. -- 上海：上海交通大学出版社，2025. 4. -- ISBN 978-7-313-32495-5

Ⅰ. C912.6-0

中国国家版本馆 CIP 数据核字第 20259TJ874 号

社会互动对情景记忆的影响：基于社会传染效应的研究
SHEHUI HUDONG DUI QINGJING JIYI DE YINGXIANG: JIYU SHEHUI CHUANRAN XIAOYING DE YANJIU

著　　者：史秀玉			
出版发行：上海交通大学出版社		地　　址：上海市番禺路 951 号
邮政编码：200030		电　　话：021-64071208
印　　制：苏州市古得堡数码印刷有限公司		经　　销：全国新华书店
开　　本：710 mm×1000 mm　1/16		印　　张：15.75
字　　数：259 千字		
版　　次：2025 年 4 月第 1 版		印　　次：2025 年 4 月第 1 次印刷
书　　号：ISBN 978-7-313-32495-5		
定　　价：78.00 元		

  本专著基于作者博士基础心理学专业认知心理学研究方向,采用心理学行为实验和心理测量研究方法聚焦人类记忆偏差之一——社会传染效应开展文献综述和系列研究。本专著依据合作记忆的提取策略破坏假说理论、来源监测框架理论、注意力控制理论、竞争的社会比较模型等理论模型,在验证情景记忆两分支记忆中社会传染效应的差异性机制的基础上,证实了社会互动的合作和竞争两大重要形式对社会传染效应的影响机制,并重点在社会传染效应的存在特异性、社会压力、互动形式、情绪刺激性等维度对支持情景记忆两分支记忆类型间差异的双重加工理论模型提供了丰富的实证研究证据,拓展了双重加工理论模型在社会压力情境和竞争情境中的应用领域。本专著对社会学习、同伴学习中从减少聚焦自我的压力和采用中性情绪效价刺激等方面避免同伴带来的负面影响具有一定的现实启发意义。

  此专著的顺利出版要感谢我的启蒙导师山西师范大学博士生导师聂爱青老师在文献阅读、组会报告、数据分析、论文写作、回复审稿意见等环节中精细指导,还要感谢我的导师浙江大学心理与行为科学系百人计划研究员、博士生导师潘亚峰老师在研究设计和实验操作上的深度指导,潘老师缜密的逻辑、清晰的思路、方法创新的学术精神更是让我敬佩,最后还要感谢浙江交通职业技术学院心理健康教育专任教师、浙江大学心理与行为科学系博士李旻烨老师对关键学术问题的探讨和心得经验的分享,感谢上海交通大学出版社吴芸茜编辑对本专著付出的编校心血。

人类的记忆是种不可思议的东西。我们可以回想起若干年前的琐碎细节,可以在脑中存储成千上万个词汇,可以认出无数人的脸和情境。然而,记忆又并非总是完美可靠的,有时我们会忘记事情,或是难以把记忆碎片连缀成篇。还有一种情景则与之相反——我们会觉得自己记得一些自认为是"事实"的事,或是记忆与事实出入极大。这些记忆过程中的缺陷,通常被称为"记忆偏差"。记忆偏差是人类记忆的神奇之处,生活中我们会发现一类记忆偏差:当我讲一段自己的记忆时候,你很有可能就会捕捉到它,然后你会把它变成你的记忆,也就是说,我们在讲述某件事情的时候,会把源自他处的信息也融合进去,所以我们的讲述很有可能既有准确细节,又有不准确细节。所以不要轻易相信对人夸口说"我记得清清楚楚",因为很多时候,我们的记忆并不那么可靠。那么这种记忆偏差究竟是怎么回事呢?

在日常生活中,人们不断与他人进行社会互动。这种互动可能会产生积极作用,也可能带来消极影响。在记忆领域,个体在社会互动传递信息时,会出现将未经历过的信息误以为是自己经历过的情况,这一现象称为社会传染效应(Social Contagion Effect)。社会传染效应体现了社会互动对情景记忆的负面影响,导致个体在记忆来源监测上出现偏差(Source Monitoring Bias),产生所谓的"剽窃"记忆现象(Stealing Memory)。

情景记忆包括项目记忆(Item Memory)和来源记忆(Source Memory)两个重要子集。研究表明,经历社会合作后的个体在项目记忆中普遍存在社会传染效应。然而,经历社会互动(包括合作、竞争)后的个体来源记忆中是否也存在社会传染效应，其与项目记忆中的效应是否存在差异性，目前均尚不明晰。本书围绕"社会互动对情景记忆社会传染效应的影响"这一核心研究主题，系统开展了现象验证、效应对比、影响因素和情境拓展等系列研究。本书分为四个部分，共包括八个实验：

第一部分为"现象验证"，旨在探究社会合作对情景记忆中来源和项目记忆社会传染效应的影响。其中，实验1a使用中性情绪效价刺激，在序列提取范式中进行项目回忆和来源回忆提取任务，以探讨社会合作对两个情景记忆分支记忆（来源记忆、项目记忆）社会传染效应的差异影响。实验1b采用相同的实验范式，将刺激材料更换为含有积极、中性和消极的三类情绪效价刺激，以验证社会合作和刺激的情绪性是否共同影响了情景记忆的两个子集记忆，并尝试检验两者是否存在影响的差异。研究发现，社会合作对项目和来源记忆社会传染效应的影响具有差异性；其中，项目记忆的社会传染效应显著高于来源记忆。此外，社会合作和刺激情绪性共同促进情景记忆社会传染效应的产生，积极和消极刺激对项目和来源记忆社会传染效应的影响显著高于中性刺激，且情绪刺激的项目记忆社会传染效应显著高于来源记忆。

第二部分为"效应对比"，基于来源监测理论框架，从社会传染效应作为记忆来源监测偏差之一——"剽窃"记忆着手，通过比较"剽窃"记忆、"奉献"记忆和"虚假认同"效应这三种记忆来源监测偏差，探讨了社会互动对"剽窃"记忆（社会传染效应）影响的特异性。本部分的两个实验采用了经典的合作记忆变式，包括个体单独编码阶段、合作记忆阶段和个体单独记忆来源监测测试。实验2a采用中性情绪刺激，而实验2b则采用包含积极、中性和消极的三类情绪效价刺激，通过不同角度比较三类记忆来源监测偏差存在的倾向性，同时考察了刺激情绪性对记忆来源监测偏差的影响。实验发现，合作既诱发了"剽窃"记忆来源监测偏差倾向（即，社会传染效应），又促进了"虚假认同"效应的产生。

第三部分为"影响因素"，探讨了社会合作中的社会压力对情景记忆社会传染效应的影响。本部分两个实验均采用经典合作记忆范式，并在最终的个体单独记忆阶段后增设记忆来源监测测试阶段和问卷调查阶段。合作记忆阶段分别设置了目标导向压力组、个体导向压力组、无压力三种合作组别条件。实验3a采用了中性情绪刺激，而实验3b则采用了积极、中性和消极的三类情绪效价刺激。实验发现，项目记忆社会传染效应均显著高于来源记忆，且个体导向压力促进了项目和来源记忆社会传染效应的产生。

第四部分为"情境拓展"，旨在探讨社会互动的另一重要形式——社会竞争对情景记忆社会传染效应的影响。通过两个实验，改编了经典合作记忆范式，设置了竞争记忆阶段和个体单独记忆阶段的项目记忆和来源记忆提取任务。在竞争记忆阶段，将被试分成了合作-竞争组、竞争组和名义组三种组别。实验4a采用中性情绪刺激，而实验4b则采用含积极、中性和消极的三类情绪效价刺激。实验发现，竞争促进了情景记忆社会传染效应，但竞争形式未影响项目记忆社会传染效应，竞争组的来源记忆社会传染效应则显著高于合作-竞争组。

LIST OF TABLES | **表目录** |

引　言

（一）情景记忆及理论模型

"去年今日此门中，人面桃花相映红。"今时今日依旧记得去年同时同地的美景美人，在这美妙的比喻中，记忆活动就像是将过去的景象以图画的方式情景再现。众所周知，记忆作为个体基本的心理过程之一，一直备受心理学研究者的青睐。其中，存储时间超过 1 分钟的记忆为长时记忆，长时记忆对个体来说意义重大（彭聃龄，2019）。依据长时记忆存储内容的不同又可将其划分为情景记忆（Episodic Memory）和语义记忆（Semantic Memory）（赵珂珂，2013）。由于本文同时关注的项目回忆和来源记忆均属于情景记忆范畴（Wang & Fu，2011；聂爱情等，2015），下面将详细介绍情景记忆及其重要理论模型。

1. 情景记忆

情景记忆是"个体关于自我亲眼所见或经历的、事件（事物、信息）内容及其背景信息特征相关的记忆"（Wixted et al.，2018；Zhou et al.，2020），它包括事件（事物、信息）内容（content）的项目记忆（Item Memory）和提取事件发生情境（包括颜色、空间位置、形状大小等）（context）的来源记忆（Source Memory）两个方面。例如，你关于和朋友一起观看一场电影的项目记忆是指你记得看电影这个事件，而你关于此事件的来源记忆是指和观看的电影场次、座位、电影院特点等相关的背景信息记忆。

2. 情景记忆的理论基础

学术界关于情景记忆的两种记忆子集之间关系的讨论一直存在较大分歧，且很多研究表明项目记忆和来源记忆在很多方面都存在不同特点。例如从行为研究的视角看，Wang 等人（2017）发现睡眠会对情景记忆两类子集记忆产生不同影响，Glissky 等人（1995）采用功能性磁共振共像（fMRI）技术的研究揭示了项目和来源信息的提取会激活不同的脑区。具体来说，当监测和提取新旧项目有关的脑皮层被激活时，会抑制与来源信息提取有关的脑区激活（李梦梦，2022）。目前对于情景记忆两分支记忆间关系的解释主要有单一加工理论模型（Single-process Model）和双重加工理论模型（Dual-process Model），它们是两种截然不同的理论趋向（Pratte & Rouder，2011；Weidemann & Kahana，2017）。

　　单一加工理论模型主张，项目记忆和来源记忆的强度是连续不断的，并且它们的认知过程以及所需的注意力资源是相似的，即使个体在无法提取项目的情况下，依旧可以将其对应的来源信息提取出来，当个体对一个项目的记忆强度达到一定水平后，个体会将其判断为新项目或旧项目，且当个体判断为其旧项目后，与之相关的其他背景信息特征也会被检索出来（Brezis et al.，2017；柯淳淳等，2017）。这两种记忆提取任务在本质上是相似的，差异只体现在数量上的不同（Brezis et al.，2017；Hayes et al.，2018；柯淳淳，2017）。

　　双重加工理论模型提出了和单一加工模型完全相反的观念，它认为人类记忆过程包含两种截然不同的记忆处理机制，即熟悉性（familiarity）和回忆（recollection）（邓灿，2021；郭冰燕，2019）。其中，熟悉性是具备迅速、无需意识介入特征的过程，它的理论基础是信号检测原理（Signal Detection）（见图 0-1），熟悉性对于区分事件（事物、信息、项目）是否是新项目或旧项目至关重要（Caruso et al.，2020；Nie et al.，2023；李旻烨，2022）。另外，回忆则是一个需要更多认知资源的参与、速度缓慢且受认知控制更为明显的过程，它涉及阈限设定，并往往依赖于特定的提取策略（Nie et al.，2023）。

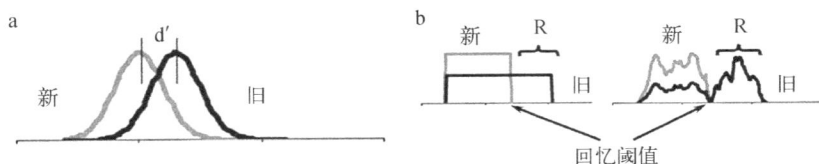

注：参数 a 代表熟悉性过程，这一过程体现了信号监测的机制。在这个框架下，旧项目（Old）的熟悉性显著高于新项目（New）。参数 c' 是一个度量标准，用来表示旧项目和新项目在熟悉度上的平均值差异；参数 b 代表回忆过程，这个过程涉及阈限机制，该机制的分布形状没有指向性（图中以两种可能的分布为例）。根据这个机制可以看出，旧项目虽然很多情况下会有很多，但只有一部分的旧项目能够被个体成功提取出来，对于其他一些旧项目来说，由于其未能达到回忆过程的阈限水平，因此不能被个体成功的提取出来（李旻烨，2022）。

图 0-1　双重加工理论模型图例

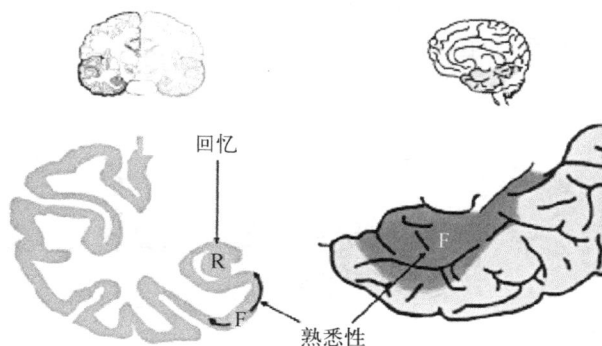

图 0－2　熟悉性与回忆在 MTL 中存在不同的激活区域

　　此外,双重加工理论模型认为项目记忆和来源记忆两种记忆类型对两种记忆加工过程——熟悉性和回忆两种加工过程存在不同程度的依赖程度,具体如图 0－3 所示:

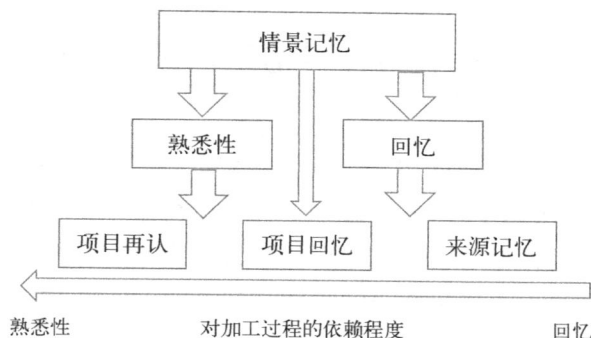

图 0－3　项目和来源记忆对熟悉性和回忆的依赖程度

　　在三种记忆提取任务中,项目再认对自动化、不受意识控制的熟悉性过程有较强的依赖性,这是因为熟悉性加工有助于帮助个体完成对事物(事件、信息)新旧加工的需求(Caruso et al.,2020)。与项目再认相比,项目回忆和来源记忆对回忆过程存在更强的依赖性,这是因为回忆过程需要个体调用认知、注意力等资源用于监测和提取信息(Howes et al.,2016;Yonelinas et al.,2010;李旻烨,2022)。最后,和其他两种记忆提取任务相比,来源记忆对回忆的依赖性最强(Yonelinas et al.,2010)。研究者证实了回忆涉及的相关神经脑区活动。例如,Hayama 等研究者(2012)利用功能性磁共振成像(fMRI)技术观察到个体在正确回忆来源项目而非错误回忆来源项目时，和回忆过程有关的脑区（如：皮质区域）会被明显的激活（见图0-4）。

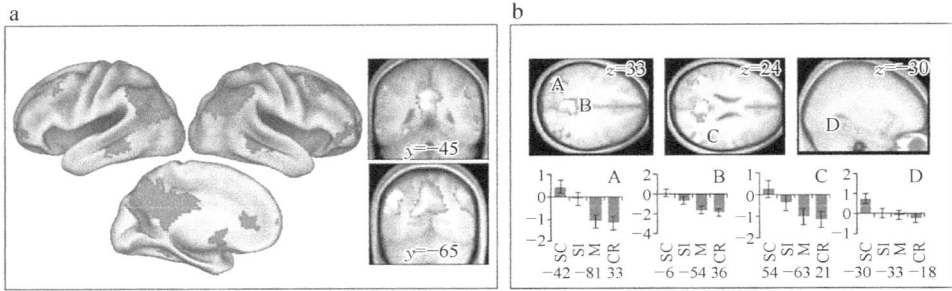

注：a表示正确回忆来源项目比错误回忆来源项目具有更强的脑区激活；b表示正确回忆和来源记忆重叠的脑区。

图0-4　正确回忆来源项目比错误回忆来源项目更易激活与回忆有关的脑区

（二）社会合作对情景记忆的影响

在日常生活中，人们对经历的事件（信息）的记忆活动包括对其进行编码（encoding），然后存储（storage）在记忆中，在需要时再将其提取（检索）（retrieval）出来（刘斯，2021）。而个体都是社会群体中的一分子，需要频繁地进行社会互动，记忆活动也不例外，因此人类记忆又是一种社会化的互动。个体通常需要互动交换信息、故事和经验，在他人的陪同下组建和提取信息（Weldon et al.，2000），这些互动的信息中毫无疑问会包括个体亲身经历的事件（信息），还包括个体在有意识或无意识中接受他人分享的一些事件（物）的信息及经历、看法，这些处在"记忆流"中的信息会影响人们彼此的记忆（Abel & Bäuml，2020；Ke et al.，2017；Nie et al.，2019；Rajaram & Pereira-Pasarin，2010）。近年来，社会合作对记忆表现的影响受到了学者们的广泛青睐。总体而言，合作对记忆存在两种截然相反的影响趋向，一种是积极影响即社会促进（Social Facilitation），另一种是消极影响即社会抑制（Social Inhibition）。前者是指由于受他人在场的影响使得个体记忆绩效提高，出现类似"1+1＞2"的积极现象；后者是由于受他人在场的影响导致个体记忆绩效降低，出现类似"三个和尚没水吃"的消极现象(Yu & Wu, 2015)。下面将详细介绍社会合作对情景记忆的影响表现及理论解释。

1. 合作记忆的经典研究范式与效应

2人或超过2人共同完成回忆任务的过程被称为合作记忆(collaborative memory)(Jalbert et al., 2021)。在经典合作记忆研究范式中,被试首先单独学习编码一系列材料,接着进行干扰任务,然后进入一个或多个记忆提取阶段。在这些阶段中,为了完成回忆任务,被试被分成个人组(Individual Group)、名义组(Nominal Group)和合作组(Collaborative Group)(李旻烨,2022;唐亮,2021)。个人组的个体各自独立进行回忆,而他们的回忆结果被合并以代表该组的总回忆量。名义组虽然形式上和合作组相似,由和合作组相同数量的被试组成,但实际上是虚拟的组合,其成绩是由各个独立完成提取任务的被试的结果合集,并在合并时排除了重复的信息。合作组则由与个人组、名义组相同数量的被试组成,他们通过轮流或自由讨论等其他方式共同回忆已学材料,其回忆总量是所有成员回忆量的集合。名义组和合作组的区别在于:合作组是真实的合作回忆,而名义组是"真实的"独立回忆。

在一个由三名被试组成的名义组和合作组的例子中(见图0-5),假设被试A回忆了苹果、轮椅、棉被、花园四个项目,被试B回忆了水杯、轮椅、桌子三个项目,被试C回忆了橘子、下雪、棉被、肝脏四个项目,对于名义组而言,将三名被试的回忆项目合并,得到的合集包括苹果、轮椅、棉被、花园、水杯、桌子、橘子、下雪、肝脏九个项目,在这个合集中,需排除重复的项目:轮椅、棉被。与此相对,合作组的回忆项目量只有六个。这可能是因为合作组的被试在回忆过程中进行了交流和协作,导致一些项目未能被重复回忆,或者因为相互之间的提示和讨论,使得某些项目没有被独立地计入最终回忆结果。由此可见,以上各组的回忆数量体现了合作的消极作用,出现了合作组的正确回忆量低于名义组的现象,即合作抑制(Collaborative Inhibition)(Barber et al., 2017; Guazzini et al., 2020)。很多采用和以上类似的研究范式的研究都较为一致地报告了合作抑制的发现(Ke et al., 2017; Yu & Wu, 2015)。

除了合作记忆的抑制作用,研究发现合作对记忆同样存在促进作用,表现为错误修剪效应(Error Pruning)和合作后记忆优势(Post-collaborative Memory Benefits)。前者发现合作组的错误记忆量要低于名义组的错误回忆量(Bärthel

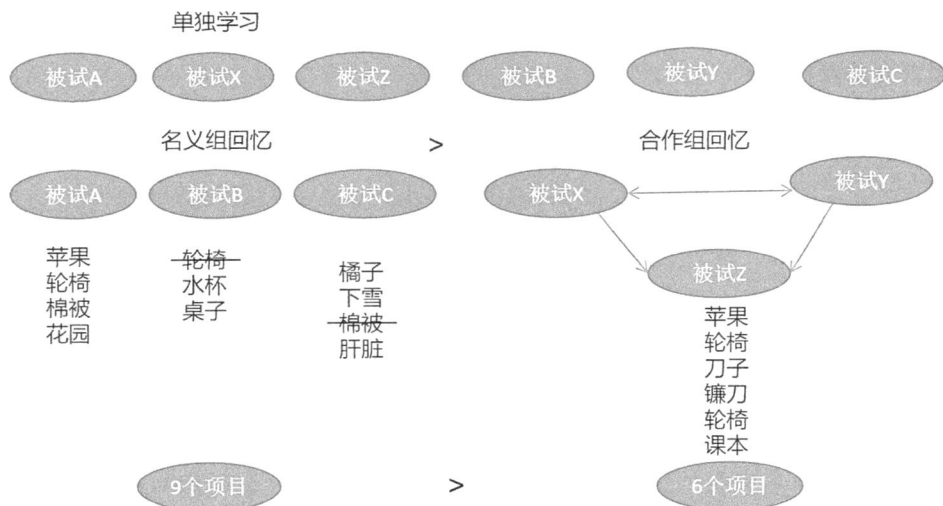

图 0‑5　名义组和合作组的正确回忆量计算方式

et al. ，2017；Nie et al. ，2023；Wessel et al. ，2015)，后者发现进行了合作后的个体记忆量比进行了两次个体单独记忆的个体正确记忆量更多（Maswood et al. ，2022；Nie et al. ，2023；Nie et al. ，2019）。

　　为了探索不同因素对记忆绩效的影响,研究者们立足于经典合作记忆研究范式,尝试改变其回忆提取阶段的操作方法（Blumen ＆ Rajaram，2008；Wissman ＆ Rawson，2015）。以回忆阶段包含两轮回忆任务为例,一般情况下在第一轮回忆阶段中个人组和合作组的个体被要求分别以独自（Individual,以下简称 I）或合作（Collaborative,以下简称 C）的形式完成指定的回忆提取任务,在第二轮回忆阶段中,所有的被试均被需要独自完成回忆提取任务（I）。Blumen 等人（2008）采用了三轮记忆提取测试阶段考察合作频率和顺序对记忆表现的影响,将被试分为以下几组：个体‑个体‑个体组（回忆序列为 I‑I‑I）、个体‑合作‑个体组（回忆系列为 I‑C‑I）、合作‑个体‑个体组（回忆序列为 C‑I‑I）,以及合作‑合作‑个体组（回忆系列为 C‑C‑I）。这些研究表明,合作记忆可以产生促进效应和抑制效应（Maswood et al. ，2022；Nie et al. ，2023；刘斯,2023）。

2. 合作抑制及其发生机制

　　合作抑制表现为合作组的正确回忆量显著低于名义组（Guazzini et al. ，

2020；Ke et al.，2017）。研究者们通常会从社会认知角度或社会心理角度对合作抑制做出理论解释。

从社会认知角度来看，提取策略破坏假说（Retrieval Strategy Disruption Hypothesis，RSDH）（见图 0-6）是当前公认的可用于解释合作抑制的理论（Nie et al.，2019；Saraiva et al.，2020；郭冰燕，2019；李梦梦，2021；刘希平等，2014）。该假说认为，个体在进入学习材料的编码过程时，都带着各自独特的预存认知结构、特异的认知组织和最优的提取策略。在合作回忆提取阶段，由于合作组成员之间相互交流和影响，不可避免导致成员间对彼此关于学习材料的认知组织和他们采用的不同提取策略造成相互扰动，这种扰动可能损害了成员各自最有效的记忆提取策略和记忆提取的潜力，导致了合作抑制现象的产生（Maswood et al.，2022；Nie et al.，2023；Whillock et al.，2020）。当然，也有学者对合作抑制还提出了其他观点，包括提取抑制（Retrieval Inhibition）和提取阻塞（Retrieval Blacking）（Barber et al.，2015；Rajaram & Maswood，2017）。提取抑制是指已经提取出来的项目可能会抑制个体对其他项目的提取。而提取阻塞指的是，在合作过程中未能成功提取的项目，可能在随后的个体记忆尝试中仍然无法被成功回忆，但在后续的个体项目再认中这些项目可能会被准确再认出来。

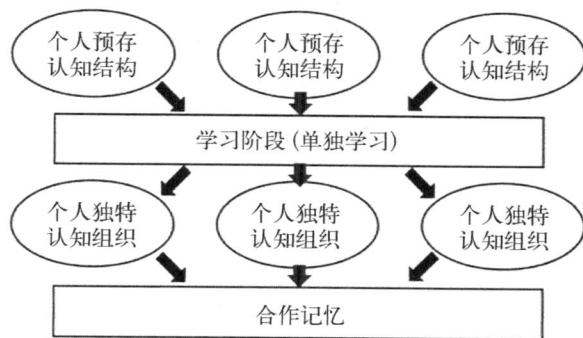

图 0-6 提取策略破坏假说理论框架

从社会心理学视角来看，一些学者将合作抑制现象解释为社会倦怠的体现。社会倦怠是指在群体合作中，随着成员数量的增多，个体可能会感到自己的责任减轻，认为其他成员会为共同目标而努力，从而减少了自己的投入和努力（Lee et al.，2015；Weldon & Bellinger，1997）。此外，合作抑制的另一社会因素可能是评价恐惧，即个体可能担心其他组员对自己错误的记忆项目持负面看法，因此在进行回忆提取任务时，他们可能会设定更为严格的提取标准，这最终导致了合作抑制的发生（Diehl & Stroebe，1987；Mullen，1983）。

3. 错误修剪效应的发生机制

合作还会对错误记忆产生修剪效应。提取策略破坏假说认为合作记忆能帮助合作成员相互对彼此提取的记忆信息进行矫正和反馈，尤其是对不确定的项目，合作成员间的交流会促使错误记忆的减少，从而促成了错误修剪效应的产生（Whillock et al.，2020；Whillock et al.，2020）。此外，评价恐惧理论指出合作记忆促使合作组成员提高记忆信息的提取标准，从而减少了错误记忆（Diehl & Stroebe，1987）。

4. 合作后优势效应的发生机制

上面提及的合作抑制和错误修剪效应都是在合作回忆过程中产生的，还有很多研究关注了合作回忆对后续个体单独记忆绩效产生的持续影响，表现出合作后记忆优势效应（Nie et al.，2019；Nie et al.，2023）。提取策略破坏假说对合作后记忆优势效应做出了充分的解释：

第一是反弹效应（Rebound Effect）。根据提取策略破坏假设，合作组成员在合作期间可能未能提取某些项目，因为各自的提取策略相互干扰，然而在合作后阶段，当个体再次单独进行回忆时，这些干扰消失，使得之前未被提取的项目有机会被回忆出来。这导致合作后的个体记忆绩效与那些虚拟的"合作组"（名义组）被试相似。

第二是再曝光效应（Re-exposure Effect）。提取策略破坏假说还认为，在个体独自回忆时未被成功检索出来的项目可能会在合作回忆过程中被合作组其他成员提取出来，这样类似于再曝光的现象为合作组成员提供了再次接触这些项目的机会，从而在之后的个体记忆中促进了记忆的提取，而名义组则没有这样的机会。

第三是交叉线索（Cross Cueing）。在合作阶段，合作成员提取出来的信息可以为其他成员提供可能促进成功检索的线索，这些线索有助于他们在后续的个人回忆中更有效地提取信息。

第四是再学习（Relearning）。合作组成员在合作回忆阶段提取的内容不仅有助于他人，也为他们自己提供了重新学习这些信息的机会，这有助于提高合作后个人回忆绩效。

第五是错误修剪效应（Error Pruning）。在合作提取过程中，成员可以通过合作讨论和反馈来修正错误记忆，这样有利于减少合作后个人回忆中错误项目的出现，而名义组没有这样的机会。

第六是复述（Rehearsal）。在合作提取阶段，个体提取的信息为其他成员提供了再次编码材料的机会，这样复述有助于加强记忆，从而提高合作后的个人回忆绩效。

除了提取策略破坏假说，特异性理论（Distinctiveness Theory）也对合作后记忆优势的认知机制进行了详细阐述（Wissman & Rawson，2015）。

（三）记忆的社会传染效应

社会互动对个体记忆的消极影响无处不在，如同学术剽窃、观点剽窃一样，个体记忆经过社会互动也会出现记忆"剽窃"现象（Stealing Memory）。在社会互动的信息传递过程中，人们可能会不由自主地将他们以前没有经历（知道）过的事件（物）信息吸纳为自己经历（知道）的一部分。例如，当你和朋友一起讨论一部旧电影时，你会将朋友讲述的他（她）在其他场合经历的一些情节信息融入自己的记忆中，成为你关于这部电影的记忆的一部分。近些年，很多记忆研究学者们纷纷将研究视角转向这一记忆中的"剽窃"现象——社会传染效应（Social Contagion Effect）。在记忆研究中，个体无意识地将社会互动中他人传递的其独有信息整合到自己记忆中，最终导致个体出现错误记忆的现象被称为社会传染效应（Choi et al.，2017；Hirst & Echterhoff，2012；Rajaram & Pereira-Pasarin，2010；Roediger et al.，2001）。下面将详细介绍社会传染效应的相关研究现状。

1. 社会传染效应定义及其演变过程

对记忆的社会传染效应的定义可以追溯到 Brown 等人（1989）提出的隐记忆（cryptomnesia）的概念，它指的是个体坚信某个自己原创的一个词、想法、解决问题的办法等实际上却是别人在更早的时候提供的此类内容。这种观点类似于当前的"学术剽窃""论文抄袭""观点剽窃"等现象。学术界关于隐记忆缺少直接的实证研究证据，但和其相近的现象——源失忆(source amnesia)的研究是存在的。源失忆研究是一个多阶段的实验范式，被试在得到特定的事实信息后需要完成一个回忆测试，在该测试中同时存在新的事实信息和其他一般信息，随后要求被试回忆他们学习过的信息并确定是从哪里学习到它们的，如果被试不能正确地判断信息的来源就会表现出源失忆现象。源失忆和隐记忆是相似的，都是个体遗忘了第一轮经历的事实背景信息，只是隐记忆的个体认为第一轮经历的事实背景信息就是自己的原始记忆，源失忆的个体则是遗忘了第一轮经历的事实背景信息的来源，隐记忆是源失忆的极端状况。源失忆现象在对被催眠者(Copper，1966；Thorn，1960)、失忆症患者(Schacter et al.，1984；Shimamura & Squire 1987)和正常人(Johnson & Raye，1981)记忆研究中都得到了验证。

2. 研究范式

纵观以往的研究，研究者们一般采用三种方法监测社会传染效应。第一种方法是将被试和由主试特定的联盟者(confederate)进行匹配，主试在实验开始前安排联盟者记住特定的实验刺激，从而"污染"了被试在编码阶段对所学刺激的单独记忆(Maswood & Rajaram，2019)；第二种方法是被试在完成编码学习阶段后被要求记忆一些含有特定错误信息的刺激项目，同样达到干扰被试回忆所学刺激的记忆提取目的(Gabbert et al.，2003；Meade & Roediger，2002)；第三种方法是采用更为真实的社会互动形式，例如在三人或两人合作组中每个被试编码和另外的合作者不同的刺激，这些不同的刺激在合作回忆阶段被回忆出，并由一被试传递给另一被试(Abel & Bäuml，2020；Gabbert et al.，2003；Garry et al.，2008；Wright et al.，2000)。以上三种方式均在个体最后的单独记忆提取阶段发现个体记忆被"感染"的现象，即出现记忆的社会传染效应。

社会传染效应的研究范式类似于误导信息研究范式(misinformation paradigm)，通常包含两种：一种是记忆整合范式(Gabbert et al.，2003；Wright et al.，2000)，一种是经典的社会传染范式(Meade & Roediger，2002；Rodiger et al.，2001)。两种研究范式的相同点是：都包含了一个通过社会来源引入错误信息的阶段(Maswood & Rajaram，2019)。

记忆整合范式起源于目击者记忆研究，实验者经常在实验室中模拟真实的犯罪经历，比如使用和犯罪相关的学习材料(如犯罪现场电影，目击者叙述等)

（Gabbert et al.，2012）。Gabbert 等人（2003）的研究中两人组被试目睹了相同的事件，但他们相互不知道目睹的内容，要求被试单独回忆或二人组的形式回忆该事件，然后使用第二轮回忆测试来检验合作回忆对后续记忆绩效的影响，研究发现即使要求被试只回忆他们自己看到的内容，那些与合作者共同讨论回忆事件的个体也会将之前没有看见的细节纳入他们自己的记忆。

Roediger（2001）是经典社会传染效应范式的先驱者，他将 Asch（1956）提出的记忆整合范式和 Lofus（1978）提出的错误信息范式相结合，包括编码、合作回忆和个人记忆测试三个阶段。在编码阶段，一个真正的被试和一个实验联盟者首先分别学习常见的家庭场景图片（如浴室、卧室）的刺激材料。然后，在合作记忆阶段中两人依次回忆所学习的刺激材料。在这个过程中，联盟者故意回忆出事先安排好的一些错误刺激作为传染性刺激，这些项目在编码阶段未出现过，但与所学习的刺激有关，在最后的个体单独回忆任务中要求被试尽可能多地回忆所学习过的材料，结果表明被试的记忆被联盟者在合作记忆阶段引入的错误项目（传染性刺激）所传染，出现了错误记忆，证明了社会传染效应的存在（Meade & Roediger，2002；Roediger et al.，2001）。其他使用这种范式的研究均发现，真正的被试也报告了联盟者建议的错误项目，这表明了社会传染效应普遍存在（Abel & Bäuml，2020；Andrews & Rapp，2014；Andrews-Todd et al.，2021；Kensinger et al.，2016；Maswood & Rajaram，2019；Meade et al.，2017；Meade & Roediger 2002；Numbers et al.，2019；Park et al.，2016）。

显而易见，上述研究范式还是存在一些不足。首先，联盟者的贡献并不等同于真正的合作者。在上述范式中，联盟者的记忆表现模式（例如，回忆多少刺激和回忆什么刺激）都是主试提前确定好的。换言之，无论与谁合作，联盟者都会以相同的模式表演，这与合作者按照自己意愿表演的真实情况截然不同。其次，人们之间的信息共享模式通常与轮流范式（turning taking）不同，在轮流范式中，个人被要求轮流回忆，必须等待轮到自己，并且不允许对彼此的回忆内容进行更正或评论（Roediger et al.，2001）。在现实世界中，人们倾向于自由讨论（free-flowing），就像在自由流动的范式中一样，个人可以自由做出对回忆的贡献，可以按照他们自己的意愿处理分歧，且研究也发现使用自由回忆方式会提取更多的正确记忆和出现更少的错误记忆（Thorley & Dewhurst，2007；Marion & Thorley，2016）。最后，两个人之间的互动是有限的。就现实世界的社交交流而言，人们经常同时与更多的人共享信息。因此，在更多人的情况下考虑社会传染效应具有重要意义(Choi et al.，2017)。

因此，亟需在最大程度上模拟现实社交、社交主体间能充分互动以体现社会传染效应的研究范式。随后，Choi 等人(2014，2017)和 Abel 和 Bäuml(2020)提出了修正后的社会传染效应研究范式。该范式依旧分为编码、合作回忆和最终的个体单独回忆三个阶段。以三名真正的被试组为例，在编码阶段，每名被试都被给予不同重叠程度的编码刺激即共享项目、部分共享项目、非共享项目。共享项目是由所有被试编码的项目，部分共享项目是由任意两名被试共同编码的项目，非共享项目则是只由其中一个成员编码的项目。合作回忆阶段是通过自由回忆进行的，通过自由回忆，被试可以自由讨论和商讨如何决定回忆出的项目，因此任何分享程度的项目在合作被试之间自由地传输。在最后的个人单独回忆阶段中，所有被试回忆自己所编码过的信息，如果被试在此阶段不知不觉中将合作同伴传递的信息融入自己的经历中，就会出现社会传染效应现象(Abel & Bäuml，2020；Choi et al.，2017；Kensinger et al.，2016)。

3. 理论基础

来源监测框架理论(Source Monitoring Framework)是学术界公认的社会传染效应的主要理论解释(Andrews & Rapp，2014；Choi et al.，2017；Hirst & Echterhoff，2012；Jlbert et al.，2021；Johnson et al.，1993)。来源监测框架理论涉及编码、记忆以及对个体的记忆、思想和信仰的来源做出归因的认知过程(Johnson et al.，1993；Johnson et al.，1981；Mitchell et al.，2003)。来源监测过程允许个体区分、判断主要源于自己的思想和形象加工的记忆和那些源自被感知的外部经历事件的记忆。如果个体的记忆来源主要基于其对记忆的信念、记忆的性质特征(如视觉细节、情境特征)及用来评估这些特征的灵活决策标准，那么个体往往在记忆来源归因时能做出准确的评估，如：我对大峡谷之旅非常深刻的记忆主要是基于我在那里的实际体验，然而当我错误地相信在大峡谷之旅期间我看到了一幅关于鹿的洞穴画(实际上我是从一张明信片上看到这幅画或者从某人那里详细听说了它)，这些记忆来源判断过程就是错误的。

根据来源监测框架，记忆来源判断过程主要是启发式判断(Johnson et al.，1993；Johnson et al.，1981)，它是指个体对记忆来源的判断过程在很大程度上依赖于与记忆事件相关联的定性感知特征(如视觉细节、声音和触觉等)、情境特征(如空间、时间信息等)、语义细节(如事件的独特性、意义等)、情感信息(如对事件的情感反应等)以及关于创建记忆所涉及的认知操作信息(如首次经历事件时使用检索、识别、组织或详细过程的记录)(Johnson et al.，1993)。因为对于既定的记忆这些属性在强度和显著性上有质的变化,所以它们可以用作确定记忆来源的线索。启发式来源归因主要依赖将记忆事件相关的定性特征与特定来源产生的记忆平均定性特征进行比较评估,例如,个体看到或听到一个人在痛苦中哭泣时,往往具有更强的关于感知、情境、语义和情感细节的想象,而由这些想象产生的记忆往往具有较少的细节和较多的关于创造图像所涉及的心理过程信息。因此,当一个人对想象中的事件记忆异常深刻但是几乎没有相关认知操作信息时(如某事件相对容易想象),启发式判断过程可能会导致错误的记忆来源归因,在这种归因中,想象中的事件会被认为是真实的记忆。

　　该框架还认为个体记忆的来源监测过程同时包括对内部、外部两个来源的监测。他们会使用外部语音源(如合作者 A 或 B 说出信息)作为记忆提取策略以帮助回忆编码刺激及其来源信息。如果个体关于信息是如何获得的记忆痕迹是模糊的,个体可能会无意识地认为合作同伴回忆的信息就是自己编码过的,但不幸的是,他们会成为这类错误信息的受害者,因为他们混淆了自身经历和他人建议的经历之间的来源差别,从而导致了社会传染效应的出现(Jlbert et al.，2021;Meade & Roediger，2002)。此外,该框架预测,个体经历的项目与他人建议的项目之间的相似性越大,就越有可能发生来源错误归因,产生社会传染效应的可能性也越大(Numbers，2011)。目前,来源监测框架对社会传染效应的贡献得到了很多研究的验证(Andrews & Rapp，2014;Maswood & Rajaram，2019;Meade & Roediger，2002)。

　　另外,激活监控理论(Activation Monitoring Framework)为理解社会传染引起的错误记忆提供了一种框架解释。该理论指出,由社会传染导致的错误记忆的形成涉及到记忆的两个核心阶段:编码和提取。这些阶段依赖对编码信息的语义激活加工,而适当的监控处理有助于减少由社会影响产生的错误记忆(Roediger et al.，2001)。在编码阶段,有两种主要的处理方式:项目特异性加工(Item-specificProcessing)和关系性加工(Relational Processing)。项目特异性加工侧重于信息的独特特性,帮助个体区分哪些事件实际发生过,从而减少了错误记忆的产生。关系性加工则关注信息的共通特性,这有助于提取事件的核心概念或模式,但也有可能导致错误记忆的产生。个体通常根据他们的认知模式来编码和解释经验,并通过推导和论证等方式激活与这些认知模式相关的信息,伴随着某种模式被激活时,个体可能会自动填补自认为可能缺失的信息,所以有时甚至可能填充了与模式相关但实际上并未发生的信息。因此,单纯的激活处理并不能保证准确回忆实际经历过的事件。监控处理通过在编码阶段抑制不必要的激活或在提取阶段阻止已激活信息的回忆来减少错误记忆的发生(刘丽婷,2018)。例如,在 DRM(Deese-Roediger-McDermott)范式中,被试在学习了 DRM 单词词表后进行合作记忆提取阶段时,同伴提供的关键词很容易通过语义关联被激活。如果这种激活达到了意识层面,那么在个体后续的回忆过程中,这些关键词可能会被复述,并像实际学习过的内容一样得到再学习,从而在记忆中留下痕迹。在提取阶段,监控过程很难区分实际学过的内容和那些已经留下深刻印象的关键词,从而导致错误记忆的产生。

4. 影响因素

到目前为止,研究者主要从实验操作和合作者的特征两方面探讨有助于减少社会传染效应的影响因素研究。比如在合作回忆之前额外增加回忆或学习机会(Abel & Bäuml,2020;McNabb & Meade,2014)、收到关于合作者提供的不准确信息的警告(Hirst & Echterhoff,2012)、合作者可信度较低(Andrew & Rapp,2014)、合作者在回忆任务中表现出较差的记忆力,这些都有助于减少社会传染效应(Numbers et al.,2014)。Meade 等人的研究(2017)证明,和年轻合作者相比,被试更不容易采取向其展示照片和信息的老人合作者所提供的误导性建议。社交回避(Wright et al.,2010)、开放性和外向性的性格特征(Doughty et al.,2017)与减少社会传染效应有关,当被试对合作者带有负面刻板印象时,社会传染效应也会减少(Numbers,2019)。

此外,很多研究也证明了在某些情况下社会传染效应会加剧。例如,当真实刺激出现的次数较少或错误信息出现的次数较多时,社会传染效应就会增强Meade & Roediger,2002;Roediger et al.,2001)。高期望项目(即出现在特定场景的可能性更高的项目)的社会传染效应强于低期望项目(Numbers,2011);合作者与被试的关系越熟悉,引发的社会传染效应就越高(French et al.,2008;Hope et al.,2008)。合作者的感知力越高,社会传染效应的发生率越高(Carol et al.,2013)。此外,如果合作同伴更具竞争力而非合作性,可能会引发更高的社会传染效应(Park et al.,2016)。

5. 情景记忆中的社会传染效应

查阅文献可知(见表0-1),现存关于社会传染效应的文献仅涉及情景记忆的子集记忆之一——项目记忆(Abel & Bäuml,2020;Meade et al.,2017;Numbers et al.,2019),当前的研究均聚焦在个体对各类项目材料记忆的社会传染效应现象,在情景记忆的另一分支——来源记忆中没有发现任何研究痕迹。社会传染效应是否也会发生在来源记忆中?这是值得探索的议题。如果是,社会传染效应的模式是否会与项目记忆中的模式有所不同?鉴于这些问题,本研究的首要目标是深入研究这些问题。这不仅可以加深我们对社会传染效应的理解,而且可以揭示情景记忆两子集记忆之间的异同。此外,这些发现可以为证明来源监测框架在两种情景记忆分支之间的作用是否不同提供证据,并有助于理解用于解释情景记忆异同的双重加工模型或单一加工模型。

表0-1　以往研究中社会传染效应在情景记忆子类别中表现的报告举例

文　献	记忆类型	影　响　因　素	实验材料	被　试
Abel & Bäuml(2020)	项目再认	回忆前测试	词汇	三人组
Andrews-Todd et al. (2021)	项目回忆	压力类型	词汇列表	两人组
Choi et al. (2017)	项目回忆	情绪效价、合作组类型	图片-词汇配对	三人组
Hart & Meade(2021)	项目回忆	记忆力评估	6张图片	两人组
Numbers et al. (2019)	项目回忆	伙伴年龄、准确性、年龄印象	6张图片	两人组
Roediger et al. (2001)	项目回忆	呈现时间	6张图片	两人组
Kensinger et al. (2016)	项目再认	情绪效价	图片-词汇配对	两人组
Andrews & Rapp(2014)	项目回忆	伙伴记忆力和信任力	类别词汇	两人组
Meade et al. (2017)	项目回忆	伙伴年龄	6张图片	两人组
Meade & Roediger(2002)	项目回忆	提醒	6张图片	两人组
Harris et al. (2017)	自传记忆	建议情绪效价	自传事件	两人组

（四）记忆来源监测偏差

如前面所述,社会传染效应即在经历社会合作后个体记忆中产生的"剽窃"合作者记忆成果的现象。从来源监测框架理论角度来看,个体往往在合作记忆后进行记忆来源的溯源归因存在种种困难,这就导致了各种记忆来源监控错误(Jalbert et al.，2021)。社会传染效应的本质就是个体由于在记忆提取阶段中关于记忆来源的监测加工出现错误而产生的一种记忆来源监测偏差(Andrews & Rapp，2014；Choi et al.，2017；Hirst & Echterhoff，2012；Jlbert et al.，2021；Johnson et al.，1993),它是一种错误地采用外部来源信息作为自己所属记忆的记忆来源监测偏差(Hyman et al.，2014；Roediger et al.，2001)。近年来研究者们对社会传染效应这一类记忆来源监测偏差的青睐关注导致极少数研究关注其他可能存在的记忆来源监测偏差及其存在的概率,正因为如此,导致我们无法判断观察到的社会传染效应(即采用外部信息记忆作为自己的记忆)是否代表了记忆中的真正偏见,或者这些社会传染效应是否只反映了许多相等可能性出现的记忆来源监测错误中的一种。在对以上两种疑问进行回答之前,有必要对记忆来源监测偏差种类进行详细介绍。

1. 记忆来源监测偏差

在现实世界中,人们知道他们和他们的合作同伴经常会经历不完全相同的事件,即使当人们目睹同一个事件时,他们也并不都有相同的观点或看到、体验相同的事件内容。例如,人们经常认为"事件就是这样的",也就是他们以为只有他们自己知道事件是怎样的,而事实上与他们共同记忆中的其他人却看到了事件的不同方面,也就是说通常人们对共同事件的记忆可能只是部分重叠,因为在合作回忆过程中合作同伴之间可能会讨论回忆的信息,并获取彼此信息,从而导致存在不同的记忆信息,而且个体通常在合作记忆之后的单独记忆来源提取困难时,对于每部分信息是谁学习过的问题就会产生来源判断错误,这就会导致各种来源监测偏差(Hollins et al.，2016a；Hyman et al.，2014)。来源监测偏差的程度和合作记忆目标的不同息息相关,如果合作记忆被用来创建一个关于过去的共同分享记忆(collective memory)的目标,这种情境下的合作记忆会导致个体对某个事件的个体记忆变得越来越相似(Cuc et al. ，2006；Fivush et al. ，1996；Hirst & Echterhoff, 2012；Hyman, 1999；Hymanet al. ，2014)，因为个体在参加这些活动时可能不太关心是否获得准确的信息或跟踪信息的来源，从而更有可能出现记忆来源监测偏差。

2. 记忆来源监测偏差类型

来源监测判断通常可能是准确的，但任何记忆来源监测错误也会以不同的频率发生，记忆来源监测偏差类型如图 0 - 7 所示。

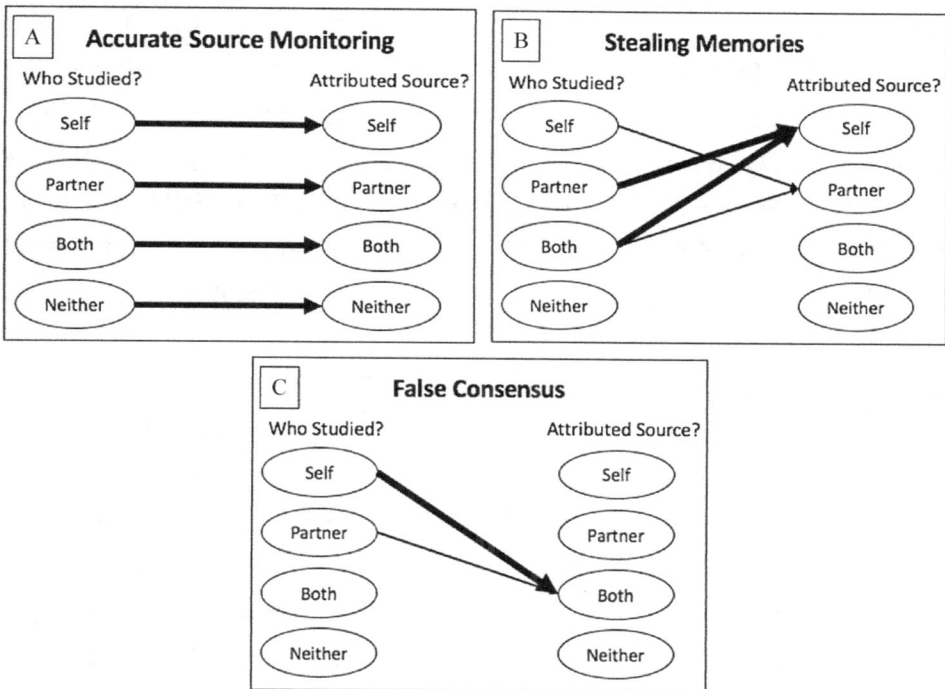

注：较粗的线表示更多的错误(以 2 人合作组为例)。图 A 表示正确的来源监测，其中归因的来源与最初学习材料的人相匹配。图 B 表示一种可能的来源监测偏差模式——"飘窃"记忆(即社会传染效应)(Stealing Memory)，一个人可能会错误地将更多最初由合作同伴或两人研究的项目归因于自己，而不是将自己或两人都研究的项目错误地归因于合作同伴。图 C 表示另一种可能的来源监测偏差模式——"共享记忆"(即"虚假认同"效应)(False Consensus)，即个体认为自己学习过的项目也是大家学习过的。第三种记忆来源监测偏差即"奉献"记忆(即"泄露记忆")(Giving Away Memory)，一个人会错误地将更多最初由自己和共同研究的项目归因于合作同伴研究过，而不是仅由自己研究的项目。下面将详细介绍三种记忆来源监测偏差。

图 0 - 7　精确来源监测的示例和可能的来源监测偏差的类型(Jalbert et al. ，2021)

第一种是"剽窃"记忆。个体有时会错误地认为他们亲眼目睹了原本应该是合作同伴的信息，这种错误被称为"剽窃"记忆，即本书关注的社会传染效应，它被看作是一种以自我为中心的记忆来源监测偏差，它代表了相信信息来自自己而非来自合作同伴的错误倾向。如果这种错误比相信合作同伴贡献的记忆被分享的错误发生得更频繁，就突出了自我在记忆中的作用，体现"个人主义"倾向。第二种是"虚假认同"效应。即个体错误地认为自己的信息也是与合作同伴共享的信息。更广泛地说，"虚假认同"效应是"天真主义"(native realism)的表现，人们倾向于相信自己对世界的看法是真实的，并理想性地期望其他人也会以同样的方式看待世界(Ross & Ward，1996)。第三种是"奉献"记忆，个体有时会错误地将自己和合作同伴共享的记忆归因于合作同伴，只有他们的合作同伴亲眼目睹了信息，这种错误也被称为"泄露"记忆，表现为"利他主义"的倾向。在Hyman(2014)的两项合作记忆研究中，二人合作组被明确告知在个体学习阶段他们将学习部分重叠的信息，随后二人合作组被要求合作回忆这些学习材料，然后各自单独完成一个需要他们选择信息原始来源的来源监测测试，结果发现，"剽窃"记忆错误和"奉献"记忆错误两类来源监测偏差都存在，且"剽窃"记忆错误比"奉献"记忆错误多，也就是说，被试更容易产生错误地相信信息来源于自己，而不是来自合作同伴的倾向。

当前关于社会合作后的个体记忆来源监测偏差研究还存在以下问题：第一，合作记忆后的记忆来源监测偏差的性质仍然不清楚。一方面，由于合作带来的记忆来源监测偏差可以反映出由于合作过程带来的某种特定的错误类型，另一方面，记忆来源监测偏差也可以简单地表示随机分布的错误，但是当前研究者探讨合作记忆后的记忆内容主要集中在一种或某两种记忆来源监测偏差上，虽然普遍发现人们通常会错误地将他人对记忆的贡献当成他们自己对事件的记忆，但几乎所有研究都没有探讨三类记忆来源监测偏差的频率状况，也没有研究人们是否同样也有(多大)可能将自己的个人经历归因于外部来源的议题(Barber et al.，2017；Choi et al.，2017；French et al.，2008；Garry et al.，2008；Meade & Roediger，2002；Roediger et al.，2001；Wright et al.，2000；Hyman et al.，2014)。当前有大量研究证明了人们在回忆事件时会被加入误导性的信息以扰乱个体记忆，然而这些研究并没有将这些错误与他们最初目睹的信息而不是编码后接触到的信息进行比较(Harris et al.，2017；Loftus et al.，1978)；另外，人们可能会吸纳同伴提供的信息从而产生错误的记忆，但他们是否会将自己的记忆归因于其他人，这是不确定的（Brown et al.，2015；Sheen et al.，2001）。所以当前对记忆来源监测偏差的有限研究反映了两个问题。第一，由于应用的原因，人们通常更关心的是虚假的说法，即记住了一个人只听说过但没有经历过的事情。再由于方法论的原因，被试通常处于他们认为每个人都看到了完全相同信息的理想情境下，即当被试认为所有信息都是共享信息时，他们只能判断信息最初是被共同目击的还是没有被共同目击的，而大多数研究都没有注意到以下状况，即对事件的记忆如果只有部分重叠时，可能会发生错误的判断。因为当信息有部分重叠时，被试可能会（正确或错误地）判断信息是共同目击的，或者是一个人经历的，抑或都没有经历过的。第二，一些研究证明了人们在完成想法生成任务后，会无意识地"剽窃"（Unconscious Plagiarism）他人想法并认为那是自己的想法，但是这些研究者很少将无意识"剽窃"的频率与错误地将自己的想法"奉献"于他人的频率进行比较（Hollins et al.，2016b；Landau ＆ Marsh，1997；Stark ＆ Perfect，2007；Hollins et al.，2016a），这就很容易让人们相信他们通过自己的个人经历获得的信息实际上是来自外部来源，因此缺少偏差频率的比较就不能获取记忆来源监测偏差的全貌和相对存在状况。

所以本书主要关注的是当人们在合作后回忆出现信息来源监测偏差——"剽窃"记忆（社会传染效应）时，是否反映了来源监测中的根本偏见？或者只是同样可能发生的许多随机错误之一？而且在合作记忆的情境下，无论这些错误是特定还是随机存在的，都可能对记忆如何通过合作随时间变化产生根本不同的影响。因此，尝试对个体记忆来源监测偏差种类及其出现的倾向性比较分析对本书来说也是非常必要和重要的。

（五）社会压力对社会传染效应的影响

以往研究已经证实，社会压力作为重要的社会情境因素是影响合作记忆绩效和社会传染效应的重要因素之一，但学者们关于社会压力究竟对合作记忆乃至社会传染效应的影响程度有多大这一点上还具有较大争议。一方面，一部分研究者认为，在个人任务表现中施加压力会阻碍个体完成一项活动所需的认知资源的调配，导致个体在合作记忆任务中对不准确信息的依赖增强，产生消极影响（Basden et al.，1997；Reysen，2003；Thorley & Dewhurst，2007；Weldon & Bellinger，1997）。另一方面，也有研究证明社会压力也并不总是有问题的，压力可激发被试表现动机和促进记忆绩效（Gardner，2012；Reysen，2003），其对合作记忆乃至社会传染效应的影响取决于合作记忆过程中个体所经历的压力类型（Andrews-Todd & Salovich，2021）。因此，有必要为社会压力对社会传染效应的影响提供更多证据和研究支撑。

1. 社会压力

遵守群体标准的压力是对人类行为最主要、最有力的影响之一（Reysen，2003），Baumeister(1984)最早将社会压力定义为"在特定场合提高表现良好重要性的任何因素或因素组合"，社会压力让个体产生对表现和其他非任务思维的担忧（Andrews-Todd & Salovich，2021）。总体而言，从心理学角度进行的压力和记忆关系的研究主要将社会压力分为两大类：一类是估计变量类压力，主要指不可控的压力变量类型，包括研究对象的特征（Andrews & Rapp，2014；Hope et al.，2008；Wright et al.，2010；Zhu et al.，2010）、编码信息的特征（Harris et al.，2012；Wang et al.，2015）等；另一类是系统变量类压力，主要指可控的压力变量类型，如编码和提取间的时间间隔（Takahashi，2004）、关于编码信息的误导信息对记忆的影响（Echterhoff & Hirst，2005）、提取时向研究对象提问的方式和警告（Echterhoff，2005；Gabbert et al.，2003）、研究对象的信心（Numbers et al.，2014）、他人压力（Weldon et al.，2000）等。大多数研究者通过实验证明社会压力对个体的记忆均造成负面影响，社会压力会导致记忆失败（Baumeister，1984；Beilock & Carr，2001）和错误回忆（Basden et al.，1997；Reysen，2003；Thomas & Dubois，2011；Thorley & Dewhurst，2007）。Thorley 和 Dewhurst(2007)在小组记忆任务中发现经历较大压力的被试比经历较小压力的被试产生更多的错误记忆。其他关于压力消极后果的研究已经确定了压力对少数群体或传统上被污名化的群体（如女性、老年人、黑人、非裔美国人）存在负面影响（Aronson，2002；Barber et al.，2015；Steele & Aronson，1995）。

2. 社会压力对个体记忆的影响

大量研究证明，社会压力会对个体记忆产生积极或消极影响。基于压力的个人记忆绩效的降低通常被归因于完成活动所需的认知资源分配的妥协

(Beilock，2008；Mousavi et al.，1995；Schmader & Johns，2003）。Croizet 等人（2004）在研究告知心理学专业的学生被试他们可能比其他专业的学生智商较低，且在一般认知能力的评估上表现不如其他专业学生，但在非诊断其能力的记忆测试中他们的表现与其他专业学生一样好，这种是通过向被试提供合作群体的负面信息转化成压力的方式，证实了社会压力对个人绩效表现会产生影响。这种压力转化会消耗个体为成功完成记忆任务所需的包含生理（例如，心率变化）和心理（例如，增加的自我监控和调节思想和情感）过程的认知资源（Schmader et al.，2008）。

研究还表明，被试记忆绩效表现的下降也和各种突发事件引起的压力有关（Beilock & Carr，2005；Crouzevialle & Butera，2013；DeCaro et al.，2010）。Beilock 等人（2004）要求被试在低压力或高压力情境下解决算术问题，低压力情境下的被试被简单地要求解决问题，高压力情境下的被试被告知他们将被录制视频，并根据他们的表现和指定合作同伴的表现获得金钱奖励，而且他们也被告知合作同伴也获得了相应的金钱奖励。结果表明，高压力情境下被试比低压力情境下被试记忆绩效更差。与此类似地，还有一些研究都表明，被试记忆绩效下降的原因都和不同程度的压力导致其在完成任务所需的注意力资源不同有关（Beilock，2008；DeCaro et al.，2010；Gimmig et al.，2006）。

然而，压力并不总是导致个体表现下降，一些研究反而强调，在充满压力的情况下，动机和表现会出现有益的增加（Aronson，2002；Gardner，2012）。Reysen（2003）认为，经历社会压力的被试与表现出高绩效的虚拟同伴配对时会表现出更好的记忆绩效，这是因为与同伴的能力保持一致的动机克服了被试潜在的压力问题，甚至延伸到被试自己完成的后续任务中。因此，在某些情况下，压力似乎可以支持而不是妨碍注意力分配（Coull et al.，2001；Fisher & Ford，1998；Kanfer，1996）。

3. 社会压力对个体记忆的影响理论基础

一致性效应（The Conformity Effect）在社会压力对个体受群体影响的研究领域提供了经典的理论解释（Asch，1956；Reysen，2003）。Asch（1956）首次发现被试经常根据主试安排的实验联盟者的反应做出关于线条长度的错误判断，尽管他们原本可以很容易辨别出三条线中哪一条与目标线匹配。Asch 的研究结果证实了个体行为会受到社会压力的影响，尽管他人提供了明显不正确的信息，但是个体依旧会为了和他人保持一致做出错误的判断和行为反应。后继研究者发展出了 Asch 研究范式，证实了一致性效应在许多情境（如直线判断任务、头脑风暴任务、陪审团审议任务）和不同人群（老人和青年）中的存在（Basden et al.，1997；Gabbert et al.，2003；Loftus，1978；Roediger et al.，2001；Weldon & Belinger，1997；Wright et al.，2000）。一致性效应认为在高压团队中工作的个体会感到有必要跟上他们的高压力组成员，从而表现出更优的行为绩效，而在低压团队中的个体不太有这样的动机。另外，一致性效应还预测个体不会受记忆任务中的压力带来的"视觉缺陷"的持续蒙蔽，即个体在记忆任务之前或之后的其他任务中不会受他人带来的持续影响。记忆的一致性效应体现了受事件发生后信息影响造成的记忆扭曲或来源困扰现象，追求记忆整合的结果是"社会化"过程的结果，在这个过程中，他人提供的信息是作为"规范"或"信息"影响的代表，规范性影响源于个人对社会认可的需求，而信息性影响则反映了个人对准确的渴望（Gabbert et al.，2003）。

　　另外，注意力控制理论（Attentional Control Theory）为不同压力类型对记忆绩效产生的不同影响提供了理论解释，它认为压力作用于两个注意力系统：一个是目标导向的（goal-directed）、自上而下的系统，涉及对任务相关活动的注意资源配置；另一个是刺激驱动的（stimulus-driven）、自下而上的系统，注意力资源集中在编码的刺激上（Corbetta & Shulman，2002；Eysenck et al.，2007；Wood et al.，2016）。压力可以通过引发或唤醒思维来干扰个人表现、降低目标导向系统的最优操作，将个体注意力焦点更多地转移到外部刺激、情感甚至那些与任务无关的思维（例如认知启发式或情感提示）的刺激驱动系统，从而导致资源从与任务相关活动中被抽走（Ansari & Derakshan，2010；Miyake et al.，2000），并分配给任务无关的特征或自我，最终导致记忆绩效下降（Baumeister，1984）。根据注意力控制理论的解释，当资源被分配给目标导向系统而远离刺激驱动系统时，压力会对任务表现产生有益的影响。研究也已反复发现，由具体和困难的目标所引发的压力可以通过将注意力集中在与任务相关而非无关的活动上来增强任务参与度（Hofmann，1993；Locke & Latham，1990；Mento et al.，1987）。目标导向的压力（例如实现特定绩效标准的愿望）可以激励自我调节活动，将资源引向任务，从而支持表现（Corbetta & Shulman，2002；Kanfer & Ackerman，1989）。Reysen（2003）发现，被试绩效提升的部分原因在于被试对回忆任务的关注，因为他们的同伴能够完成目标足以证明目标是可以实现的。

目标导向的压力与个人导向的压力形成对比,后者可以通过将资源从任务中转移出来并转向与表现无关的关注点来激励自我调节活动,这可能会带来潜在的负面影响(Baumeister,1984;Kanfer & Ackerman,1989;Wood et al.,2016)。该理论强调了压力带来的资源配置在任务表现中的重要性,这是有效群体活动的关键组成部分,它表明,将注意力资源分配给与任务相关或无关的活动对合作记忆任务的表现至关重要。

4. 社会压力对社会传染效应的影响

现有研究已表明,在合作记忆中,不同形式的社会压力对社会传染效应存在消极作用,会增加个体对合作同伴提供的不准确信息的依赖。例如:和自由合作回忆方式下被试的压力感较低相比,在轮流回忆范式下被试会表现出更大的压力,更容易产生错误记忆(Reysen,2007;Thorley & Dewhurst,2007)。当合作回忆阶段合作同伴人数增加时,个体更容易回忆出合作同伴提供的不准确项目(称为"传染项目")(Basden et al.,1997;Weldon & Bellinger,1997)。

在某些情况下,提醒和任务中的评估警示有助于防止社会传染效应(Andrews & Rapp,2014;Brashier et al.,2020;Chambers & Zaragoza,2001;Echterhoff et al.,2005;Lindsay & Johnson,1989;Salovich & Rapp,2020;Sparks & Rapp,2011)。它们通过激励人们在完成任务时思考信息的准确性和来源来降低社会传染效应,个体可以利用反映编码条件的知觉、空间、语义和情感细节的记忆表征来确定他们的记忆来源(Johnson et al.,1993),从而减少使用由合作同伴产生而非个人经历的信息带来的错误记忆。记忆来源监控的评估过程需要足够的注意力资源来执行,当这些资源减少时,可能会导致记忆来源归因错误(Lane,2006),经过评估后确定信息是个人已经经历过的,而非来自他人描述编码的(Hyman et al.,2014;Lindsay et al.,1991;Mitchell et al.,2003;Zaragoza et al.,1997;Zaragoza & Lane,1998)则可降低记忆来源归因错误。明确的记忆来源监控指导语可以减少人们依赖他人的回忆结果或将它们作为自己记忆的倾向(Hyman et al.,2014)。这表明,明确进行记忆来源监控的指导语可以减少人们对不准确的同伴贡献的依赖,这与认知资源的可用性和有效运用有关。

此外,有学者认为,压力是否会对社会传染效应产生不同的影响取决于这种压力是针对还是远离任务相关的活动(Andrews-Todd et al.,2021;Aronson,

2002；Gardner，2012）。例如：个人导向的压力引导被试对自我能力给予更多关注,这会使个体将注意力资源从任务转移到较少相关的考虑因素,包括关于能力和对自己可能被如何看待的自我意识(Beilock，2008；Corbetta & Shulman，2002；Eysenck et al.，2007)；而在目标导向的压力下,被试接收了如何成功完成任务的明确指示,其中包括警告他们要监控并避免由他们的同伴提供的不准确信息,这会使认知资源转向与任务相关的考虑因素(Corbetta & Shulman，2002；Kanfer & Ackerman，1989)。Andrews-Todd 等人(2021)发现,相较于目标导向的压力情境,个人导向压力情境会增加被试的社会传染效应错误,这是因为个人导向压力情境将认知资源分配给与任务无关的因素(如对自我形象和能力的关注)而不是分配给促进回忆绩效的任务相关过程(如监控和评估)；相比之下,在目标导向的压力条件下,被试不太可能回忆社会传染效应项目,因为指导语提示被试在合作中要更加注重监测和错误监测,从而导致更少社会传染效应错误的出现。

（六）社会竞争对社会传染效应的影响

社会互动情境可以影响人们的记忆表现（Wright & Villalba，2012；Manoet et al.，2011；Davis & Meade，2013),例如,Reysen & Adair(2008)表明,与独自回忆相比,合作回忆会有更好的记忆绩效。Mano 等人(2011)发现当被试回忆起合作学习过的词汇时会引起右中额叶皮层的明显激活,这片脑区同样被证明会在日常社交互动中会被激活。在社会互动中,除了合作之外,还有一种广泛存在且非常重要的社会互动方式,即社会竞争(competition)。社会竞争无处不在,人类赖以生存的资源毕竟有限,人类为了生命可持续发展而去争夺资源从而实现个人利益最大化,因此会出现社会竞争行为。比如在社交领域,我们尝试在健身房比其他人跑得更快,或者努力超越其他人。竞争是指个体为了超越他人获得肯定而表现出的行为,尤其是渴望获得资源或争取有限的机会条件下,力争超越他人的行为表现。鉴于前面讨论了社会合作对情景记忆的促进或抑制效应,接下来探讨竞争情境如何作用于情景记忆及其社会传染效应。下面将聚焦于社会竞争的理论框架,并以实证研究为依托,分析社会竞争可能对情景记忆造成的影响。

1. 社会竞争及社会比较模型

Festinger 在 1954 年提出的社会比较理论已经被学者们广泛接受。社会比较理论(见图 0 - 8)认为,个体("行为者")受到一种基本驱动力的推动——即"单向向上驱动"——以改善他们的表现,并同时尽量减少或预先消除他们和其他人("目标")之间的表现水平差异,这种"减少差异的行动与单向推动不断做得更好"相互作用,即会产生"保护优越性的竞争行为"(Festinger,1954)。因此,竞争性是社会比较过程的一种表现形式,例如,当"行为者"将他们的表现(比如在乒乓球比赛中)与表现稍好的目标进行比较时,向上比较会导致竞争行为(Garciaet al.,2013)。行为者可能也会对当前提供向下比较的目标产生竞争性——比如在乒乓球比赛中表现稍差但威胁到潜在的向上比较的目标(Festinger,1954;Garciaet al.,2013)。竞争的社会比较模型(见图 0 - 9)强调,社会比较的基本动态包含两组基本因素——即个人因素和情境因素,两者能够通过提高社会比较的关注度,在个人因素和情境因素的各种指标上提高竞争力。

图 0 - 8　竞争的社会比较模型

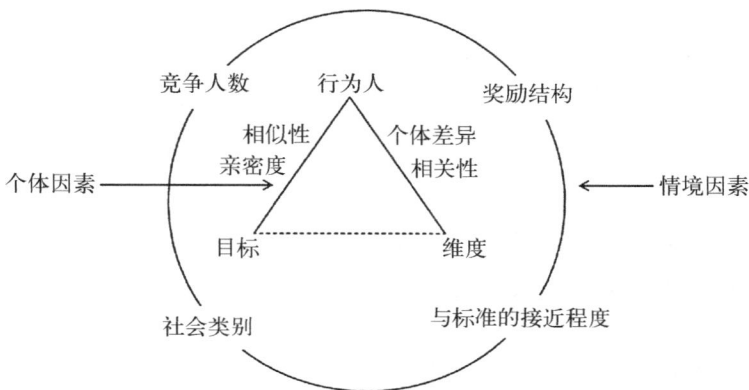

图 0 - 9　社会比较的关系模型

以往研究关注了三个增加竞争比较关注的变量（Suls & Wheeler，2000；Tesser，1988）。第一是关注行为者的表现维度，例如体育、收入或学术表现。第二是行为者与目标的相似程度（Goethals & Darley，1977；Kilduff et al.，2010），意味着相似的竞争对手表现出比那些不太相似的竞争对手更大的竞争比较关注。第三是行为者与目标的关系密切程度（Pleban & Tesser，1981；Tesser，1988），当目标在人际关系上接近时（如朋友或兄弟姐妹），竞争比较关注更强。

图 0-9 中社会比较模型区分了涉及行为者参与社会比较的个人因素（如个体差异和相关性）以及他们对于维度和关系因素（如相似性、关系密切程度和个人历史）的感知。然而，尽管个人因素在传统上主导了社会比较研究，但最近的研究发现诸多情境因素（激励架构、标准的相似度、竞争对象数、社会种类分层标准）对社会比较过程也产生了重要贡献。与个人因素不同，情境因素关注行为者对周围社会环境的感知，因此可以对处于相似位置的行为者产生更普遍的影响。

2. 社会竞争对记忆的影响

大部分关于社会竞争的研究聚焦在经济学和商业、社会学、政治科学等领域（Podolny，2005），社会竞争在记忆领域的研究少之又少。在社会竞争的许多研究中，社会竞争性并没有被明确测量，只是借鉴了一些与竞争性相关的行为和态度指标，这些行为和态度包括竞争行为（Johnson，2012）、竞争动机（Tauer & Harackiewicz，1999）、获胜的欲望（Malhotra，2010）、位置关注（Solnick & Hemenway，1998）、不愿意最大化共同收益（Armstrong & Collopy，1996）、欺骗行为（Moran & Schweitzer，2008）、撒谎（Arg et al.，2006）、有害行为（Poortvliet，2012）、其他增强（Shepper & Arkin，1991）、敌对态度（Whitee et al.，2006）、有偏见的建议（Garcia et al.，2010）等。在研究数量极其有限的情况下，学者们关于社会竞争是否对记忆产生影响以及产生何种影响的议题也提供了一定的证据（DiMenichi & Tricomi，2015，2017；Liu et al.，2021）。Liu（2021）发现和控制组相比，竞争组的被试在项目再认任务中表现出更低的项目再认率，表现出和合作记忆带来的抑制效应类似的竞争抑制效应。

3. 社会竞争对社会传染效应的影响

记忆中的社会传染效应作为个体以"自我为中心""攫取"合作者的记忆信

息,对于具有竞争性是否是个体的消极个性特征的议题以往的研究并没有给予探讨,但以往研究已揭露大部分个体都认为自己比大众群体表现出更少的自私(Podolny,2005;Johnson,2012)。查阅文献发现,当前只有 1 项研究关注社会竞争对记忆的社会传染效应的影响。Park(2016)要求被试单独学习词汇,随后将被试分配为合作组、竞争组和控制组三种组别,并在合作和竞争组内均安排一名实验联盟和被试轮流完成竞争或合作回忆任务,在最后的个人单独回忆测试中要求被试回忆之前学习过和在配对阶段回忆出来的项目。结果表明,与合作组被试相比,竞争组被试更有可能专注于其他人的记忆,而且错误记忆也有同样的差异。Park(2016)的研究发现以竞争环境为主的人更容易被他人记忆"感染",无论他人的记忆是正确还是错误的,但该研究仅在实验室的环境中采用电脑模拟了竞争情境,且竞争的程序设置仅用指导语的操作并未真正体现真人面对面的竞争氛围和现实的竞争互动,因此需要更多能反映真实竞争情境的研究以便进一步探讨记忆社会传染效应。

（七）刺激的情绪性对社会传染效应的影响

情景记忆的社会传染效应不仅会受到合作影响,而且可能受到其他因素的影响。因此,本文聚焦于其中一项重要的刺激特征因素,即刺激的情绪性。不妨想象一下,在日常生活中,我们或许都经历过这样的时刻:在一天里,我们遇见了众多不同的生面孔,在这浩瀚的人海中,那些带着笑容与我们擦肩而过的行人,相较于那些面无表情的人,很可能给我们留下了深刻的记忆。同理,一个愁容满面的人也更可能在我们的记忆中留下印记。在记忆研究领域,许多学者已经注意到情绪因素对情景记忆的影响,既包括正面影响又包括负面影响,并且观察到这些情绪因素对情景记忆中的两个分支、正确和错误记忆有着不同的作用(Santaniello et al.,2018;Symeonidou & Kuhlmann,2022;Ventura-Bort et al.,2020)。

1. 刺激的情绪性对正确记忆的影响

情绪增强记忆效应(Emotionally Enhanced Memory,EEM)现象被证明广泛存在。具体来说,研究者们普遍发现和中性情绪刺激相比,情绪性刺激(包含积极刺激和消极刺激）表现出更好的项目再认和项目回忆绩效（Symeonidou ＆ Kuhlmann，2022）。例如，在使用词语为实验材料时，研究发现积极和消极的情绪词汇的项目再认方面都比中性词汇表现得更好，显示出情绪增强效应（Ventura-Bort et al.，2020）。针对汉语词汇的研究中也观察到了类似的情绪增强效应，突出表现在情绪刺激（仅体现消极刺激而非积极刺激）在回忆绩效上优于中性刺激（邓灿，2021）。刺激的情绪性对来源记忆的影响更为复杂。有学者发现，来源记忆同样存在情绪增强效应（Ventura-Bort et al.，2020），然而，也有研究者未在来源记忆中记录到情绪增强效应。例如，Wang 和 Fu（2001）发现情绪词（包括积极和消极）和中性词对正确来源记忆的影响无显著差异。更有一些研究发现，情绪性刺激不仅没有提升来源记忆，反而可能对其产生损害。例如，MacKenzie 等人（2015）在研究中通过不同的方式创建和区分外部来源和内部来源，发现积极和消极情绪图片都降低了外部来源记忆正确回忆量，而消极情绪图片降低了内部来源记忆正确回忆量。由以往研究结果可得知，情绪增强效应较为一致地存在于项目记忆中，但刺激的情绪特征对来源记忆是否存在影响以及存在何种影响仍存在较大分歧。

2. 刺激的情绪性对错误记忆的影响

同样地，刺激的情绪性增强或抑制错误记忆并不明晰，以及不同情绪效价的刺激在错误记忆上的差异性也存在争议。Howes 等人（2016）使用不同情绪效价即积极情绪、中性情绪和消极情绪的 DRM 词表，并用再认测试的方法发现被试对消极情绪词表的关键诱饵的错误再认率比中性词表的关键诱饵（即 DRM 词表的最后一个词汇，该词汇与词表其他语义关联词汇之间都存在不同程度上的语义关联性）的错误再认率更高。其他研究结果显示，儿童和成人对于含有消极情绪词汇列表中的关键诱饵（实际未呈现的相关词汇）的错误回忆率低于中性词汇列表中的关键诱饵，而对于包含积极情绪词汇的列表中的关键诱饵，其错误回忆率也低于中性词汇列表的关键诱饵（Palmer ＆ Dodson，2009）。也有研究者尝试使用数学建模分析情绪效价对错误记忆的影响，结果表明，情绪效价主要通过改变要旨痕迹产生的语义相似性和字面痕迹对错误记忆产生影响（Brainerd ＆ Reyna，2019）。然而，也有研究发现，被试对积极和消极情绪词表中关键诱饵的错误再认率和错误回忆率都高于中性词表的关键诱饵，而情绪效价并不影响正确记忆绩效（Dolcos et al.，2017）。这些研究结果进一步表明，情绪性刺激对记忆准确性的影响是复杂的,并且可能受到不同因素和实验条件的影响。

总体而言,以往研究中对于刺激的情绪性对错误记忆影响不同的结论体现在研究方法上的不同,即取决于研究所采用的刺激类型以及在编码过程中表现出的何种刺激的记忆绩效更为显著方面,影响情绪刺激正确记忆和记忆扭曲的是各种因素及其之间的相互作用(如效价、唤醒、独特性、概念相关性、注意力和干扰间隔),然而这些因素可能会对正确记忆和错误记忆均产生不同的影响,有助于增强情绪刺激正确记忆的因素也有可能增加或减少其错误记忆(Choi & Kensinger,2013)。

3. 刺激的情绪性影响情景记忆的相关理论解释

目前,学术界尝试从截然相反的节拍率理论(Tick-rate Theory)和权衡理论(Trade-off Theory)角度对刺激的情绪性在情景记忆上的不同表现做理论解释。前者认为无论是积极还是消极的情绪性刺激,都能够促进情景记忆的正确回忆量,这一观点与单一加工理论模型相一致(Pratte & Rouder,2011)。支持这一立场的还有优先捆绑理论(Priority-binding Theory)(Mackay et al.,2004),该理论认为关键刺激与背景信息可以一同被编码学习,并且情绪性刺激会促使这两者之间形成更紧密的联系,而这一过程并不依赖于注意力。因此,相较于中性刺激,情绪性刺激更能有效地把关键刺激与背景信息捆绑在一起,从而促进情景记忆绩效。

后者(权衡理论)认为,情绪性刺激虽然能增强项目记忆,但对来源记忆可能没有影响,甚至消弱其表现,这一观点与双重加工理论模型相符(Caruso et al.,2020;Nie et al.,2023)。此外,注意缩减理论(Attention-narrowing Theory)为这种现象提供了解释(Easterbrook,1959),它基于注意力资源有限的前提,认为情绪性刺激会吸引更多的注意力资源以加工关键刺激,促进项目记忆绩效。然而,这并不意味着分配给关键刺激有关的背景信息的注意力资源就会相应减少,尤其是对于那些边缘的背景信息,导致情绪性刺激对来源记忆无增益效果甚至产生负面影响。

4. 情绪对社会传染效应的影响

在日常生活中,我们不仅与他人分享中立的信息,还分享情感事件。关于社会传染效应的现有文献主要涉及中性刺激，包括词语（Park et al.，2016）、图像（Abel&Bäuml，2020；Andrews & Rapp，2014）和家庭场景（Meade et al.，2017；Numbers et al.，2019）。查阅文献可知，当前只有两项调查同时探讨了不同情绪效价（积极、中性和消极）刺激的社会传染效应，但结果不一致（Choi et al.，2017；Kensinger et al.，2016）。Kensingerr 等人（2016）发现在经典社会传染效应研究范式中，中性分类图—词配对刺激的社会传染效应量比情感分类图—词配对刺激更强。Choi 等人（2017）未能揭示在不同网络条件下不同情绪效价的刺激在社会传染效应方面的差异。这种分歧可能存在以下几个方面：第一是使用的范式不同，Kensinger 等人（2016）采用的是经典社会传染研究范式，而 Choi 等人（2017）采用的是修正后的社会传染研究范式。第二是编码和测试之间的间隔不同，前者为 48 小时，而后者为 20 分钟。第三是合作回忆的程序不同，即轮流与自由讨论的差别，前者采用的是轮流回忆模式，后者采用的则是自由讨论的模式。Kensinger 等人（2016）研究中发现情绪性信息更能抵抗记忆传染现象也证明了前文提及的刺激的情绪性可以增强个体的来源记忆，还包括个体区分哪些是想象的，哪些是视觉呈现的刺激的能力。在社会传染效应范式中，情绪项目可能在某种程度上受到保护，不受所提供的错误信息的影响，是因为被试更善于记住哪些项目是在研究中视觉呈现的，哪些是由他人提供的。

（八）问 题 提 出

综上所述，本文主要围绕社会互动对个体情景记忆产生的消极影响——社会传染效应，重点探究其在情景记忆提取任务下存在的效应对比、影响因素、发生情境等议题。围绕这些核心议题，本文主要提出以下四个方面研究问题，分别对应四项子研究，具体见图 0-10 所示。

第一，社会合作是否影响情景记忆两分支记忆类型的社会传染效应？前人在项目记忆中普遍发现了社会传染效应（Andrews-Todd et al.，2021；Meade et al.，2017；Numbers et al.，2014；Park et al.，2016），但是社会传染效应是否同时存在于来源记忆中是不明确的，因而更无研究证据能够明确社会传染效应对项目记忆和来源记忆的影响是否存在差异性，也就不足以支持双重加工理论模型或单一加工理论模型。鉴于以往许多研究已经发现合作在来源记忆和项目

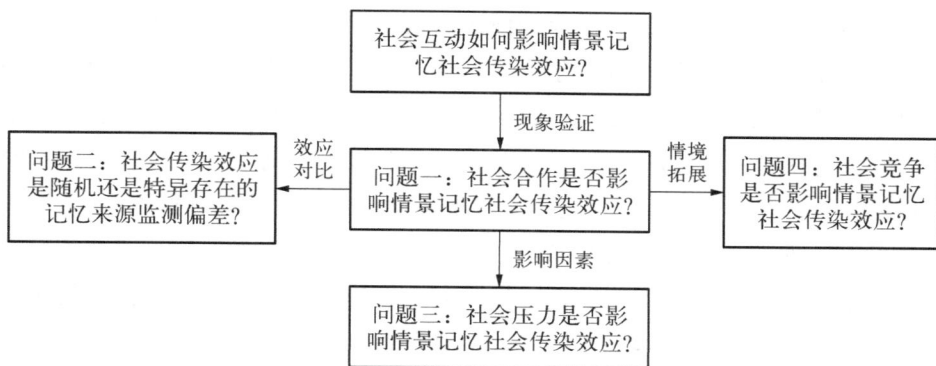

图 0-10　研究框架

记忆中存在的其他负面影响,如合作抑制(Ke et al.,2017;Nie et al.,2023)。本文主要探讨的社会传染效应亦是合作对个人记忆的负面影响之一,因此大胆预测来源记忆中也存在社会传染效应,且社会传染效应在情景记忆两分支记忆任务下表现出差异,为社会传染效应领域解释情景记忆两分支记忆差异的双重加工理论模型在提供证据。

第二,社会传染效应("剽窃"记忆)是随机还是特异存在的记忆来源监测偏差? 以往的大多数研究只单纯地关注记忆来源监测中可能存在的某一类偏差,缺乏对个体记忆来源监测偏差的全貌了解和比较,更缺少在现实合作情境下对合作者只有部分重叠的事件记忆时可能发生的记忆来源监测偏差的探讨。因此,本文从来源监测框架理论角度出发,探究社会合作对个体记忆中可能产生的三类记忆来源监测偏差(即"剽窃"记忆、"虚假认同"效应、"奉献"记忆)的差异性影响,及社会传染效应作为记忆来源监测偏差之一("剽窃"记忆)存在的可能性和特异性。

第三,社会合作中的压力类型是否影响以及如何影响情景记忆社会传染效应? 研究表明,社会压力是影响情景记忆正确与否的重要情境因素,但不同类型的社会压力对个体情景记忆社会传染效应存在何种影响的议题上还存在严重分歧。压力环境下会增加个体在回忆任务中对不正确信息的依赖程度,从而造成社会传染效应错误;也有研究表明,在压力过大的情况下个体在完成回忆任务时动机增强,工作绩效提高从而社会传染效应降低。因此,社会压力对情景记忆社会传染效应的研究还需要进一步探究。此外,情景记忆两分支记忆任务下社会压力对社会传染效应的影响是否存在差异性,以及能否从社会压力的角度支持双重或单一加工理论模型,这些问题更需要进一步探讨。

第四，社会竞争是否影响以及如何影响情景记忆两分支记忆类型的社会传染效应？除社会合作外，社会竞争作为和社会合作同等重要的另一社会互动的重要形式，探究其对情景记忆及其社会传染效应的影响具有较强理论和实践意义。纵观以往研究发现，当前关于竞争对记忆的影响还存在以下不足：实验室操作的社会竞争情境还有待于充分体现现实竞争情境中的关键特点；缺乏竞争对情景记忆两子集记忆的全面影响研究，也缺乏从竞争层面验证阐述情景记忆两子集记忆关系的理论模型，因此在探究社会合作对情景记忆社会传染效应影响的同时，应考虑发生情境的不同即社会竞争乃至不同形式的竞争情境下对情景记忆社会传染效应的影响，为阐明双重加工理论模型或单一理论模型在社会竞争领域中的应用提供证据。

最后，值得一提的是，我们在以上研究议题中均增加了刺激情绪性这一变量，以探究其对社会互动中情景记忆社会传染效应的影响。考虑到情境记忆的社会传染效应不仅会受到合作影响，也可能受到其他因素的严重影响，本研究聚焦于其中的一项重要因素——刺激的情绪性，并把这一变量贯穿到以上四大研究问题中，这样操作的原因有以下五点：第一，众所周知，个体对情绪性刺激（主要指积极、中性、消极三类情绪效价刺激）和常见的仅有中性情绪效价刺激的编码加工所消耗的注意力资源、个体感知力、记忆负荷等都有所不同（Mackay et al.，2004；MacKenzie et al.，2015），因此有必要全面考虑不同情绪效价刺激对记忆现象的影响，这样的研究才更有说服力；第二，刺激材料的分布状况影响记忆的社会传染效应。在不考虑其他影响因素的作用下，单纯地采用中性刺激材料和同时采用三类情绪效价材料在一定程度上能够说明出现社会传染效应的先验概率也有所不同，而已有研究证实先验概率对情景记忆存在影响（Bayen & Kuhlmann，2011；Schaper & Bayen，2021），因此又有必要分别考量单独只有中性情绪效价刺激和三类情效价刺激同时存在的情况对记忆社会传染效应的不同影响，这样研究结果会更加严谨和具有说服力。第三，从理想状态来说，本研究认为中性效价刺激材料对情景记忆社会传染效应的影响属于基线水平，具有积极和消极情绪效价的刺激和中性刺激差异很大，所以两者在对情景记忆社会传染效应的影响上是否也会有所不同也是值得研究的。第四，如引言部分所述，前人关于刺激情绪性对正确或错误的情景记忆两个子集的影响结论不一，其对记忆社会传染效应的影响研究数量更是少之又少且结果截然相反，当前缺少聚焦情绪和社会互动如何交互影响个体传染性错误记忆的研究证据，更缺少真实人际互动情境下（比如真实合作同伴情境、自由交流、不同程度重叠的编码信息）的社会传染记忆研究。第五，现有的关于社会传染的文献主要涉及中性刺激，包括文字（Park et al.，2016）、图像（Abel & Bäuml，2020；Andrew & Rapp，2014）和家庭场景图片（Meade et al.，2017；Numbers et al.，2019；Rush & Clark，2014），极其缺乏更多不同性质的刺激研究以拓展社会传染效应的存在范畴，且在日常生活中我们会更多地互动分享情感事件（物），因而研究情绪性事件的传染记忆也是非常有必要和有意义的。综上所述，本研究拟在采用中性情绪效价刺激作为实验材料厘清以上议题的基础上，进一步同时采用三类情绪效价刺激作为实验材料作为每个子研究内的平行实验，以期待得到情绪的刺激性引发的不同影响，使研究结果更具有说服力和富有意义。

总结来说，本研究主要提出以下四个问题：

第一，社会合作是否影响情景记忆社会传染效应？

第二，社会传染效应是随机还是特异存在的记忆来源监测偏差？

第三，社会压力是否影响情景记忆社会传染效应？

第四，社会竞争是否影响情景记忆社会传染效应？

（九）研究构思和内容

针对以上四方面问题，我们分别对应开展了四部分共 8 个平行实验（见图 0 - 11）的论述。

第一部分：现象验证。在验证项目记忆中存在社会传染效应的基础上，试图探究来源记忆是否存在社会传染效应以及它和项目记忆中的社会传染效应表现是否存在异同。实验 1a 设置合作-个人组（简称合作组）和个人-个人组（简称名义组），使用修正后的社会传染效应研究范式和不同程度重叠信息的操作（Abel & Bäuml，2020；Choi et al.，2017），采用宋体和华文行楷作为来源信息，被试在编码阶段学习中性情绪双字词汇后先后进行合作（或个体）自由回忆任务和个体单独回忆任务，两轮回忆任务阶段中均包含项目回忆任务和来源提取任务。本实验期待在探讨合作对情景记忆的各种积极和消极作用的基础上，探究两项记忆提取任务中社会传染效应的异同及背后的理论解释。实验 1b 采用和实验 1a 相同的实验范式，将视角转向含积极、中性、消极情绪效价的编码材

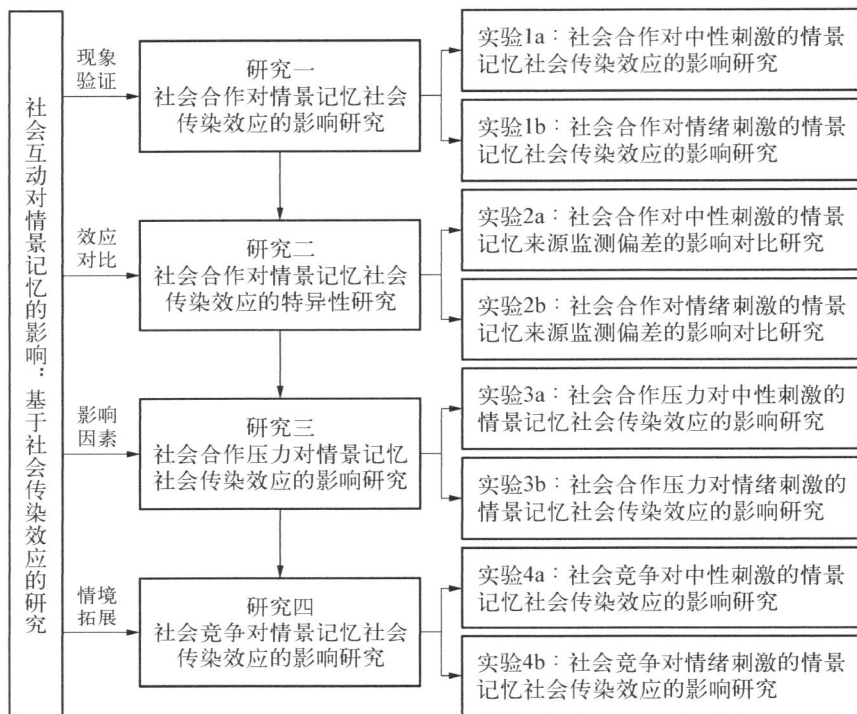

图 0 - 11　研究构思和内容

料,验证情绪词的项目记忆和来源记忆中是否存在社会传染效应,以及两种记忆类型下社会传染效应的差异性,同时期待发现情绪词、项目类型、来源类型对社会传染效应的交互影响。

第二部分:效应对比。在来源监测框架理论的视角下,进一步探讨社会传染效应作为记忆来源监测偏差的一种(即"剽窃"记忆),社会合作对三类记忆来源监测偏差("剽窃"记忆、"虚假认同"效应、"奉献"记忆)的影响存在的可能性及其差异性对比,探究社会传染效应存在的特异性状况。其中实验 2a 采用中性刺激,实验 2b 采用积极、中性和消极三类情绪刺激,探究合作情境下不同的记忆提取任务对情绪刺激的三类记忆来源监测偏差的差异性影响。

第三部分:影响因素。在证明社会传染效应存在特异性的基础上,第三部分尝试进一步聚焦人际合作中重要的因素——社会压力,旨在探讨不同社会合作中的压力类型对情景记忆社会传染效应的影响。通过两个实验,探究将编码材料由一般(中性)情绪效价材料扩展到含积极、中性、消极的三类情绪刺激,每个实验包含一个编码阶段、两个记忆提取阶段、记忆来源监测测试阶段和问卷调查阶段。同样地,实验 3a 采用中性刺激材料,在项目提取和来源记忆的双重记忆任务下探讨不同压力类型如何影响两类记忆社会传染效应及其差异性。实验 3b 采用三类情绪刺激材料,在项目提取和来源记忆的双重记忆任务下探讨压力类型是如何影响情绪刺激的情景记忆社会传染效应及其差异性。

第四部分:情境拓展。拓展合作之外的人际互动情境,探究竞争及不同竞争形式(即竞争、合作-竞争混合形式)情境对情景记忆的积极和消极影响,重点关注其对情景记忆社会传染效应的影响,并尝试与第二部分合作情境下情景记忆社会传染效应进行差异比较。该研究包括 2 个实验,并各自包含一个编码阶段和两个记忆提取阶段。其中,实验 4a 采用中性刺激,实验 4b 采用积极、中性和消极刺激,探讨在项目提取和来源记忆任务下不同竞争情境对情绪刺激的情景记忆社会传染效应现象。通过两个实验,第四部分关注社会竞争对情景记忆及其社会传染效应现象的影响,并重点探讨竞争及同竞争形式对情景记忆及其社会传染效应现象的影响及其与合作之间可能存在的差异性,期待从社会合作扩展至社会竞争的情境支持双重加工理论模型的应用领域。

(十) 研 究 意 义

本文探索了社会互动对情景记忆,尤其情景记忆社会传染效应现象的影响,将关注视角从以往单纯在项目记忆提取任务下的个体记忆社会传染效应现象扩展到包含项目记忆和来源记忆提取任务下的社会传染效应,期待为双重加工理论模型提供更全面的研究支撑。文章重点聚焦于社会互动情境下的社会传染效应现象,探究其存在的特异性、重要影响因素、发生和拓展的情境等议题,揭示个体在经历社会互动后情景记忆受到“污染”的消极影响,并探讨刺激情绪性和社会压力类型对其存在影响。文章尝试创造性地从来源记忆角度为社会合作对个体记忆中的社会传染效应的影响提供更为丰富和全面的实证研究依据。本文不仅从理论层面有力地支持阐述项目记忆和来源记忆异同关系的双重加工理论模型,并进一步支撑阐述合作对情景记忆影响的提取策略破坏假说、社会压力对情景记忆影响的理论基础——注意控制模型、竞争的社会比较模型等理论模型,还为社会学习、情绪记忆领域提供更多的实证支撑研究。

第一部分：社会合作对情景记忆社会传染效应的影响研究

以往研究发现，处于社交互动中的个体将他人体验过的信息（但自己没有体验过的）融入自己记忆的现象被称为社会传染效应（Abel & Bäuml，2020；Andrews Todd et al.，2021；Choi et al.，2017；Maswood & Rajaram，2019；Numbers et al.，2019）。当前的社会传染效应研究都只聚焦在人际合作对项目记忆社会传染效应的影响，对于人际合作对情景记忆的另一个子集——来源记忆中是否同样存在该效应，且两种记忆种类中的社会传染效应是否有差异尚且不够清晰。此外，刺激的情绪性作为重要的刺激特性因素之一，已被证实对正确和错误情景记忆存在重要影响（Minor & Herzmann，2019；Santaniello et al.，2018；Symeonidou & Kuhlmann，2022；Ventura-Bort et al.，2020；Wang & Fu，2011；Weymar et al.，2009），但其对社会传染效应的影响研究较少且存在分歧。Kensinger 等人（2016）发现，中性图片-词配对刺激中的社会传染效应程度比情绪图片-词配对刺激的社会传染效应更强，这表明在上述传统的社会传染效应研究范式中，情绪信息更能抵抗传染力，而 Choi 等人（2017）在修正后的研究范式中未发现不同合作结构下不同情绪效价的图片-词汇匹配刺激在社会传染效应方面的差异。

除上述问题外，本研究的刺激以差异较大的宋体（如士兵）或华文行楷（如**船帆**）两种不同的来源类型作为来源信息。将字体作为来源类型主要有以下两个原因：其一，人们发现字体在感知记忆中起着关键的调节作用（Halamish，2018；Weltman et al.，2015），但字体是否在来源记忆中起到影响作用尚不清楚。其二，从实践的角度来看，我们生活在一个被各种字体包围的时代（Liu et al.，2018），不同的消费产品名称采用不同的字体类型（如公众印象深刻的可口可乐饮料的字体）以期望从视觉感受上影响记忆效果，因为个体对不同的字体信息的编码和提取的难易程度会有所不同。通过这种操作，我们希望丰富来源记忆研究，并对合作记忆提供更强的现实指导意义。

在项目类型的操作方面，遵循先前研究在编码阶段中项目类型分布的操纵方法（Abel & Bäuml，2020；Choi et al.，2017；Gabbert et al.，2003；Garry et al.，2008），采用不同重叠程度的项目类型，每组成员内分别编码共享（即 3 人共同编码的相同项目）、部分共享（即每 2 人共同编码的相同项目）、非共享项目（即每人单独编码的项目），这样操作的原因也是最大程度上模拟现实社会互动中人们记忆的特征，也就是说，个体之间往往并非经历的是完全相同的事件（物），即使人们目睹的是同一事件（物），每人记住的信息都是有限的和部分重叠的信息，在互动中相互分享交换信息，相互影响各自记忆。

总之，第一部分旨在验证合作会产生项目记忆中的社会传染效应之外，也期待为来源记忆中的社会传染效应提供证据。实验 1a 采用修正后的社会传染效应研究范式（Abel & Bäuml，2020；Choi et al.，2017），并对刺激材料进行字体来源类型和项目类型的平衡，对个体在单独完成个人单独编码任务后进行分组（合作组和名义组），并要求其先后完成含合作（或个体）单独回忆任务和个体单独回忆任务的两轮回忆提取测试，且每轮回忆提取测试均包含项目提取和来源记忆提取任务，以检验社会传染效应在情景记忆中的表现。实验 1b 采用和实验 1a 相同的实验范式，区别在于刺激材料由中性刺激材料改为含积极、中性和消极情绪效价在内的刺激材料，期待在实验 1 结论的基础上验证刺激的情绪性和合作共同影响情景记忆的社会传染效应，以及其中是否存在项目记忆和来源记忆两种记忆提取任务之间的差异性影响。

（一）实验 1a：社会合作对中性刺激的情景记忆
社会传染效应的影响研究

实验 1a 主要关注三方面问题：一是验证社会合作对情景记忆是否同时存在积极和消极影响？二是探究来源记忆中是否和项目记忆一样存在社会传染效应？三是项目记忆和来源记忆中的社会传染效应的异同是支持双重加工理论模型还是单一加工理论模型？

基于以上问题，实验 1a 提出以下假设：首先，鉴于以往大多数关于合作记忆的研究都发现合作对情景记忆存在合作抑制的消极影响（Guazzini et al.，2020；Maswood et al.，2022；Nie et al.，2023），及合作对记忆同样存在促进作用即错误修剪效应（Nie et al.，2023；Nie et al.，2019；Wessel et al.，2015）和合作后记忆优势（Maswood et al.，2022；Nie et al.，2023；Nie et al.，2019）。假设1.1期待更多元、复杂的社会合作对情景记忆同样存在消极影响和积极影响，即同时存在合作抑制、错误修剪效应和合作后优势效应，并且证明以上结果在项目记忆和来源记忆中存在差异性，表现为项目记忆内结果更显著，此差异支持双重加工理论模型（Osth et al.，2018；Yonelinas et al.，2010）。反之，如果在项目记忆和来源记忆中不存在合作抑制、错误修剪和合作后优势效应上的差异，则支持单一加工理论模型（Brezis et al.，2017；Hayes et al.，2018）。其次，假设1.2期待在项目记忆中验证发现社会传染效应（Choi et al.，2017；Hirst & Echterhoff，2012；Rajaram & Pereira-Pasarin，2010；Roediger et al.，2001），与此同时，在来源记忆中也发现社会传染效应，若前者的社会传染效应显著高于后者的社会传染效应，该差异性为双重加工理论模型提供支撑，反之则证实单一加工理论模型。最后，假设1.3期待项目类型和字体来源类型对情景记忆的社会传染效应都产生显著影响，且存在交互影响作用。

1. 方法

（1）被试

本实验共存在两种被试分组条件，每种条件均由3名被试组成，且每名被试只属于一个小组。一共有108名16～21岁的大学生（$M=18.45$，$SD=0.745$）参加了本次实验，以获取礼物或适量报酬以表示对参与实验的诚挚感谢。所有被试以汉语为母语，右利手，所有人的视力都（矫正）正常，没有人报告目前或以前有精神功能障碍、神经损伤或色盲的病史。排除未能完整参加实验、不能理解实验指导语、填写记录不完整等因素的被试，最终102名被试（$M=18.21$，$SD=0.70$）的结果纳入数据分析阶段，其中一半的被试人数（51人）随机组成17组合作回忆—个人单独回忆组（简称合作组），其余51名被试被随机分为17组个人单独回忆—个人单独回忆组（简称名义组），作为对照组。不管是合作组还是名义组内的被试相互之间均不相识。每名被试在参与实验前都签署了一份书面知情同意书，并被告知他/她将与另外两名被试一起参与实验。该实验获得浙江大学研究伦理委员会的批准。

MorePower 6.0.4(Campbell et al.，2012)用于本研究样本量的测算，在双尾 $\alpha=0.05$，$1-\beta=0.80$，$f=0.25$ 的标准下，合理的样本量应为 96。所分析的参数参考了关于记忆中的社会传染效应和合作记忆研究的样本量使用(Abel & Bäuml，2020；Choi et al.，2017)，如 Abel & Bäuml(2020)在每种组别情况下设置了 30 名被试，Choi et al.(2014)在调查中设置 18 个 3 人组。因此，当前的样本量满足先验估计的要求，超过了以往实证研究中的样本量。

（2）实验设计

目前的实验是 2(组别：合作组，名义组)×3(项目类型：共享，部分共享，非共享)×2(来源类型：宋体，华文行楷)×2(记忆任务：项目记忆，来源记忆)的混合实验设计，后三个变量都是刺激的特征，都是被试内变量。

（3）实验材料

本研究参考了关于社会传染效应（Abel & Bäuml，2020；Choi et al.，2013；Choi et al.，2017；Kensinger et al.，2016)和合作记忆（Li & Nie，2021；Nie et al.，2019；Nie & Jiang，2021)相关研究中使用的目标刺激的类型和数量，并模仿 Choi 等人（2017）和 Abel & Bäuml(2020)的研究中不同程度重叠信息的操作。此外，为了避免结果中的地板效应，最终使用了从 ANEW（英语词汇情感规范）列表中选出的 165 个中性情绪效价词汇，其情绪效价均值在 3.5～6.5 之间、较高唤醒水平的双字词（Berger et al.，2016；Bradley & Lang，1999；Ke et al.，2017；Nie & Guimei，2019；Nie & Jiang，2021)，与之前的研究一样，所有英文词汇都被翻译成汉语的双字词（Nie & Jiang，2019；Zhou et al.，2020)。为了减轻记忆负荷，减少被试的疲劳感，避免不同刺激的干扰，如先前的研究（Nie et al.，2019；Nie & Jiang，2021)，编码测试阶段被分为 5 个不同的 block，每个 block 有 42 个词汇，这些词汇是根据项目类型设置的：6 个共享项目（每组的 3 名被试都会学习），18 个部分共享项目（小组内每两名被试各学习 6 个项目），以及 18 个非共享项目（即每名被试将单独学习 6 个项目）。因此，每名被试编码 18 个项目，包括每个 block 中的 6 个共享项目、6 个部分共享项目和 6 个非共享项目，每名被试共学习 90 个项目，每组被试学习的项目数量见表 1－1。为了确保每组的项目在语义上没有关联，词汇被伪随机。

表 1－1　实验 1a 每组被试学习项目的数量分布

	共　享	部　分　共　享			非共享	汇　总
被试 1		15		15	30	90
被试 2	30		15		30	90
被试 3				15	30	90
汇总	30	45			90	165

（4）实验流程

为了确认实验每个阶段的刺激量和持续时间，实验程序是否合理，以及这些细节是否可行，我们招募了 10 组被试（含 5 组合作组，5 组名义组）在正式实验前进行了预实验。预实验后我们对每名被试进行采访，询问他们在实验期间的感受和反馈，并设置了 10 个 5 点计分的问题，其中两个是"你对每个 block 的学习会在多大程度上受到前 block 的学习内容的影响？""你认为每个 block 的 2 分钟休息时间合理吗？"，1 表示没有影响（非常不合理），5 表示效果很好（非常合理）。参加预实验的被试不允许参加正式实验。对上述问题的简单分析显示，45％的参与者选择了"比较不受影响"、40％的参与者选择"完全不受影响"、35％的被试选择"相对合理"、40％的被试选择"非常合理"。预实验的操作及其结果也在一定程度上支持了本研究中实验设计的合理性和可操作性。

在正式实验之前，每组的三名被试被告知同时来到实验室，一个安静、宽敞、隔音的房间。他们分别坐在各自的电脑显示器前，计算机监视器用隔板隔开，这样在编码阶段就不会相互干扰。对于练习实验和正式实验，我们采用了修正版的社会传染效应三阶段范式，包括个体单独编码阶段、第一轮回忆阶段（合作/单独回忆阶段）、第二轮回忆阶段（个体单独回忆阶段），这遵循了 Choi et al. （2014，2017）的研究。除了这三个阶段外，每个 block 内部设置干扰任务和休息（实验程序见图 1－1）。全程实验需要大约 1 个小时完成，以下是对每个阶段的描述。

个体单独编码阶段。每组的三名被试分别进行编码任务，但被引导同时开始任务。被试坐在距离电脑屏幕约 60 cm 的地方，并被告知将视力集中在与屏幕中心相同的高度。待记忆项目的显示由 E-prime 软件 v3. 实现，并在监视器

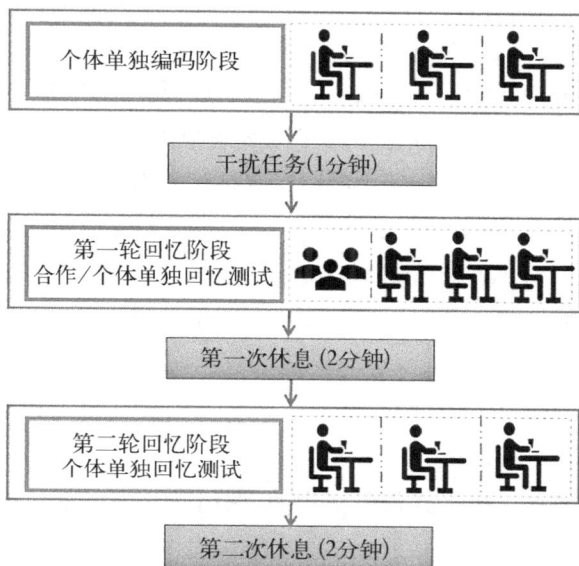

图 1-1　每个 block 的学习实验程序示意图(实验 1a)

上的黑色背景下显示。这些项目词汇是用白色显示的,其中一半是宋体,另一半是华文行楷。每个项目都以 80 的字体大小显示。所有项目都显示在联想电脑显示器上,屏幕分辨率为 1 024×768 像素,刷新率为 100 Hz。要求被试快速准确地记住显示的词汇及其相关的字体来源类型(宋体或华文行楷),但无需做任何书写标记。每个项目呈现 3 500 ms,其中包括在屏幕中心显

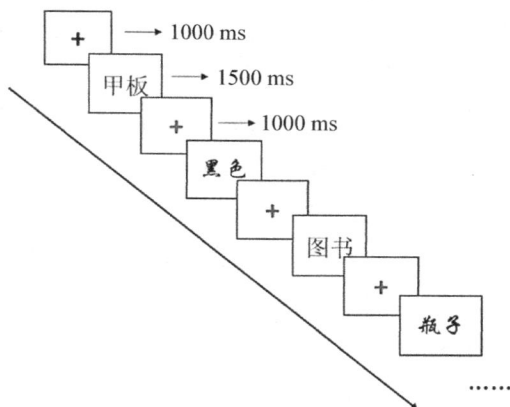

图 1-2　编码阶段和词汇的示意图(实验 1a)

示 1 000 ms 的"＋"的注视交叉,以集中被试的注意力,项目本身在屏幕中心出现 1 500 ms,随后是 1 000 ms 的 ISI(刺激间隔)。这些项目以伪随机序列显示。有关编码阶段和词汇示例的示意图,请参见图 1-2。

　　干扰任务阶段。为了转移被试的注意力,防止项目转移到长期记忆中,所有被试都被要求在 1 分钟内完成一些简单的数学任务(例如,3×5＋2＝＿＿＿)。任

务打印在纸上，他们需要把每个任务的答案写在下划线上。在分散注意力的过程中，所有被试都被要求单独就座。

回忆阶段共分为两轮回忆阶段。所有被试在第一轮回忆阶段都按照之前划分的合作组和名义组分别进行合作回忆测试或个体单独回忆测试，第二轮回忆阶段均为个人单独回忆测试。每个阶段每名被试均需要完成含项目回忆和来源记忆的两个记忆任务，回忆提取的信息是通过探索来源记忆的序列范式来完成的（Nie et al.，2019；Nie & Deng，2023；Nie et al.，2022；Nie et al.，2023；Ventura Bort et al.，2016），在该范式中，对一个项目进行两个连续的提取：首先提取项目本身，然后提取其对应的来源信息。所有回忆阶段均采用纸笔测试形式，要求被试在提前准备好的测纸上写下曾编码的项目内容及其对应的字体来源。

第一轮回忆阶段。当干扰任务结束后，两组条件下的被试被要求进行回忆测试。下面将按照不同组别详细介绍回忆测试操作程序。

合作回忆测试。在合作组中，对于每个 block，每组的三名被试被要求聚集在一张桌子前，共同完成回忆测试。回忆是参考先前调查中的自由回忆方式进行的（Abel & Bäuml，2020；Choi et al.，2017；Kensinger et al.，2016）。他们可以根据自己的意愿自由讨论他们的答案。小组成员委托其中一名被试在答题纸上写下答案，填写回忆的项目，并勾选出每个回忆出来的项目的字体类型。预实验发现，许多被试成员可以在两分钟内完成回忆任务，因此该阶段的回忆时长为定时 3 分钟，没有对他们进行其他的限制规定。三分钟结束后，播放一段音乐作为提醒，每组内负责记录的被试将答题纸交给主试。

个人单独回忆测试。名义组的被试同时在各自的电脑上单独完成了第一轮回忆测试，没有任何社交互动。

第一轮休息阶段。当合作回忆测试或个人单独回忆测试完成时，全体被试被要求回到他们之前的座位上休息两分钟。此阶段不允许进行任何讨论或其他互动。根据之前的研究操作（Choi et al.，2017；Nie et al.，2023），此阶段用休息代替分心的任务，以减少过度信息输入对记忆表现的负面影响。

第二轮回忆阶段——个体单独回忆测试。在这个环节中，每个被试都被告知单独回忆自己之前学习过的项目及其之前显示的字体，其他操作与上一阶段回忆任务相同。所有的回忆和答案都应该在两分钟内完成，时间音乐作响后，每组被试将答题纸交给主试。

第二轮休息阶段。为了防止跨 block 的干扰，消除被试的负荷，缩短实验持续时间，当完成整个 block 的编码任务和测试时，设置两分钟休息阶段。和合作/单独记忆测试结束时的音乐提醒类似，轻松柔和的音乐帮助被试休息，并提醒他们尽可能多地休息大脑。两分钟后，开始下一个 block。

2. 数据分析与结果

在编码阶段，所有被试对编码项目的正确辨别率均高于 97%，使用 IBM SPSS Statistics v25 作为数据分析工具，放弃对大于或小于三个标准差（SD）数据的分析（Li & Nie，2021；Nie et al.，2023）。所有数据分析都采用了 0.05 的双尾 α 水平，事后多重检验和简单效应的分析使用 Greenhouse Geisser 校正，同时报告了平均差（meandifference，MD）和 95% 置信区间（95%CI）。基于矫正，数据报告 F、p 和 ε，α 水平为 0.05（双尾）。

为全面评估社会合作对情景记忆的影响，包括其积极和消消极效应，本文的数据分析报告将分别针对两轮回忆阶段，展示在项目回忆和来源记忆任务中的正确和错误记忆量，分析的焦点将特别放在社会合作对情景记忆的潜在负面影响上——即社会传染效应的量化数据。借鉴以往研究（Kleider et al.，2008；Kuhlmann et al.，2016），对于项目记忆，本实验主要考察平均正确回忆个数（mean accuracies numbers）和虚假报告的数量（虚报量），而来源记忆采用由个体正确回忆的来源数除以正确回忆的项目数计算得出的 CSIM（conditional source-identification measure）作为指标（Kuhlmann et al.，2016）的表现。项目记忆的社会传染效应数据分析主要针对个体回忆出只有他/她的合作同伴（们）最初学习过的项目数量，即包括部分共享和非共享项目，这些词汇被视为社会传染项目。比如，个体回忆出合作对象学习过的项目"船帆"，该项目被计算为项目记忆的社会传染效应量。来源记忆的社会传染效应数据分析指的是个体回忆只有他/她的合作同伴（们）最初学习过的项目及其所对应的原始的来源类型。比如，个体回忆出合作对象学习过的项目"船帆"及其原始来源类型"华文行楷"才被计算为来源记忆的社会传染效应量。

1）第一轮回忆阶段的数据分析思路和结果

（1）合作抑制的分析思路和结果

其一，为整体上了解合作是否带来消极影响，分析组别对第一轮回忆阶段正确记忆造成的影响（见图 1-3），对记忆量进行 2（组别：合作组，名义组）×2（记忆任务：项目记忆,来源记忆)的重复测量 ANOVA,组别的主效应显著,$F(1, 16)=19.667$, $p=0.001$, $\varepsilon=1.000$, $\eta_p^2=0.621$,表现为名义组($M=92.654$, $SE=5.295$)显著高于合作组($M=64.692$, $SE=4.400$)的回忆量,$p=0.001$, $MD=6.305$, $95\%CI$ [14.224, 41.699]。回忆任务的主效应显著,$F(1, 16)=78.604$, $p<0.001$, $\varepsilon=1.000$, $\eta_p^2=0.868$,表现为项目回忆($M=89.077$, $SE=4.080$)显著高于来源记忆任务($M=68.269$, $SE=3.692$)的回忆量,$p<0.001$, $MD=2.347$, $95\%CI$ [15.694, 25.921]。两因素交互作用显著, $F(1, 16)=10.602$, $p=0.007$, $\varepsilon=1.000$, $\eta_p^2=0.469$,简单效应分析进一步显示,在两种回忆任务中均显示名义组显著高于合作组的回忆量($ps<0.05$),在两种组别条件下均显示出项目记忆显著高于来源记忆的回忆量($ps<0.01$)。以上结果表明实验 1a 记录到显著的合作抑制。

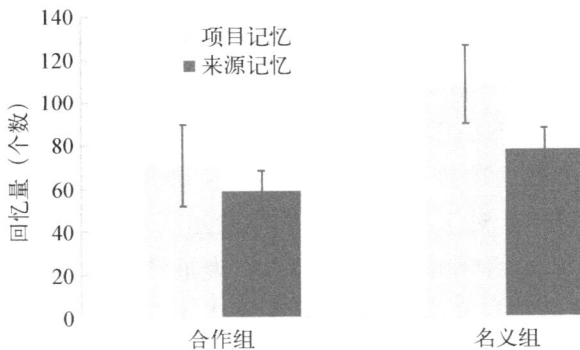

图 1-3   实验 1a 第一轮回忆阶段项目回忆和来源记忆任务中的正确回忆量

其二,为深入分析第一轮回忆阶段正确回忆量在各因素水平上的差异(见图 1-4),对正确项目记忆量进行 2(组别：合作组,名义组)×3(项目类型：共享,部分共享,非共享)×2(来源类型：宋体,华文行楷)的重复测量 ANOVA 结果显示,在项目记忆提取任务下,组别的主效应显著,$F(1, 16)=37.670$, $p<0.001$, $\varepsilon=1.000$, $\eta_p^2=0.758$,表现为名义组($M=17.936$, $SE=0.982$)显著高于合作组($M=11.765$, $SE=0.684$)的回忆量,$p<0.001$, $MD=5.007$, $95\%CI$ [3.986, 8.373]。虽然来源类型的主效应不显著($p=0.183$),但发现来源类型和任何其他变量间的二元交互作用均显著,对于共享项目,宋体的正确回忆量显著高于华文行楷,$p=0.001$, MD 3.226, $95\%CI$ [2.944, 8.287];相反地,对非

共享项目,华文行楷项目的正确回忆量显著高于宋体,$p=0.008$,$MD=0.930$,95%CI $[0.897, 4.494]$。项目类型的主效应显著,$F(2, 32)=98.300$,$p<0.001$,$\varepsilon=0.674$,$\eta_p^2=0.891$,表现为部分共享项目($M=20.346$,$SE=1.133$)显著高于共享项目($M=15.231$,$SE=0.587$)和非共享项目($M=8.962$,$SE=0.649$)的正确回忆量($ps<0.001$),且共享项目显著高于非共享项目的正确回忆量,$p<0.001$,$MD=5.657$,95%CI $[4.444, 8.095]$。

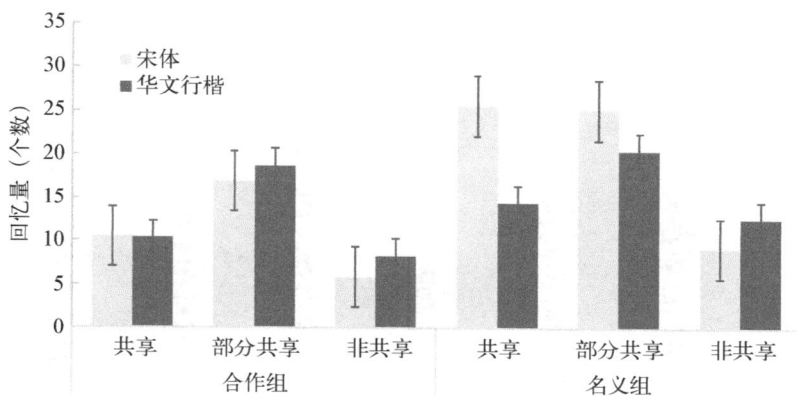

图 1-4　实验 1a 第一轮回忆阶段各因素的项目记忆正确回忆量

结果发现,组别和来源类型、组别和项目类型之间的二元交互作用和三元交互作用均显著($ps<0.01$),进一步分析发现,无论何种字体、项目类型均表现出名义组比合作组的项目正确回忆量更多($ps<0.05$)。来源类型和项目类型的交互作用显著($p=0.001$),表现为在共享和非共享项目中均发现宋体的项目正确回忆量显著较多($ps<0.05$),在两种字体类型中均发现部分共享比非共享项目的正确回忆量显著较多($ps<0.05$)。三元交互作用也显著($p=0.002$),由于本实验聚焦关注合作是否对记忆产生影响,因此三元交互作用主要报告和组别相关结果,简单效应分析进一步显示,从字体维度上来看,在宋体项目中不管何种项目类型均体现出名义组显著高于合作组的正确回忆量($ps<0.05$);在华文行楷项目中,只发现在共享和非共享项目中名义组正确回忆量的显著优势($ps<0.05$)。

为了在来源记忆中考察同样的问题,在来源记忆 CSIM 中进行同样的重复测量 ANOVA(见图 1-5),结果发现,组别的主效应显著,$F(1, 16)=10.938$,$p=0.006$,$\varepsilon=1.000$,$\eta_p^2=0.477$,表现为名义组($M=0.834$,$SE=0.039$)的

CSIM 值显著高于合作组（$M=0.678$，$SE=0.029$），$p=0.006$，$MD=0.156$，95％CI $[0.053, 0.259]$。虽然来源类型的主效应不显著（$p=0.798$），但来源类型和项目类型的交互作用显著（$p=0.050$），简单效应分析只发现在共享项目类型下宋体来源类型的 CSIM 值显著高于华文行楷（$p=0.007$），华文行楷来源类型下部分共享项目的 CSIM 值显著高于共享项目（$p=0.042$）。项目类型的主效应不显著（$p=0.798$）。任何两个因素之间的二元交互作用和三元交互作用均不显著（$ps>0.05$）。

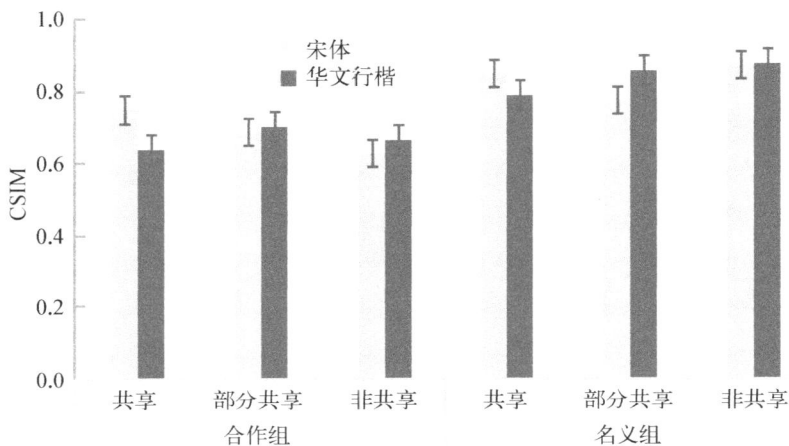

图 1-5 实验 1a 第一轮回忆阶段各因素来源记忆的 CSIM

（2）错误修剪效应的分析思路和结果

第一轮回忆阶段两种记忆提取任务中的错误回忆量如图 1-6 所示，对错误回忆量进行 2（组别：合作组，名义组）×2（记忆任务：项目回忆，来源记忆）的重复测量 ANOVA，结果显示组别的主效应显著，$F(1, 16)=14.657$，$p=0.002$，$\varepsilon=1.000$，$\eta_p^2=0.550$，表现为名义组（$M=33.654$，$SE=3.795$）显著高于合作组（$M=13.192$，$SE=2.549$）的错误回忆量，$p=0.002$，$MD=15.345$，95％CI $[8.816, 32.107]$。回忆任务的主效应显著，$F(1, 16)=59.190$，$p<0.001$，$\varepsilon=1.000$，$\eta_p^2=0.831$，表现为来源记忆（$M=89.077$，$SE=4.080$）显著高于项目记忆（$M=68.269$，$SE=3.692$）的错误回忆量，$p=0.002$，$MD=5.345$，95％CI $[8.816, 32.107]$。两因素交互作用显著（$p=0.003$），简单效应分析进一步显示，在两种回忆任务变量中均表现为名义组显著高于合作组的回忆量（$ps<$

0.05)，在两种组别条件下，均显示出来源记忆显著高于项目回忆的回忆量($ps<$0.001)。以上结果表明实验 1a 记录到显著的错误修剪效应。

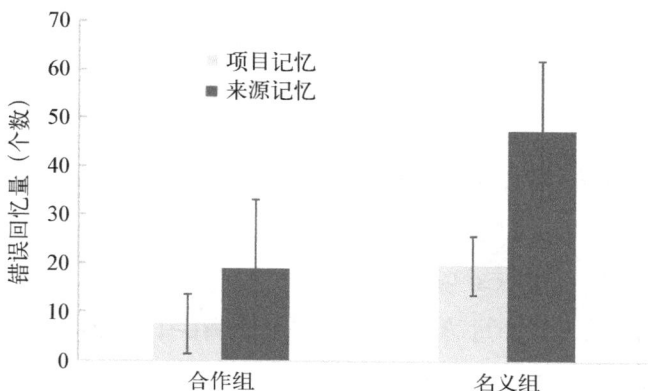

图 1-6　实验 1a 第一轮回忆阶段项目回忆和
来源记忆任务中的错误回忆量

2）第二轮回忆阶段的数据分析和结果

（1）合作后优势效应的分析思路和结果

其一，为整体上了解合作是否持续带来积极影响，第二轮回忆阶段各因素正确项目回忆量如图 1-7 所示，对正确回忆量进行 2（组别：合作组，名义组）×2（记忆任务：项目记忆，来源记忆）的重复测量 ANOVA，结果显示组别的主效应显著，$F(1,50)=5.054$，$p=0.030$，$\varepsilon=1.000$，$\eta_p^2=0.117$，表现为合作组（$M=34.500$，$SE=2.537$）显著高于名义组（$M=27.551$，$SE=1.972$）的正确

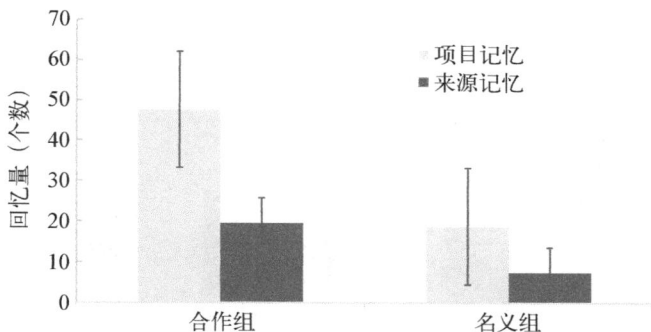

图 1-7　实验 1a 第二轮回忆阶段项目回忆和
来源记忆任务中的正确回忆量

回忆量，$p=0.030$，$MD=3.091$，95％CI$[0.692,13.206]$。回忆任务的主效应显著，$F(1,50)=78.562$，$p<0.001$，$\varepsilon=1.000$，$\eta_p^2=0.674$，表现为项目回忆（$M=35.154$，$SE=1.682$）显著高于来源记忆任务（$M=26.897$，$SE=1.776$）的正确回忆量，$p<0.002$，$MD=0.932$，95％CI$[6.371,10.142]$。两因素交互作用不显著（$p=0.858$）。以上结果表明实验1a记录到显著的合作后优势效应。

其二，分析第二轮回忆阶段项目记忆任务中各因素水平的相关数据以深入探究正确回忆量在各因素水平上的差异（见图1-8），对项目正确记忆量进行2（组别：合作组，名义组）×3（项目类型：共享，部分共享，非共享）×2（来源类型：宋体，华文行楷）的重复测量ANOVA结果显示，在项目记忆提取任务下，组别的主效应显著，$F(1,50)=37.670$，$p=0.033$，$\varepsilon=1.000$，$\eta_p^2=0.758$，表现为合作组（$M=6.427$，$SE=0.414$）显著高于名义组（$M=5.291$，$SE=0.343$）的回忆量，$p=0.033$，$MD=0.513$，95％CI$[0.098,2.175]$。来源类型的主效应显著，$F(1,50)=78.769$，$p=0.044$，$\varepsilon=1.000$，$\eta_p^2=0.102$。表现为宋体项目（$M=6.269$，$SE=0.378$）的正确回忆量显著高于华文行楷（$M=5.449$ $SE=0.303$），$p=0.044$，$MD=0.394$，95％CI$[0.023\ 1.618]$。项目类型的主效应显著，$F(2,100)=90.560$，$p<0.001$，$\varepsilon=0.971$，$\eta_p^2=0.704$，多重检验分析后表现部分共享项目（$M=8.058$，$SE=0.456$）显著高于共享项目（$M=6.513$，$SE=0.332$）和非共享项目（$M=3.006$，$SE=0.256$）的正确回忆量（$ps<0.001$），且共享项目显著高于非共享项目的正确回忆量，$p<0.001$，$MD=3.362$，95％CI$[2.599,4.414]$。

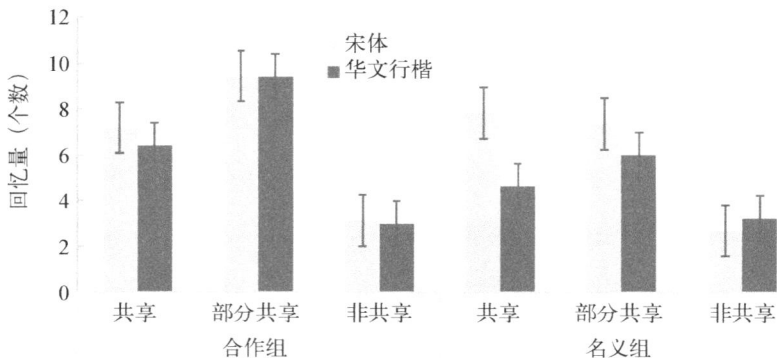

图1-8　实验1a第二轮回忆阶段各因素项目记忆的正确回忆量

　　结果发现，组别和项目类型、字体和项目类型之间的二元交互作用显著（$p=0.001$ 和 $p=0.003$）。三元交互作用显著（$p=0.044$）。进一步分析关注和报告组别相关的结果发现，只在部分共享类型的项目中表现出合作组比名义组的项目正确回忆量更多（$p<0.05$）。三元交互作用的简单效应分析进一步发现从字体维度上来看，只在华文行楷的共享和部分共享项目中发现了合作组显著高于名义组的正确回忆量（$ps<0.01$）；并没有发现在宋体项目中任何字体在组别上的显著性差异（$ps<0.01$）。

　　为了在来源记忆中考察同样的问题，在来源记忆中进行同样的重复测量 ANOVA（见图 1-9），结果发现，组别的主效应显著，$F(1, 50)=6.943$，$p=0.012$，$\varepsilon=1.000$，$\eta_p^2=0.110$，表现为合作组（$M=0.776$，$SE=0.024$）显著高于名义组（$M=0.664$，$SE=0.039$）的回忆量，$p=0.012$，$MD=0.112$，$\varepsilon=1.000$，95%CI [0.026, 0.199]。来源类型的主效应不显著（$p=0.808$）。虽然项目类型的主效应不显著（$p=0.105$），但组别和项目类型的交互作用显著（$p=0.041$），简单效应深度分析后表现在名义组中共享项目的 CSIM 值显著高于非共享项目（$p=0.012$），且仅在非共享项目中发现合作组的 CSIM 值显著高于名义组（$p=0.002$）。任何二元或三元交互作用均不显著（$ps>0.05$）。

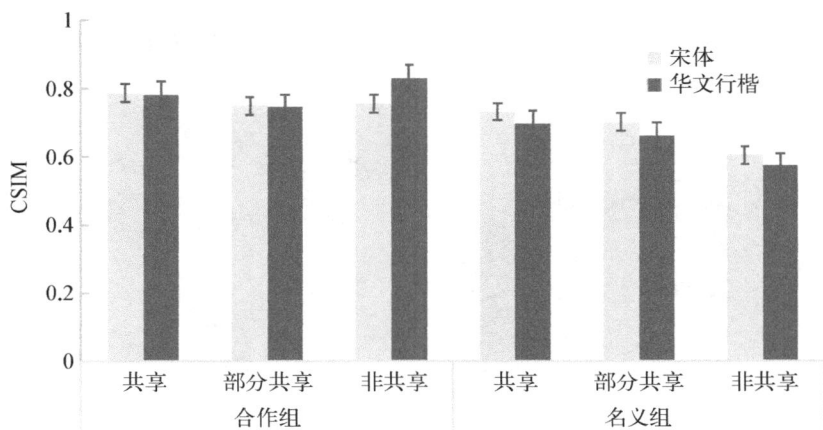

图 1-9　实验 1a 第二轮回忆阶段各因素来源记忆的 CSIM

3）社会传染效应的分析思路和结果

　　由于名义组是形式上和合作组类似的虚拟组，实则该组的成绩是由各独立完成回忆提取任务的所有个体成绩合集，在名义组的两轮回忆阶段均不涉及组内社会互动,理论上不会产生社会传染效应量,设置名义组的原因是为和合作组进行匹配,形成和合作组对比的基线水平,本实验认为即使有名义组被试回忆出组内其他成员(们)编码过的项目也纯属巧合,数量极其有限,可忽略不计,将其和合作组的社会传染效应量进行对比分析无统计学意义,因此此阶段只分析合作组的项目记忆和来源记忆任务中的各因素水平的社会传染效应回忆量。

其一,对项目记忆社会传染效应量进行 2(项目类型:部分共享,非共享)×2(来源类型:宋体,华文行楷)的重复测量 ANOVA,结果(如图 1-10)显示在项目回忆提取任务下,项目类型的主效应显著,$F(1, 50)=8.907, p=0.005, \varepsilon=1.000, \eta_p^2=0.190$,简单效应深度分析后表现部分共享项目($M=2.756, SE=0.273$)显著高于非共享项目($M=1.833, SE=0.189$)的社会传染效应量。来源类型的主效应显著,$F(1, 50)=4.913, p=0.033, \varepsilon=1.000, \eta_p^2=0.114$,表现为宋体($M=2.603, SE=0.201$)显著高于华文行楷($M=1.987, SE=0.245$)的社会传染效应量,$p=0.033, MD=0.615, \varepsilon=1.000, 95\%CI[0.053, 1.177]$。两者交互作用显著($p=0.090$)。主效应分析发现在来源类型中的宋体维度上,部分共享项目的社会传染效应量显著高于非共享项目($p<0.001$),在华文行楷上并未发现两类项目类型间的显著差异($p=0.221$);在项目类型中的部分共享维度上,宋体项目的社会传染效应量显著高于华文行楷项目($p=0.010$),在非共享项目上并未发现两类来源类型间的显著差异($p=0.498$)。

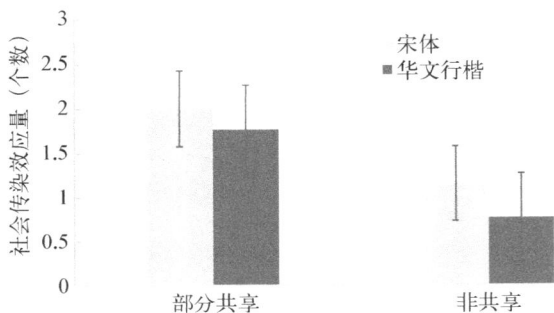

图 1-10　实验 1a 合作组中各因素项目记忆的社会传染效应量

其二,对合作组中各因素水平的来源记忆社会传染效应量进行相同的重复测量 ANOVA,结果如图 1-11 所示,在来源记忆提取任务下,同样发现项目类型的主效应显著,$F(1, 50)=5.297, p=0.027, \varepsilon=1.000, \eta_p^2=0.122$,简单效应深度分析后表现部分共享项目($M=2.141, SE=0.250$)显著高于非共享项目（$M=1.538$，$SE=0.093$）的社会传染效应量，$p=0.027$，$MD=0.603$，$\varepsilon=1.000$，95%CI [0.073，1.133]。来源类型的主效应显著，$F(1,50)=10.547$，$p=0.002$，$\varepsilon=1.000$，$\eta_p^2=0.217$，表现为宋体来源（$M=2.128$，$SE=0.150$）的社会传染效应量显著高于华文行楷来源（$M=1.551$，$SE=0.174$），$p=0.002$，$MD=0.577$，$\varepsilon=1.000$，95%CI [0.217，0.937]。两者的交互作用不显著（$p=0.603$）。

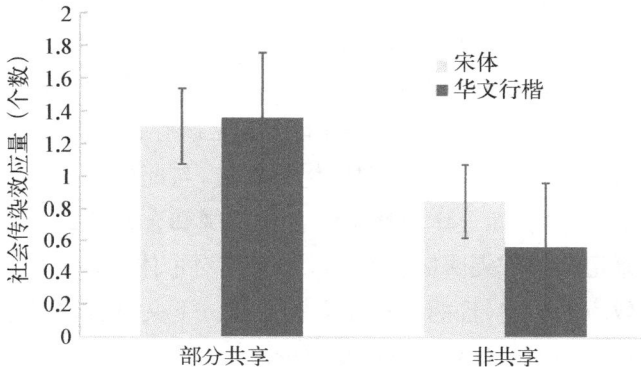

图 1-11 实验 1a 合作组中各因素来源记忆的社会传染效应量

为了横向比较项目记忆和来源记忆中的社会传染效应程度，本研究采用 Choi 等人（2017）研究中使用的社会传染效应率（Contagion Ratio）对项目记忆和来源记忆中的社会传染效应错误进行量化，其计算方式为社会传染效应项目（来源）的虚报量与总错误项目（来源）虚报量的比率。对合作组的项目记忆和来源记忆的社会传染效应率进行单因素方差分析，结果如图 1-12 所示，$F(1,$

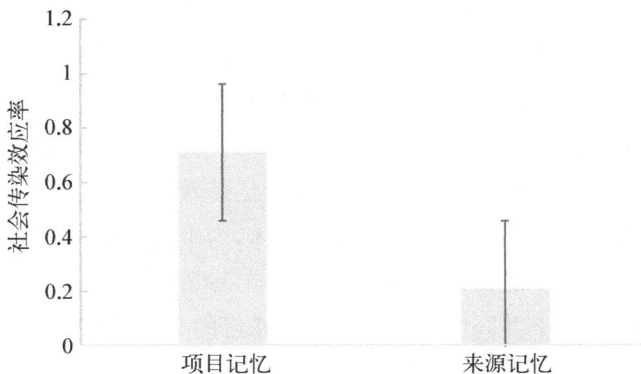

图 1-12 实验 1a 合作组不同记忆任务下的社会传染效应率

$50) = 66.280, p < 0.001, \varepsilon = 1.000, \eta_p^2 = 0.636$，表现为项目记忆的社会传染效应率（$M = 0.708, SE = 0.159$）显著高于来源记忆（$M = 0.412, SE = 0.178$），$p < 0.001, MD = 0.296, 95\% \text{CI} [0.223, 0.370]$。

3. 讨论与结论

实验1a旨在验证社会合作对个体情景记忆是否同时存在积极和消极作用，并在验证社会合作是否对项目记忆产生社会传染效应现象基础上拓展研究社会传染效应是否存在合作后的个体来源记忆中，且其和项目记忆社会传染效应是否存在差异。结果表明，社会合作对个体情景记忆既存在积极作用，即合作记忆中的错误修剪效应和合作后的个体记忆优势效应，与此同时社会合作对个体情景记忆也存在消极作用，即合作记忆中的合作抑制和合作后的个体记忆社会传染效应。在情景记忆两子集回忆任务下社会合作对个体情景记忆两子集记忆均产生社会传染效应的影响，且两者存在显著差异。下文就合作带来的积极作用和消极作用表现及其理论解释进行详细讨论。

（1）社会合作对情景记忆均存在积极影响：错误修剪效应和合作后优势效应

首先，社会合作对情景记忆两子集记忆均存在错误修剪效应和合作后优势效应的积极影响。这一结果与之前关于社会合作研究范式下的研究非常吻合，即发现合作的增强效应（Abel & Bäuml，2017；Bärthel et al.，2017；Blumen et al.，2014），具体表现在合作记忆绩效的增强及合作后个体记忆绩效的增强，验证了假设1.1。这种合作增强效应被归因于提取策略破坏假说（Bärthel et al.，2017；Nie et al.，2019；Wissman & Rawson，2015），该假说认为合作记忆能帮助合作成员相互对彼此提取的记忆信息进行矫正和反馈，尤其是对存在分歧或疑问的项目有助于修正，因此促进合作组错误记忆的减少（Maswood et al.，2022；Nie et al.，2023；Whillock et al.，2020）。此外，合作结束后个体的最优提取策略逐渐得以恢复原先水平，因而出现回忆绩效反弹的现象，而且合作组其他成员的回忆内容可能会再次曝光给彼此个体，为个体提供了再次学习的机会，或者个体将其他合作组成员回忆出信息作为自我记忆提取的线索，因此可以看出在多重机制的作用下共同促进了个体在合作后的个人单独回忆中良好的记忆绩效。本文和之前大多数研究在操作上存在两点不同之处，第一，合作组人数的不同。本实验在人数更多的三人小组中进行，而以往大多数研究在两人合作组中进行(Barber et al.，2017；Ke et al.，2017；Maswood et al.，2022；Nie et al.，2023；Nie et al.，2019；Wissman & Rawson，2015)，以往研究也证实伴随着合作组成员的人数增加，合作成员的提取策略被彼此干扰的程度就可能增大(Basden et al.，1997；Thorley & Dewhurst，2007)，另外，社会懈怠和责任分散理论也认为，随着参与合作记忆的成员人数增加，被试在合作群体中的记忆提取付出的责任感反而会有所降低(Weldon & Bellinger，1997)，本实验在三人合作回忆阶段中发现错误修剪效应作用和三人合作后个人记忆增多的合作后优势效应作用，说明社会合作积极影响的稳定性。当然，至于合作组人数对合作积极影响的具体倾向性还有待于进一步采用不同分组方式进行对比研究。第二，刺激材料分布的不同。本实验遵循先前研究在编码阶段中采用的项目类型分布的操纵方法(Abel & Bäuml，2020；Choi et al.，2017；Gabbert et al.，2003；Garry et al.，2008)，即采用不同重叠程度的项目类型，每组成员内分别编码共享、部分共享、非共享项目，在现实社会互动中人们也常常对相同或不相同事件(物)都有可能存在不相同记忆，且彼此相互影响记忆的特征。以往更多的经典合作记忆范式研究采用的是相同刺激材料，也就是说所有被试编码的都是共享刺激(Abel & Bäuml，2017；Blumen et al.，2014；Blumen & Rajaram，2008；Weldon & Belling，1997)，本实验的结果也验证了 Abel 和 Bäuml(2020)同样采用不同重叠程度刺激材料发现的三人合作促进个体记忆的结果，同时也从总体上进一步证明合作的增强效应不仅限于最初只由小组成员共同分享的信息，对于合作成员最初学习的部分共享项目，则至少其中一位可能在合作回忆阶段成功提取它，从而为其他可能已经产生遗忘的合作成员提供了重新接触的机会。

其次，社会合作对情景记忆的积极影响在不同的记忆任务下存在差异性，验证双重加工理论模型。一方面，在积极影响的错误修剪效应方面发现来源记忆显著强于项目记忆；另一方面，在合作后优势效应方面发现项目记忆显著强于来源记忆。根据提取策略破坏假说，参与合作回忆的被试如果能在合作的过程中能够纠正合作组成其他员的错误记忆输出，这样就能减少错误记忆的发生，从而出现错误修剪效应(Barber et al.，2017；Bärthel et al.，2017；Nie et al.，2019；Saraiva et al.，2020；刘希平等，2014)，如果个体记忆的不确定性增加，则错误记忆的修剪量将有所增强(Harris et al.，2012；Wright & Villalba，2012)。本实验中发现合作组成员在来源记忆中出现的错误记忆明显高于项目回忆的错误记忆，也恰巧证实了双重加工理论模型关于项目记忆和来源记忆加工机制不同的解释。双重加工理论模型认为项目回忆和来源记忆依赖不同的加工过程，项目回忆更加依赖熟悉性过程，来源记忆更依赖于回忆加工过程，它更多需要在准确回忆加工项目的基础上提取背景细节（Cooper et al.，2017；Hayes et al.，2018；Zhou et al.，2020；李梦梦，2022），因此正确来源记忆的难度要高于项目回忆，来源记忆的正确性更低、反应时更长（Guoet al.，2006；Nie et al.，2019；Nie et al.，2023）。

最后，字体类型和项目类型对两类记忆任务下的合作后优势效应的影响存在差异性。在项目回忆任务下，个体对宋体项目和部分共享项目更具有合作后优势效应的偏好；而在来源记忆任务下，只发现合作与否和项目类型交互影响个体合作后优势效应。在字体类型上，和华文行楷相比，宋体较为普通和标准化，更容易被记忆，因而监测和评估提取的难度较低，在合作记忆阶段被准备提取的可能性较大，被合作后再次提取的可能性较大（Rawson & Dunlosky，2002；Zhang et al.，2015）。部分共享项目更具有合作后再次被提取的优势效应的可能原因是看似三人交流讨论中更突显两人之间交流的倾向，而非全面开放、深度的三人自由交流讨论，况且本实验中所有被试并未被提前告知各自所编码项目的异同状况，对于每名被试三类项目类型学习的数量是一样多的（每个 block 各 6 个），这也符合前文提到的再暴露效应，也就是说部分共享项目在合作回忆阶段得到相对更多再次被学习编码的机会，因而在个体单独回忆阶段被再次提取的可能性也更大。这种现象也符合现实情况，也就是说往往在三人互动中如果有两个人共同认为的"真相"最终将被认为是真正的"真相"。

（2）社会合作对合作情景记忆均存在消极影响：合作抑制

其一，社会合作对项目记忆和来源记忆均存在合作抑制的消极影响。这一结果也与之前关于社会合作研究范式下的研究非常吻合，即发现合作的抑制效应（Bäuml et al.，2017；Ke et al.，2017；Wesselet al.，2015），具体表现在合作记忆绩效的抑制，验证了假设 1.1。合作抑制效应可以用前言部分提及的提取策略破坏假说、提取抑制假说进行解释（Saraiva et al.，2020；刘希平等，2014），即个体都带着各自独特的最佳提取策略进入编码阶段，在合作回忆提取阶段中合作者采用的提取策略相互造成了破坏，导致各自最佳的记忆提取策略和记忆提取的潜能受到影响，从而出现了合作抑制的出现（Ke et al.，2017；Maswood et al.，2022；Nie et al.，2023）。另外，提取抑制假说认为先回忆出来的项目有可能会成为线索，从而可能抑制后续其他项目的提取过程。同样地，本实验采用三人合作组被试同以往更多采用二人合作组被试和相同（共享）刺激材料的研究一样在合作回忆阶段中发现合作对记忆的抑制作用，说明社会合作对记忆消极影响的稳定性。本实验采用不同重叠程度的刺激材料和以往采用不同性质的相同（共享）材料（如词表、图片、视频、类别材料）的合作记忆研究一样发现合作抑制，也证实了尽管使用的材料不同，合作抑制是稳定存在的结论（Nie et al.，2019；Wessel et al.，2015）。

其二，社会合作对情景记忆的合作抑制在不同的记忆任务下不存在显著差异性。现有很多研究同时在项目记忆和来源记忆中记录到合作对记忆的抑制作用（Bärthel et al.，2017；Ke et al.，2017；Wessel et al.，2015）。本研究采用三人合作组、不同重叠程度的刺激材料，在情景记忆两子集记忆提取任务下均体现名义组的正确情景记忆回忆量均显著高于合作组，证明了合作抑制的存在，且该现象在两种回忆任务之间具有普适性，这和之前采用故事、图片、DRM 词表为实验材料（Takahashi & Saito，2004）和两人合作组被试（Barber et al.，2017；Ke et al.，2017；Maswood et al.，2022；Nie et al.，2023；Nie et al.，2019；Wissman & Rawson，2015）的合作记忆研究结果相似。

（3）社会合作对个体情景记忆存在社会传染效应的消极影响

其一，社会合作对记忆存在的第二种消极影响——社会传染效应，它不仅存在项目回忆中，还存在于来源记忆中，验证了假设 1.2。项目记忆社会传染效应的发现验证了先前记忆社会传染效应的研究（Abel & Bäuml，2020；Andrews & Rapp，2014；Andrews-Todd et al.，2021；Kensinger et al.，2016；Maswood & Rajaram，2019；Meade et al.，2017；Meade & Roediger 2002；Numbers et al.，2019；Park et al.，2016），足以证明记忆中的"剽窃"现象之常见。先前多数关于社会传染效应的研究更侧重于双人组，并使用联盟者或虚构的回忆协议作为社会信息误导的来源（Numbers et al.，2014；Roediger et al.，2001）。在本实验中，我们采用了不同于以往很多研究的做法，即操纵了最初编码的信息的分布（遵循了先前关于目击证人记忆中社会传染的工作）（Gabbert et al.，2003；Garry et al.，2008）。本实验发现合作导致了信息的社交传播，个体会将他们自己最初没有编码过的信息整合到他们对研究阶段的记忆中，出现记忆被"传染"的现象，而且这种记忆的社会传染现象不仅限于双人组，也可以在自由互动的三人组中，而且由两个而不是只有一个其他合作成员编码过的潜在的扭曲信息的社会传染性更强（Abel & Bäuml，2020；Choi et al.，2017）。来源监测框架理论（Johnson，1993）认为当个体提取记忆信息时可以采用很多来源，个体会将最近的、显著的信息错误归因为较早事件记忆中，在修正后的社会传染范式中，个体在开始实验之前被告知实验的流程，即在完成合作回忆后需单独完成回忆测试，并在最后的个体单独回忆测试中回忆之前编码过的信息，在个体单独回忆测试之前的合作记忆中合作同伴会回忆出某些信息，并将其暴露给个体，因此合作回忆测试则是追溯干扰的潜在来源（Melton & Irwin，1940），由于个体没有事先被告知小组内成员编码信息的异同状况，因此降低了对所提取信息的监测和评估标准（Hyman et al.，2014），因此个体在个体单独回忆阶段就会轻易再次提取合作同伴提供的信息。此外，来源监测框架认为，合作同伴提供的信息与个体所编码信息越相似，社会传染效应的可能性就越大；相反，如果同伴提供的信息与个体所编码的信息越不同，社会传染效应的可能性就越小，在本实验中所有被试编码的均为中性情绪效价的双字词，一般以无任何情绪色彩的名词为主（如甲板、花朵、草地等），其情绪效价和唤醒水平无显著差异，因而编码刺激间很相似容易造成提取混淆。另外，提供信息的个体与回忆个体间的相似性越强也越容易引起社会传染效应（French et al.，2008；Hope et al.，2008），在本实验中均为年龄相仿的大学生，容易建立人际信任，因而扩大了社会互动的消极影响。

情景记忆的两种记忆任务都存在记忆传染效应，这种更清晰、更准确地记录社会传染的研究形式使研究结果比以往的研究更有说服力。据查阅文献得知先前的研究仅限于探究项目记忆中的社会传染（Abel & Bäuml，2020；Meade et al.，2017；Numbers et al.，2019；Rush & Clark，2014），而忽略了另一种情景记忆亚型即来源记忆中受感染的记忆现象。然而，众所周知，任何项目及其伴随的来源细节都是不可分割的（Minor & Herzmann，2019），从这个意义上说，探究来源记忆中的社会传染是有价值和必要的。当然，鉴于极度缺乏对来源记忆中社会传染的研究，这项研究的结果缺乏横向比较的基础。然而，与之前关于社会合作对个体情景记忆均产生负面影响——合作抑制的研究结果一致的是，社会传染作为社会合作对个人情景记忆的另一消极影响之一也在两种记忆任务中得到记录。毫无疑问，未来有必要进行进一步的相关研究以验证以上发现。

当然，这里值得一提的是本实验强调了社会合作的负面和消极影响，即一个人的记忆避免不了受他人影响的作用，错误地将只属于他人的信息融入了自己记忆中，出现"剽窃"记忆的现象。然而，这种观点有些片面，社会传染效应也有积极的一面，如果个体对共同目睹的事件（物）记忆不佳，而他人报告了详细的、更好的记忆，那么个体将新学到的细节融入自己关于此事件（物）的记忆中是合适的。简言之，社会传染效应有其消极和积极的一面，追溯提供的信息来源可能存在（而且可能经常存在）消极的偏见效应（Jacoby et al.，2001），本书中的社会传染效应也更强调其带来的消极后果和影响，是应该要减少和避免的"剽窃"记忆行为。

其二，社会传染效应在项目记忆和来源记忆中存在差异性，验证双重加工理论模型。沿用 Choi 等人（2017）中对不同组别的社会传染效应量进行横向比较的方法对本实验中项目记忆和来源记忆中的社会传染效应量进行社会传染效应率的计算和比较，发现个体的项目记忆社会传染显著高于来源记忆。这种现象再一次验证了解释项目回忆和来源记忆加工机制的双重加工理论模型（Monge et al.，2018），由于字体来源信息的检索相较于项目回忆更多地依赖于基于控制的回忆过程，这使得来源记忆比条目项目更困难、更具破坏性和更易受攻击（Li & Nie，2021；Nie et al.，2019；Nie et al.，2023；Ye et al.，2019；Zhou et al.，2020），这将导致个人变得更容易受到来源信息中提取错误的影响。研究发现与项目记忆相比，个体提取来源记忆的难度更大（Ye et al.，2019；Zhou et al.，2020），这往往导致来源记忆监控错误。由于合作回忆阶段的互动，个体在单独记忆检索时会误以为成功回忆出来的项目信息就是自我先前编码过的内容，增加了"剽窃"他人记忆成果的可能性。此外，与之前的研究一样（Nie et al.，2019；Nie et al.，2023；Ventura-Bort et al.，2016），本实验采用了序列范式，为了让个人准确地回忆来源信息，他们需要首先提取相应的项目信息，这无疑使得个体对字体来源信息的提取变得"难上加难"，来源记忆出现错误的总体可能性变大，且被回忆出的来源记忆社会传染效应量低于相应项目记忆的社会传染效应量，这和本实验中发现个体在单独回忆阶段的错误来源记忆更多也是一致的。总而言之，这种模式证实了情景记忆双重加工理论模型在社会传染效应上的应用（Li & Nie，2021；Nie et al.，2023）。

（4）项目类型和来源类型对情景记忆两分支记忆社会传染效应存在差异性影响

其一，在两种记忆任务下，部分共享项目和宋体来源项目的社会传染效应均更显著，假设 1.3 得到验证。该实验基于先前关于社会传染效应的研究，操纵了先前编码的信息的分布（Abel & Bäuml，2020；Choi et al.，2017；Garryet al.，2008）。本实验证实，无论记忆任务如何，仅由其他两名合作者编码的项目更有可能导致合作后个体记忆出现社会传染错误。这一发现与以往研究结果非常一致，并为假设 1.2 提供了有力的支持（Abel & Bäuml，2020；Choi et al.，2017）。合作的再暴露效应可以为上述现象提供解释，部分共享的信息会被个人接受并报告为自己编码过的信息体现的是合作回忆阶段的重新学习过程，与仅由单个被试编码的未共享项目相比，部分共享的编码项目有更大的重新导出可能性（Abel & Bäuml，2020；Rajaram & Pereira-Pasarin，2010），这种更高的可能性增加了在个人单独回忆阶段再次被提取的机会。实验程序中的指导语除了为合作回忆阶段提供提取的要求外，还强调三人合作组被试要记录下所编码项目及其来源字体，这些项目被认为是通过充分的交流后记录出的，在没有考虑到表现压力和社会压力因素的前提条件下，合作应该会极大程度地激励个人重新编码学习信息，这基本上相当于在合作者的帮助下反复提取所编码的信息（Rajaram & Pereira-Pasarin，2010）。当然，上述解释和推断是基于理论基础的，并不排除实际提取过程中可能出现非理想提取过程的可能性。例如，当一名被试第一次写出回忆的信息时，所有被试都不知道编码的信息彼此不同，在这种情况下，由于心理契约和信任，其他两名合作者可能无条件地相信这些信息是他们以前编码的，但实际上这些信息只是部分共享的信息，第三个被试更有可能无意识地提取到这些信息，并相信这正是其事先编码的信息。基于此，本实验对以后研究的启发是需要更加准确地监测和分析回忆阶段，需要确定每个成功提取的项目及其字体信息在多大程度是来源于充分的讨论、或来自于社会压力或同行信任的结果。这种方法有利于进一步探讨社会传染的影响因素。

除上述发现外，社会传染效应还体现在来源类型上的显著差异，即无论记忆任务如何，宋体来源都显著高于华文行楷来源的社会传染效应量，可能原因是宋体字体比较普遍和标准化，更容易忘记，因此它依赖于更多的认知资源来回忆，从而增加了易受他人记忆影响的可能性；而华文行楷字体线条较为优美和富有艺术性，令人印象深刻（Rawson & Dunlosky，2002；Zhang et al.，2015），因此它的检索更多地依赖于自动记忆，并将优先被提取，不那么容易被污染。这一发现进一步证明，作为来源信息的项目字体特征对个体来源记忆的源监控存在影响。

其二，项目类型和来源类型共同影响项目记忆社会传染效应，而在来源记忆中不存在共同影响。对于社会传染效应影响因素的交互表现，在项目记忆任务下，宋体字体的部分共享项目对社会传播错误产生显著影响，这符合前面提到的再暴露效应，也符合一般情况下的真实情境——三人合作下的"真相"往往来自两个人都认为这是"真相"的情况。同时，在部分共享的情况下，宋体在社会传染方面存在相对优势，这也与上述关于积极线索熟悉效应的说法相吻合（Claypool et al.，2008），两个人分享的错误信息在常见情况下很容易激活。当然，还需要更多的实验研究来巩固以上结果。而以上结果在来源记忆任务中却不复存在，可能的猜想是在来源记忆本身就存在非常大的提取难度之下已经不足以体现来源类型和项目类型对社会传染效应的影响。

（二）实验 1b：社会合作对情绪刺激的情景记忆社会传染效应的影响研究

在日常生活中，我们不仅与他人分享无任何情绪色彩的信息，还会分享各种带有情绪色彩的信息。但目前对于情绪对社会传染效应程度的影响仍然是一个持续争论的话题。在实验 1a 的基础上，实验 1b 采用情绪刺激（含积极、中性、消极三种情绪效价）来进一步探索此问题。

考虑到情境记忆的社会传染效应不仅会受到合作调节，也会有其他因素可能在其中起到调节作用。接下来，我们就聚焦于其中的一项重要因素，即刺激的情绪性。根据引言所述，除实验 1a 探索社会合作对情景记忆社会传染效应的影响外，实验 1b 将继续探讨合作和刺激的情绪性如何共同影响情景记忆社会传染效应以及刺激情绪性对情景记忆的积极和消极影响。前人关于刺激情绪性对正确或错误的情景记忆两个子集的影响研究结论不一，其对记忆社会传染效应的影响研究数量更是极少且结果截然相反，Kensingerr 等人（2016）发现在经典社会传染效应研究范式中中性分类图—词配对刺激的社会传染效应量比情感分类图—词配对刺激更强，Choi 等人（2017）未能揭示在不同社会互动网络条件下不同情绪效价的刺激在社会传染效应方面的差异。因此，当前缺少聚焦情绪和社会互动如何交互影响个体传染性错误记忆的研究证据，更缺少真实人际互动情境下（比如真实合作同伴情境、自由交流、不同程度重叠的编码信息）的社会传染记忆研究。

实验 1b 提出以下 3 个假设。和实验 1a 的发现类似，假设 2.1 总体上期待社会合作依旧对情绪词情景记忆产生积极和消极影响，证明社会合作对各类情绪效价刺激的情景记忆影响的普适性。假设 2.2 期待在更模拟情感世界现实的实验情境中揭示刺激情绪性在情景记忆两类记忆任务下均体现记忆绩效上的优越性。假设 2.3 本研究采用修正后的社会传染效应研究范式，期待在情景记忆两类记忆任务下发现个体关于情绪刺激的情景记忆社会传染效应，且两者存在显著差异，支持双重加工理论模型。本实验引入刺激的情绪性这一变量，假设 2.4 期待刺激的情绪性对情景记忆社会传染效应具有调节作用。假设 2.5 期待项目类型、来源类型影响情景记忆社会传染效应及其和情绪效价交互影响情景记忆社会传染效应。

1. 方法

实验 1b 和实验一的实验流程大致相同，主要区别体现在实验设计、被试数量和刺激量的设置差异上，以下着重对以上差异内容进行重点描述。

（1）被试

实验 1b 一共有 180 名 16～23 岁的大学生（$M=19.20, SD=1.10$）参加了本次实验，获取礼物或适量报酬以表示对参与实验的诚挚感谢。所有被试选择条件和实验 1a 相似，其中 90 名被试组成了三人的合作回忆-个人单独回忆组（简称合作组），每名被试只属于一个小组，其余 90 名被试被随机分为三人组成的个人单独回忆-个人单独回忆组（简称名义组）。不管是合作组还是名义组内的被试相互之间均不相识。

同样地，MorePower 6.0.4（Campbell et al.，2012）用于本研究样本量的测算，在双尾 $\alpha=0.05, 1-\beta=0.80, f=0.25$ 的标准下，合理的样本量应为 48。此外，本研究也参考了以往会传染效应和合作记忆研究的被试量的使用情况（Abel & Bäuml，2020；Choi et al.，2017；Nie et al.，2023），本文在每种组别情况下设置 90 名被试的样本量既满足了先验估计的要求，也远远超过了以往实证研究中的样本量。

（2）实验设计

目前的实验是 2（组别：合作组，名义组）×3（项目类型：共享，部分共享，非共享）×3（情绪效价：积极，中性，消极）×2（来源类型：宋体，华文行楷）×2（记忆任务：项目记忆，来源记忆）的混合实验设计。后四个变量均为刺激的特征，都是被试内变量。

（3）实验材料

同样地，本文采用不同程度重叠信息的操作，参考之前研究中类似的目标刺激的类型和数量（Abel & Bäuml，2020；Choi et al.，2013；Choi et al.，2017；Kensinger et al.，2016；Li & Nie，2022；Nie et al.，2019；Nie & Jiang，2021），此外，为了避免结果中的地板效应，同时保证每类情绪效价项目数不低于实验 1a 中采用的刺激量，因此最终使用了 630 个词汇作为正式实验的刺激，这些词汇的数量比以前研究的材料多。他们是从 ANEW（英语词汇情感规范）列表中选出的（Bradley & Lang，1999）。与之前的研究一样，所有英文词汇都被翻译成汉语的双字词（Nie & Jiang，2021；Zhou et al.，2020）。例如，"惊喜"表示积极项目、"平静"代表中性刺激、"悲伤"代表消极刺激。每个情绪效价（积极、中性和消极）共有 210 个词汇。情绪效价和唤醒评分是按照 Berger 等人（2016）的方法确定的。

在情绪效价方面，积极、中性和消极项目之间有显著差异，积极项目（$M = 6.814$，$SD = 0.920$）远高于中性刺激（$M = 4.867$，$SD = 0.663$）和消极项目（$M = 2.748$，$SD = 0.982$），$t(627) = 24.903$，$p < 0.001$，$Cohen's\ d = 2.428$ 和 $t(627) = 43.789$，$p < 0.001$，$Cohen's\ d = 4.273$，中性词高于消极词，$t(627) = 25.909$，$p < 0.001$，$Cohen's\ d = 2.529$。考虑到唤醒得分，消极词（$M = 6.090$，$SD = 1.113$）远高于积极词（$M = 5.868$，$SD = 0.887$）和中性词（$M = 4.750$，$SD = 1.016$），$t(627) = 2.256$，$p = 0.025$，$Cohen's\ d = 0.221$ 和 $t(627) = 12.880$，$p < 0.001$，$Cohen's\ d = 1.258$，积极词也高于中性词，$t(627) = 12.010$，$p < 0.001$，$Cohen's\ d = 1.172$。除了正式的词汇外，我们还有 36 个词汇作为练习试验，它们在情绪效价和唤醒水平上也得到了综合平衡。

为了减轻记忆负荷，减少被试的疲劳感，避免不同刺激的干扰，如先前的研究（Nie et al.，2019；Nie & Jiang，2021），编码测试阶段被分为 10 个不同的 block，每个 block 有 60 个词汇，这些词汇根据项目类型设置为：10 个共享项目（每组的 3 名被试都会进行学习），30 个部分共享项目（组内每两名被试各共享 10 个项目），以及 30 个非共享项目（即每名被试将单独学习 10 个项目）。因此，每名被试在每个 block 中应学习 30 个项目，其中包括 10 个共享项目、10 个部分共享项目和 10 个非共享项目。每组被试学习的项目数量见表 1-2。为了确保的每组的项目在语义上没有关联，在每个情绪效价中，词汇被伪随机分配。

表 1‑2　实验 1b 每组被试学习项目的数量分布

	共 享	部 分 共 享			非共享	汇 总
被试 1		90		90	90	270
被试 2	90		90		90	270
被试 3				90	90	270
汇总	90	270			270	630

（4）实验流程

实验 1b 和实验 1a 相同，进行预实验及要求参加预实验的被试完成 10 个有关实验流程问题，预实验的操作及其结果也在一定程度上支持了本研究中实验设计的合理性和可操作性。

实验 1b 正式实验的流程与实验 1a 相同（见图 1‑1），即采用了修正后的社会传染效应的三阶段范式，包括个体单独编码阶段、第一轮回忆阶段（包括合作/单独回忆测试）、第二轮回忆测试（个人单独回忆测试），除了这三个阶段外，每个 block 内部设置干扰任务和休息（每个 block 实验程序见图 1‑13）。全程实验需要大约 2 个小时完成，下面将重点介绍和实验 1a 不同的编码阶段的描述。

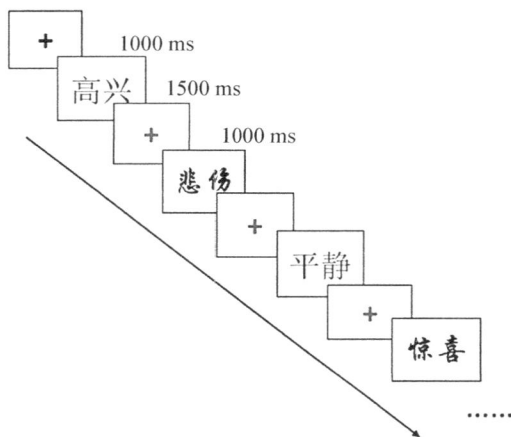

图 1‑13　实验 1b 每个 block 的学习实验程序示意图

个体单独编码阶段。每组的三名被试分别进行编码任务，但被引导同时开始任务。被试坐在距离电脑屏幕约 60 cm 的地方，并被告知将视力集中在与屏幕中心相同的高度。三名被试都被告知记住以下显示的词汇及其相关的来源类型（宋体或华文行楷）。为了防止被试不分心和证明不同情绪效价的加工反应时不同，要求被试按下三个不同的按键来表示每个词汇的情绪效价："F"表示积极，"SPACE"表示中性，"J"表示消极。每个项目呈现 3 500 ms，其中包括在屏幕中心显示 1 000 ms 的"＋"的注视交叉，以集中被试的注意力，词汇在屏幕中心出现 1 500 ms，随后是 1 000 ms 的 ISI（刺激间隔）。这些项目以伪随机序列显示，以确保连续显示的情绪效价或唤醒水平相同的项目不超过三个。同样地，待记忆项目的呈现方式和实验 1a 相同。

2. 数据分析与结果

实验 1b 所使用的数据分析方法和参数设置和实验 1a 保持一致。同样道理，本数据分析部分将按照两轮回忆阶段分别汇报在项目回忆和来源记忆任务下的正确和错误记忆量，重点分析合作对情景记忆的消极影响——社会传染效应量数据。对于项目记忆，本实验主要关注其平均正确回忆个数和虚报量，来源记忆采用 CSIM 作为指标和虚报量。社会传染数据关注项目记忆的社会传染效应量、来源记忆社会传染效应量和社会传染效应率。

1) 学习阶段的数据分析思路和结果

不同情绪刺激在编码阶段的正确率和反应时见表 1-3。对正确率进行单因素方差分析显示，项目情绪效价（3 水平：积极，中性，消极）的效应显著，$F(2, 627) = 6.697$，$p < 0.001$，$\varepsilon = 1.000$，$\eta_p^2 = 0.361$，表现为积极项目显著低于消极和中性刺激的正确率（$ps < 0.001$）。对反应时进行同样方差分析的结果显示，项目情绪效价的效应不显著（$p = 0.747$）。上述结果表明情绪效价仅对项目判断准确性具有调节作用。

表 1-3 实验 1b 编码阶段不同情绪判断的正确率和反应时(M±SE)

项　　目	正确率	反映时(ms)
积极项目	0.793±0.029	907±16
中性项目	0.857±0.031	901±17
消极项目	0.874±0.030	899±16

2）合作抑制、错误修剪效应、合作后记忆优势分析和结果

（1）合作抑制的分析思路和结果

首先，为整体上了解合作是否带来消极影响，分析组别对第一轮回忆阶段正确记忆造成的影响（见图1-14）。对记忆量进行2（组别：合作组，名义组）×2（记忆任务：项目记忆，来源记忆）的重复测量ANOVA。结果显示，组别的主效应显著，$F(1, 29)=249.414$，$p<0.001$，$\varepsilon=1.000$，$\eta_p^2=0.896$，表现为名义组（$M=155.500$，$SE=5.209$）显著高于合作组（$M=60.633$，$SE=2.371$）的回忆量，$p=0.001$，$MD=6.305$，95%CI $[14.224, 41.699]$。回忆任务的主效应显著，$F(1, 29)=416.183$，$p<0.001$，$\varepsilon=1.000$，$\eta_p^2=0.935$，表现为项目记忆（$M=132.633$，$SE=3.094$）显著高于来源记忆任务（$M=83.500$，$SE=2.836$）的回忆量，$p<0.001$，$MD=22.347$，95%CI $[15.694, 25.921]$。两因素交互作用显著（$p<0.001$），简单效应分析进一步显示，在两种回忆任务变量中均表现为名义组显著高于合作组的回忆量（$ps<0.05$），在两种组别条件下，均显示出项目记忆显著高于来源记忆的回忆量（$ps<0.01$）。以上结果表明实验1b同样记录到显著的合作抑制。

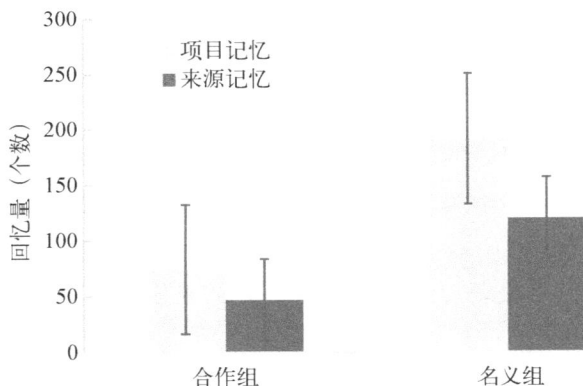

图 1-14　实验 1b 第一轮回忆阶段项目回忆和来源记忆任务中的正确回忆量

其次，为深入分析第一轮回忆阶段正确回忆量在各因素水平上的差异（见图1-15），对正确项目记忆量进行对记忆量进行2（组别：合作组，名义组）×3（项目类型：共享，部分共享，非共享）×2（来源类型：宋体，华文行楷）×3（情绪效价：积极，中性，消极）的重复测量ANOVA，结果显示在项目记忆提取任务下，

组别的主效应显著，$F(1, 29) = 122.922$，$p < 0.001$，$\varepsilon = 1.000$，$\eta_p^2 = 0.809$，表现为名义组（$M = 4.133$，$SE = 0.149$）显著高于合作组（$M = 2.604$，$SE = 0.148$）的回忆量，$p < 0.001$，$MD = 1.530$，$95\%CI$ [1.247，1.812]。项目类型的主效应显著，$F(2, 58) = 92.735$，$p < 0.001$，$\varepsilon = 0.945$，$\eta_p^2 = 0.762$，简单效应深度分析后表现部分共享项目（$M = 4.631$，$SE = 1.177$）显著高于非共享项目（$M = 2.825$，$SE = 0.161$）和共享项目（$M = 2.650$，$SE = 0.145$）的正确回忆量（$ps < 0.001$），而共享项目和非共享项目的正确回忆量无显著差异（$p = 0.980$）。虽然来源类型和情绪效价的主效应均不显著（$ps > 0.05$），但交互作用方面发现项目类型和情绪效价的二元交互作用显著（$p < 0.001$），简单效应发现对于任何情绪效价项目均表现出部分共享比共享、非共享项目的正确回忆量更多（$ps < 0.001$），而只在共享项目中发现积极和中性词汇均显著高于消极词汇的正确回忆量（$ps < 0.001$），但积极和中性词汇的正确回忆量没有显著差异（$p = 0.915$）。组别、来源和情绪效价的三元交互作用也显著（$p = 0.006$）。简单效应报告和组别相关的结果显示，从来源类型维度上来看，在宋体和华文行楷项目中均发现不管何种情绪效价均体现出名义组显著高于合作组的正确回忆量（$ps < 0.001$），在合作组的宋体项目中体现出积极项目比中性刺激在正确回忆量的显著优势（$p = 0.046$），另外，在名义组的宋体项目中，只发现中性刺激的正确回忆量显著高于消极项目（$p = 0.047$）。

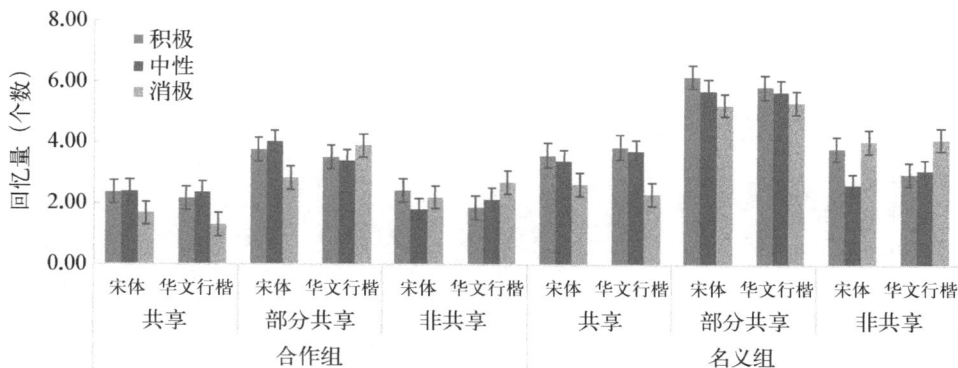

图 1-15 实验 1b 第一轮回忆阶段各因素的项目记忆正确回忆量

最后研究还发现，组别和项目类型之间的二元交互作用显著（$p < 0.001$）。进一步分析发现，无论在何种组别条件下，均表现出部分共享比共享、非共享项

目的正确回忆量更多($ps<0.001$)；相反地，无论对于何种项目类型，均表现出名义组显著高于合作组的正确回忆量，($ps<0.001$)。

为了在来源记忆中考察同样的问题，对来源记忆的 CSIM 进行同样的重复测量 ANOVA（见图 1-16），结果发现，组别的主效应显著，$F(1, 29)=5.330$，$p=0.028$，$\varepsilon=1.000$，$\eta_p^2=0.155$，表现为名义组（$M=0.691$，$SE=0.018$）显著高于合作组（$M=0.611$，$SE=0.029$）的回忆量，$p=0.028$，$MD=0.080$，95% CI $[0.009, 0.150]$。虽然来源类型的主效应不显著（$p=1.000$），但来源类型和项目类型的交互作用显著，$F(2, 58)=3.918$，$p=0.027$，$\varepsilon=0.966$，$\eta_p^2=0.119$，表现为在宋体中非共享项目的 CSIM 值显著最低（$ps<0.01$），仅在共享和部分共享项目中发现宋体的 CSIM 值显著高于华文行楷（$ps<0.05$）。另外，来源类型和情绪效价的交互作用显著，$F(2, 58)=5.448$，$p=0.009$，$\varepsilon=0.904$，$\eta_p^2=0.158$，表现在积极刺激中宋体的 CSIM 值显著高于华文行楷（$p=0.016$），在宋体刺激中积极和中性的 CSIM 值都显著高于消极刺激（$ps<0.01$）。项目类型的主效应显著，$F(2, 58)=4.224$，$p=0.025$，$\varepsilon=0.873$，$\eta_p^2=0.127$，简单效应深度分析后表现部分共享项目（$M=0.699$，$SE=0.0.019$）显著高于共享项目（$M=6.616$，$SE=0.020$）的 CSIM 值（$p=0.045$）。情绪效价的主效应显著，$F(2, 58)=8.637$，$p=0.001$，$\varepsilon=0.974$，$\eta_p^2=0.229$，简单效应深度分析后表现中性情绪项目（$M=0.689$，$SE=0.018$）显著高于消极情绪项目（$M=0.613$，$SE=0.020$）的 CSIM 值，$p=0.001$，$MD=0.075$，95% CI $[0.031, 0.120]$。

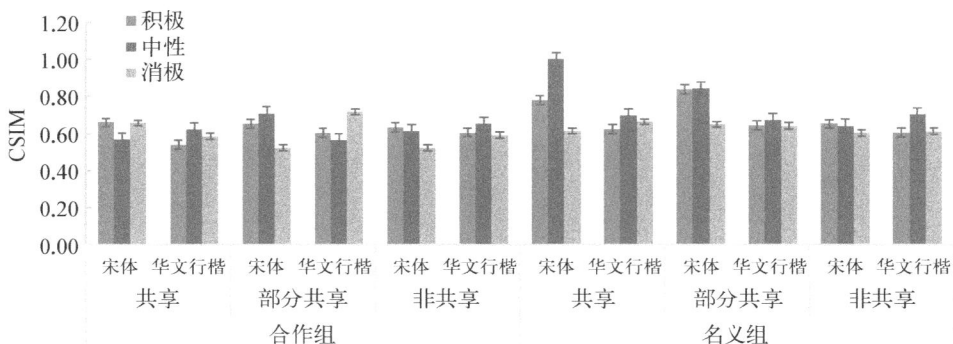

图 1-16　实验 1b 第一轮回忆阶段各因素来源记忆的 CSIM

结果显示，组别和情绪效价之间的二元交互作用显著（$p=0.023$）。进一步分析发现，仅在名义组内中性刺激的 CSIM 值最高，其次是积极刺激，消极刺激的 CSIM 值最低($ps<0.05$)；仅在中性刺激中发现名义组的 CSIM 值显著高于合作组（$p=0.001$）。

（2）错误修剪效应的分析思路和结果

第一轮回忆阶段项目记忆和来源记忆任务中的错误回忆量如图 1-17 所示，对错误回忆量进行 2（组别：合作组，名义组）×2（记忆任务：项目记忆，来源记忆）的重复测量 ANOVA，结果显示，组别的主效应显著，$F(1, 29)=108.798$，$p<0.001$，$\varepsilon=1.000$，$\eta_p^2=0.790$，表现为名义组（$M=88.983$，$SE=6.489$）显著高于合作组（$M=21.250$，$SE=1.512$）的错误回忆量，$p<0.001$，$MD=67.733$，$95\%\,CI\,[54.452, 81.014]$。回忆任务的主效应显著，$F(1, 29)=203.011$，$p<0.001$，$\varepsilon=1.000$，$\eta_p^2=0.875$，表现为来源记忆（$M=74.833$，$SE=3.997$）显著高于项目回忆任务（$M=35.400$，$SE=3.456$）的错误回忆量，$p<0.001$，$MD=39.433$，$95\%\,CI\,[33.733, 45.094]$。两因素交互作用显著（$p<0.001$），简单效应分析进一步显示，在两种回忆任务变量中均表现为名义组显著高于合作组的错误回忆量（$ps<0.001$），在两种组别条件下，均显示来源回忆显著高于项目记忆的回忆量（$ps<0.001$）。以上结果表明实验 1b 记录到显著的错误修剪效应。

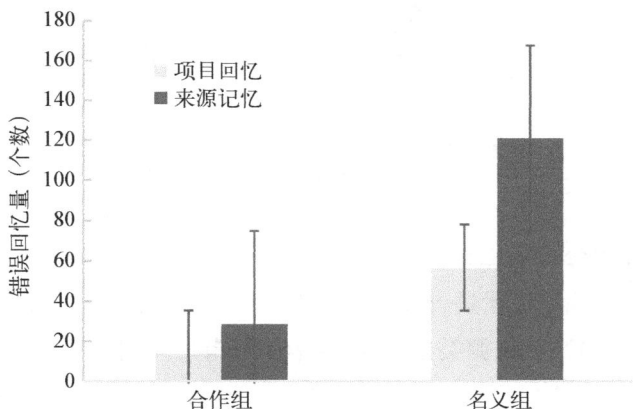

图 1-17　实验 1b 第一轮回忆阶段项目回忆和来源记忆任务中的错误回忆量

（3）合作后记忆优势的分析思路和结果

其一，为整体上了解合作是否带来积极影响，第二轮回忆阶段各因素在情景记忆两分子记忆提取任务下的回忆量如图 1-18 所示。对正确回忆量进行 2（组别：合作组，名义组）×2（记忆任务：项目记忆，来源记忆）的重复测量 ANOVA，结果显示组别的主效应显著，$F(1, 89) = 11.776, p = 0.001, \varepsilon = 1.000, \eta_p^2 = 0.117$，表现为合作组（$M = 48.678, SE = 1.871$）显著高于名义组（$M = 40.244, SE = 1.498$）的正确回忆量，$p = 0.001, MD = 8.433, 95\%\text{CI}$ [3.550, 13.316]。回忆任务的主效应显著，$F(1, 89) = 664.775, p < 0.001, \varepsilon = 1.000, \eta_p^2 = 0.882$，表现为项目回忆（$M = 55.544, SE = 1.377$）显著高于来源记忆任务（$M = 33.378, SE = 1.094$）的正确回忆量，$p < 0.001, MD = 22.167$, $95\%\text{CI}$ [20.458, 23.875]。两因素交互作用不显著（$p = 0.272$）。以上结果表明实验 1b 记录到显著的合作后优势效应。

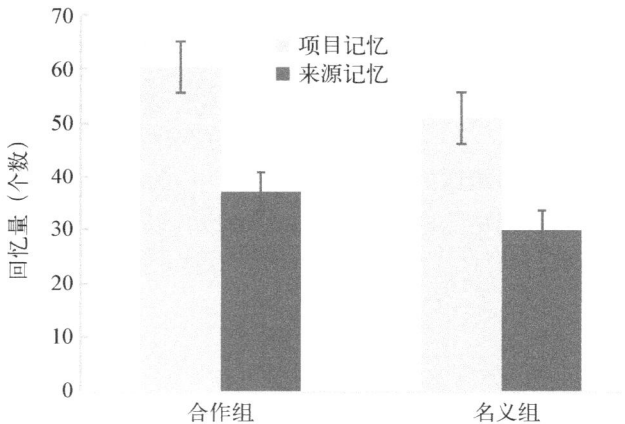

图 1-18 实验 1b 第二轮回忆阶段项目回忆和来源记忆任务中的正确回忆量

其二，为深入分析第二轮回忆阶段正确回忆量在各因素水平上的差异（见图 1-19），对项目正确记忆量进行 2（组别：合作组，名义组）×3（项目类型：共享，部分共享，非共享）×2（来源类型：宋体，华文行楷）×3（情绪效价：积极，中性，消极）的重复测量 ANOVA，结果显示，在项目记忆提取任务下，组别的主效应显著，$F(1, 89) = 9.915, p = 0.002, \varepsilon = 1.000, \eta_p^2 = 0.100$，表现为合作组（$M = 3.350, SE = 0.124$）显著高于名义组（$M = 2.822, SE = 0.102$）的回忆量，$p = 0.002, MD = 0.528, 95\%\text{CI}$ [0.195, 0.862]。来源类型的主效应显著，$F(1, 89) = 7.917, p = 0.006, \varepsilon = 1.000, \eta_p^2 = 0.082$。表现为宋体项目（$M = 3.230, SE = 0.099$）的正确回忆量显著高于华文行楷（$M = 2.941, SE = 0.084$），

$p=0.006$，$MD=0.289$，95％CI $[0.085\ 0.493]$。项目类型的主效应显著，F $(2，178)=138.849$，$p<0.001$，$\varepsilon=0.966$，$\eta_p^2=0.609$，简单效应深度分析后表现部分共享项目（$M=4.180$，$SE=0.131$）显著高于共享项目（$M=2.799$，$SE=0.085$）和非共享项目（$M=2.279$，$SE=0.083$）的正确回忆量（$ps<0.001$），且共享项目显著高于非共享项目的正确回忆量，$p<0.001$，$MD=0.520$，95％CI $[0.248，0.793]$。情绪效价的主效应显著，$F(2，178)=16.842$，$p<0.001$，$\varepsilon=0.995$，$\eta_p^2=0.159$，简单效应深度分析后表现积极（$M=3.261$，$SE=0.086$）和中性刺激显著高于消极项目（$M=2.851$，$SE=0.089$）的正确回忆量（$ps<0.001$），而积极和中性刺激的正确回忆量没有显著差异（$p=0.356$）。

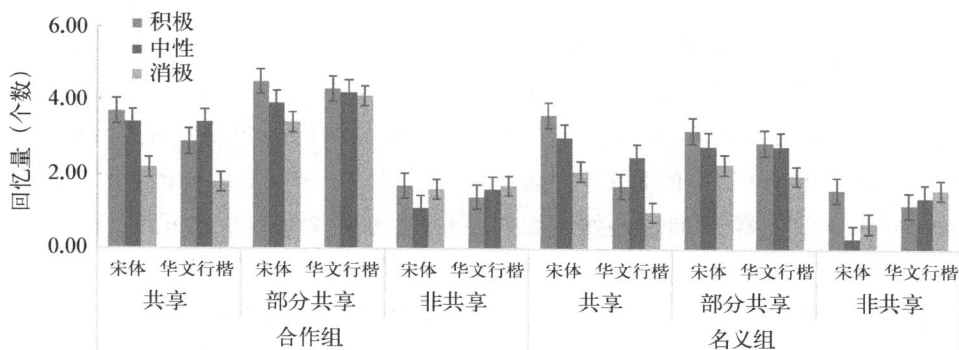

图 1-19　实验 1b 第二轮回忆阶段各因素项目记忆的正确回忆量

结果发现，组别和字体、组别和项目类型、组别和情绪效价、字体和情绪效价、项目类型和情绪效价之间的二元交互作用均显著（$ps<0.01$）。由于本实验重点关注合作与情绪效价变量对情景记忆的共同影响，因而重点报告和情绪效价有关的结果。第一，在组别和情绪效价的交互作用中深度分析发现不管在何种情绪效价项目中均发现了组别被试的正确回忆量存在显著性差异（$ps<0.05$），合作组的正确回忆量显著高于名义组，但是仅在合作组中发现积极和中性刺激的正确回忆量显著高于消极项目（$ps<0.001$），而积极和中性刺激的正确回忆量不存在显著差异（$p=0.141$）。第二，在来源类型和情绪效价的交互作用中发现仅在宋体项目的条件下发现积极项目的正确回忆量显著高于中性和消极项目，且中性刺激的正确回忆量也显著高于消极项目（$ps<0.004$），但在积极项目的条件下发现宋体的正确回忆量显著高于华文行楷（$p<0.001$）。第三，对项目类型和情绪效价的交互作用中发现，不管在何种项目类型上均发现积极和

中性刺激的正确回忆量都显著高于消极项目（$ps < 0.001$），不管在何种情绪效价项目条件下，均发现部分共享项目在正确回忆量上的相对优势（$ps < 0.001$），且共享项目的正确回忆量均显著高于非共享项目（$ps < 0.001$）。综上所述，情绪和合作共同对合作后的个体正确项目记忆起到调节作用。

结果还发现任意三组变量间的三元交互作用均显著（$ps < 0.01$），同样地，报告和情绪效价有关的组间结果。第一，研究发现组别、字体和情绪效价之间的三元交互作用显著（$p = 0.008$）。主效应分析发现在字体维度上，不管在何种情绪效价的宋体项目中均发现合作组的正确回忆量显著高于名义组（$ps < 0.05$），仅在消极的华文行楷中发现合作组的正确回忆量显著高于名义组（$p = 0.001$）。在组别维度下的宋体合作组项目中发现了积极项目的正确回忆量均高于中性和消极，且中性刺激的正确回忆量也显著高于消极项目（$ps < 0.001$），在华文行楷的合作组和宋体的名义组中均发现了积极和中性刺激的正确回忆量均显著高于消极项目（$ps < 0.012$），但积极和中性刺激的正确回忆量均无显著差异（$ps > 0.05$），此外在华文行楷的名义组中发现消极项目的正确回忆量显著高于中性刺激（$p = 0.042$）。第二，研究还发现组别、项目类型和情绪效价之间的三元交互作用显著（$p < 0.001$），进一步分析发现在项目类型维度上，中性的共享项目中合作组的正确回忆量显著高于名义组（$p = 0.01$），不管在何种情绪效价的部分共享项目中的组别间在正确回忆量上均无显著差异（$ps > 0.05$）；在三种情绪效价的非共享项目中均发现合作组的正确回忆量显著高于名义组（$ps < 0.001$）。在组别维度上，在三种情绪效价的合作组项目中部分共享项目的正确回忆量显著高于共享和非共享项目（$ps < 0.01$），且共享项目的正确回忆量显著高于非共享项目（$ps < 0.05$）；在积极和中性的名义组项目条件下发现共享项目的正确回忆量显著高于共享和非共享项目（$ps < 0.001$），但只在积极的名义组中发现共享项目的正确回忆量显著高于非共享项目（$p = 0.002$）；中性的名义组中共享项目正确回忆量和非共享项目无显著差异（$p = 0.581$）；在消极的名义组中仅发现部分共享项目正确回忆量显著高于共享项目（$p < 0.001$），非共享项目的正确回忆量显著高于共享项目（$p < 0.001$）。综上所述，情绪和合作对合作后的个体正确项目记忆起到共同调节作用。

为了在来源记忆中考察同样的问题，对来源记忆的 CSIM 进行同样的重复测量 ANOVA（见图 1 - 20），结果发现，组别的主效应显著，$F(1, 89) = 4.150$，$p = 0.045$，$\varepsilon = 1.000$，$\eta_p^2 = 0.045$，表现为合作组（$M = 0.608$，$SE = 0.013$）显著

高于名义组($M=0.555$，$SE=0.020$)的 CSIM 值，$p=0.045$，$MD=0.053$，$\varepsilon=1.000$，95%CI[0.001，0.105]。来源类型的主效应显著，$F(1，89)=30.204$，$p<0.001$，$\varepsilon=1.000$，$\eta_p^2=0.253$，表现为宋体($M=0.621$，$SE=0.011$)显著高于华文行楷($M=0.542$，$SE=0.014$)的 CSIM 值，$p<0.001$，$MD=0.079$，95%CI[0.050，0.107]。项目类型的主效应显著，$F(2，178)=7.813$，$p=0.001$，$\varepsilon=0.962$，$\eta_p^2=0.081$，简单效应深度分析后表现共享项目($M=0.610$，$SE=0.013$)显著高于非共享项目($M=0.550$，$SE=0.014$)的 CSIM 值($p<0.001$)。情绪效价的主效应边缘显著($p=0.059$)，表现为积极刺激的 CSIM 值边缘高于中性刺激($p=0.051$)。

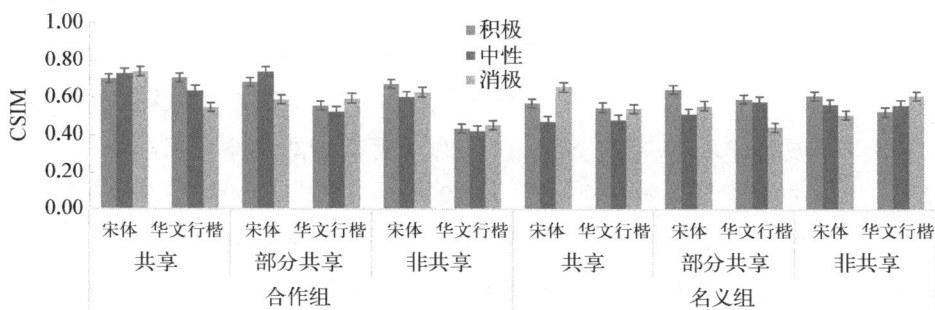

图 1-20　实验 1b 第二轮回忆阶段各因素来源记忆的 CSIM

在二元交互作用方面，发现组别和来源类型、组别和项目类型的二元交互作用均显著($ps<0.01$)，深度分析发现合作组中宋体的 CSIM 值显著高于华文行楷($p<0.001$)，在宋体来源中合作组的 CSIM 值显著高于名义组($p<0.001$)。其次，在共享和部分共享项目中均发现合作组的 CSIM 值显著高于名义组($ps<0.05$)，仅在合作组中发现共享项目的 CSIM 值最高，其次是部分共享项目，非共享项目最低($ps<0.01$)。

在三元交互作用方面发现组别、来源类型和项目类型的三元交互作用显著($p=0.023$)，来源类型、项目类型和情绪效价的交互作用显著($p=0.007$)，四元交互作用也显著($p=0.008$)。重点报告以上交互作用和组别、情绪效价有关，深度分析发现在宋体的共享和部分共享维度上合作组的 CSIM 值显著高于名义组($ps<0.01$)，而在华文行楷的共享维度上合作组的 CSIM 值显著高于名义组($p=0.017$)，在其非共享维度上则表现出名义组的 CSIM 值显著高于合作组($p=0.007$)。在宋体的共享项目中发现消极刺激的 CSIM 值显著高于中性

刺激($p=0.013$)，而在宋体的部分共享项目、华文行楷的共享项目中发现积极刺激的 CSIM 值显著高于消极刺激($ps<0.05$)。综上所述，情绪和其他变量共同对合作后的个体正确项目记忆起到共同调节作用。

4) 项目记忆与来源记忆的社会传染效应分析

第二轮回忆阶段项目记忆和来源记忆任务中的社会传染回忆量数据分析原理同实验 1a，对合作组项目记忆社会传染效应量进行 2(项目类型：部分共享，非共享)×2(来源类型：宋体，华文行楷)×3(情绪效价：积极，中性，消极)的重复测量 ANOVA(如图 1-21 所示)，结果显示，来源类型的主效应显著，$F(1, 89)=4.361, p=0.040, \varepsilon=1.000, \eta_p^2=0.047$，表现为宋体来源($M=0.385, SE=0.063$)的社会传染效应量显著高于华文行楷($M=0.296, SE=0.044$)，$p=0.040, MD=0.089, 95\%$CI [0.004, 0.173]。项目类型的主效应显著，$F(1, 89)=5.235, p=0.025, \varepsilon=1.000, \eta_p^2=0.056$，简单效应深度分析后表现部分共享项目($M=0.387, SE=0.058$)显著高于非共享项目($M=0.294, SE=0.050$)的社会传染效应回忆量，$p=0.025, MD=0.093, 95\%$CI [0.012, 0.173]。情绪效价的主效应显著，$F(2, 178)=4.891, p=0.009, \varepsilon=0.971, \eta_p^2=0.052$，简单效应深度分析后表现积极刺激($M=0.383, SE=0.061$)和消极刺激($M=0.378, SE=0.057$)的社会传染效应量都显著高于中性刺激($M=0.261, SE=0.051$)，$p=0.025, MD=0.093, 95\%$CI [0.012, 0.173]和 $p=0.025, MD=0.093, 95\%$CI [0.012, 0.173]，情绪刺激和消极刺激社会传染效应量无显著差异($p=1.000$)。未发现任何交互作用($ps>0.05$)，而三元交互作用边缘显著($p=0.059$)。为探究情绪效价对社会传染效应的影响，深度分析三

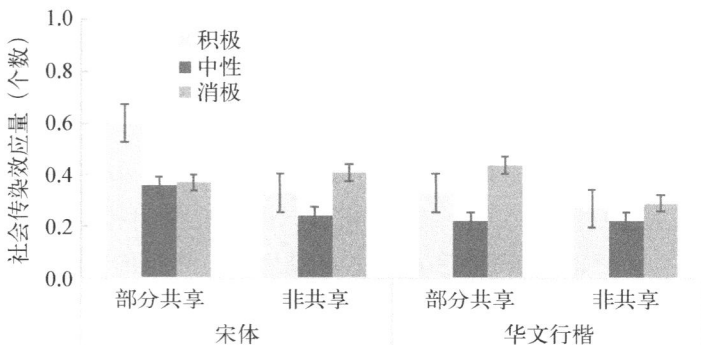

图 1-21　实验 1b 合作组各因素项目记忆的社会传染效应量

元交互作用发现,在宋体的部分共享维度上积极刺激的社会传染效应量显著高于中性和消极刺激($ps<0.05$),在华文行楷的部分共享维度上则发现消极刺激的社会传染效应量显著高于中性刺激($p=0.010$)。

对合作组中各因素水平的来源记忆社会传染效应量进行相同的重复测量ANOVA,结果发现(如图1-22所示),来源类型的主效应显著,$F(1,89)=4.348$,$p=0.040$,$\varepsilon=1.000$,$\eta_p^2=0.047$,表现为宋体($M=0.387$,$SE=0.064$)显著高于华文行楷($M=0.300$,$SE=0.048$)的社会传染效应回忆量,$p=0.040$,$MD=0.087$,95%CI[0.004,0.170]。项目类型的主效应显著,$F(1,89)=5.818$,$p=0.018$,$\varepsilon=1.000$,$\eta_p^2=0.061$,简单效应深度分析后表现部分共享项目($M=0.391$,$SE=0.061$)显著高于非共享项目($M=0.296$,$SE=0.052$)的社会传染效应回忆量,$p=0.018$,$MD=0.094$,95%CI[0.017,0.172]。情绪效价的主效应显著,$F(2,178)=4.586$,$p=0.012$,$\varepsilon=0.993$,$\eta_p^2=0.049$,简单效应深度分析后表现积极项目($M=0.389$,$SE=0.067$)和消极刺激($M=0.378$,$SE=0.058$)显著高于中性刺激($M=0.264$,$SE=0.052$)的社会传染效应回忆量,$p=0.029$,$MD=0.125$,95%CI[0.010,0.240]和$p=0.034$,$MD=0.114$,95%CI[0.006,0.221],情绪刺激和消极刺激社会传染效应量无显著差异($p=1.000$),三种情绪刺激的项目记忆社会传染效应量也呈现"U"型曲线。三元交互作用边缘显著($p=0.052$)。为探究情绪效价对社会传染效应的影响,深度分析三元交互作用发现,在宋体的部分共享维度上积极刺激的社会传染效应量显著高于中性和消极刺激($ps<0.05$),在华文行楷的部分共享维度上则发现消极刺激的社会传染效应量显著高于中性刺激($p=0.021$)。

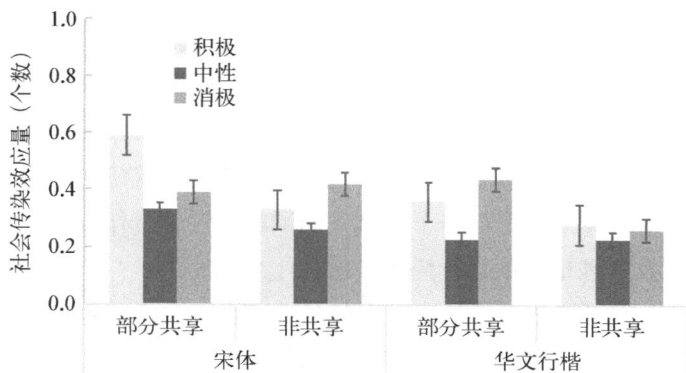

图1-22　实验1b合作组各因素来源记忆的社会传染效应量

为横向比较项目记忆和来源记忆中的社会传染效应程度，和实验 1a 类似继续沿用 Choi 等人（2017）研究中使用的社会传染效应率对项目记忆和来源记忆中的社会传染效应错误进行量化，对合作组的项目记忆和来源记忆的社会传染效应率进行单因素方差分析，结果如图 1-23 所示，$F(1, 179) = 6.386, p = 0.012, \varepsilon = 1.000, \eta_p^2 = 0.034$，表现为项目记忆的社会传染效应率（$M = 0.107, SE = 0.015$）显著高于来源记忆（$M = 0.076, SE = 0.010$），$p = 0.012, MD = 0.031, 95\%\text{CI}[0.007, 0.055]$。

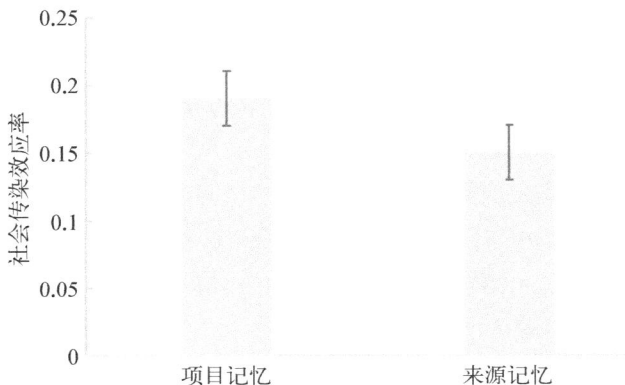

图 1-23   实验 1b 合作组不同记忆任务下的社会传染效应率

3. 讨论与结论

实验 1b 旨在考察社会合作对个体情绪词情境记忆的积极和消极作用，并重点考察社会合作是否对个体情绪词情景记忆产生社会传染效应现象。结果表明，社会合作对个体情绪词情景记忆和中性刺激情景记忆中同样存在积极作用，即包含合作记忆中的错误修剪效应和合作后的记忆绩效优势效应，与此同时，社会合作对情绪词情景记忆存在消极作用，即合作抑制和社会传染效应。合作后的个体情绪词的项目记忆和来源记忆中均存在社会传染效应，且项目记忆中的社会传染量显著高于来源记忆。下面就不同测验阶段中合作带来的积极作用和消极作用表现及其理论机制进行详细讨论。

（1）社会合作对情景记忆均存在错误修剪效应和合作后优势效应的积极影响，且两种效应在回忆任务间存在差异性

合作促进合作记忆绩效的增强及合作后个体记忆绩效的增强，且这种合作

增强效应在两种回忆任务中具有普适性。这一结果与之前关于社会合作研究范式下的情绪词情景记忆研究非常吻合，即发现合作的增强效应（Blumen & Rajaram，2008；Weldon & Bellinger，1997）。已有研究表明，编码水平会影响记忆提取结果，本实验中需要被试完成对刺激的情绪性进行深度编码（即语义编码）（Rugg et al.，1998），任务间比较显示，深度编码后的来源记忆比项目回忆条件下的错误修剪更强，而其的合作后优势效应更弱，说明个体对来源记忆成功提取的难度比项目回忆更高，个体在合作回忆过程中对更加依赖回忆的来源记忆破坏程度要低于更多依赖熟悉性的项目回忆程度，原因可能是来源记忆的提取线索要更多的依赖外部信息，项目回忆的提取速度要更加缓慢且更受意识控制（Mitchell & Johnson，2009），因此该结果和双重加工理论模型相吻合，而非和单一加工理论模型吻合（Komes et al.，2014）。

在合作后优势效应中均发现项目记忆和来源记忆的积极刺激显著高于其他两类刺激的正确回忆量，证明情绪增强记忆的观点。这和以往同时在项目记忆和来源记忆中发现的情绪增强效应一致（Ventura-Bort et al.，2020），部分支持了假设2.2。对此可能的猜测是本实验中项目回忆和来源记忆均属于深编码条件，两者都对情绪性刺激进行了直接加工。这种观点和有的研究者曾经的观点不谋而合，即当被试的回忆任务要求是和刺激的情绪性直接相关时，会激活被试更强烈的情绪反应，从而和情绪信息的激活得以匹配（De Houweret et al.，2002）。

（2）社会合作对个体情绪词情景记忆均存在合作抑制的消极影响，且合作抑制在回忆任务间存在差异性

社会合作对情景记忆两分支记忆均存在合作抑制的消极影响，这一结果也与之前关于社会合作研究范式下的情绪词情景记忆研究非常吻合，即发现在项目回忆和来源记忆两类记忆任务下均存在合作的抑制效应（Ke et al.，2017；Wesselet et al.，2015），具体表现在合作记忆绩效的抑制，即名义组显著高于合作组的正确回忆量。来源记忆比项目回忆任务下表现的合作抑制更弱，这与前人的研究中发现回忆错误越强，相应的回忆准确性越低的结论也是一致的（Harris et al.，2012；Wright & Villalba，2012），假设2.1得到支持。

虽然项目回忆任务下情绪效价的主效应不显著，但在来源记忆条件中出现情绪效价的主效应及其和组别间的交互作用，而且体现出中性刺激相较于情绪刺激来说合作抑制更强，这说明合作抑制受刺激情绪性影响，刺激情绪性对项目

回忆和来源提取两种任务条件下合作抑制的影响作用明显不同。这一结果和支持双重加工理论模型的权衡说一致，它认为刺激的情绪性对项目记忆和来源记忆存在不同的影响，表现为提升项目记忆绩效，不影响或降低来源记忆绩效（Ke et al.，2017；Mao et al.，2015；Wang & Fu，2011；邓灿，2021）。本实验虽没有发现情绪刺激对项目记忆的显著促进作用，但情绪刺激的项目正确回忆量高于中性刺激，也明显发现了情绪刺激在来源记忆中合作抑制更弱的表现，说明刺激的情绪性对来源记忆合作抑制效应存在差异性影响。根据普遍认可的提取策略破坏假说，本实验中性刺激的来源记忆绩效比情绪刺激表现出更强合作抑制的原因可能有两个：由于合作回忆过程中合作组成员之间的交流，个体在编码阶段对中性刺激形成的记忆策略遭到破坏程度更强，其破坏程度越显著，合作抑制就相应地越强烈；二是个体在提取中性刺激时可能更容易采取线索作为独特的提取策略，而这些策略却阻塞了个体对那些彼此相关性较低且又是非线索的情绪刺激的提取（Marion & Thorley，2016；Rajaram & Pereira-Pasarin，2010）。

（3）社会合作对个体情绪词情景记忆存在社会传染效应，且社会传染效应在回忆任务间存在差异性

社会合作对情绪词情景记忆存在的第二种消极影响，即社会传染效应，它不仅存在项目回忆中，还存在于来源记忆中，支持了假设2.3。项目记忆社会传染效应的发现验证了先前记忆社会传染效应的研究（Abel & Bäuml，2020；Andrews-Todd et al.，2021；Choi et al.，2017；Maswood & Rajaram，2019；Meade et al.，2017；Numbers et al.，2019），足以证明记忆中的"剽窃"现象非常常见。先前多数关于社会传染效应的研究更侧重于双人组和中性材料如文字（Park et al.，2016）、图像（Abel & Bäuml，2020；Andrew & Rapp，2014）和家庭场景图片（Meade et al.，2017；Numbers et al.，2019；Rush & Clark，2014）等。本实验继在实验1a较为普通刺激材料中发现情景记忆的社会传染效应后，进一步发现个体合作后关于情绪词情景记忆中依旧存在社会传染效应，进一步证实了社会传染效应存在的普遍性。该结果也证实了合作和刺激的情绪性对个体情景记忆的有害影响模式是相似的，根据检索策略破坏假说（Baden et al.，1997；Browning et al.，2018；Ke et al.，2017；Li & Nie，2023；Nie et al.，2023），与中性词相比，情绪词编码阶段涉及的策略在回忆阶段会被更显著地破坏。破坏程度越大，被试就越容易依赖合作者作为提取资源，因此，社会传染会

变得越严重。

　　情绪词记忆社会传染效应在项目回忆和来源记忆两种记忆任务间存在差异性，再次验证了双重加工理论模型。沿用社会传染效应率的计算和比较（Choi et al.，2017），发现个体的项目记忆社会传染显著高于来源记忆。这种现象再一次验证了解释项目回忆和来源记忆加工机制的双重加工理论模型（Komes et al.，2014；Malejka & Bröder，2016），由于字体来源信息的检索相较于项目回忆更多地依赖于基于控制的回忆过程，这使得来源记忆比条目项目更困难、更具破坏性和更易受攻击（Li & Nie，2021；Nie et al.，2019；Nie et al.，2023；Ye et al.，2019；Zhou et al.，2020），这将导致个人变得更容易受到来源信息中提取错误的影响，从而出现来源记忆监测错误。此外，又由于与之前的研究一样（Nie et al.，2019；Nie et al.，2023；Ventura-Bort et al.，2016），本实验采用了序列范式，为了让个人准确地回忆来源信息，他们需要首先提取相应的项目信息，因而结果发现，在本实验中来源信息监测错误更多地体现在单纯的错误记忆中，而非受合作同伴影响引起的监测错误，被回忆出的来源记忆社会传染效应量低于相应项目记忆的社会传染效应量。总而言之，这种模式证实了情景记忆双重加工理论模型在社会传染效应上的应用（Li & Nie，2021；Nie et al.，2023）。

　　当前的研究结果说明无论是积极的、中性的还是消极的情绪信息，个体都会错误地提取出最初只由合作者编码的信息。此外，个体更有可能通过社会传播的错误将其他人的情绪信息（包括积极和消极的情绪信息，而不是中性的情绪信息）纳入他们的项目和来源记忆中，刺激情绪性在记忆传染方面的优势可被看作由刺激的情绪性诱发的社会传染效应，这验证了我们的假设2.4。此外，在两种记忆任务下，积极和消极刺激的社会传染相似，但都显著高于中性刺激，始终呈"U"型曲线。当前实验的结论与以往研究结果不一致（Choi et al.，2017；Kensinger et al.，2016），差异主要取决于实验的目的和操作，具体说明如下：为了证明项目准确性监测与不同大脑区域的激活有关，Kensinger & Schacter（2005）采用fMRI监测不同情绪信息的编码过程，证明了对情绪词汇（图像）的记忆比中性词汇（图像）更不容易发生记忆失真，Kensinger等人（2016）发现，情绪图片-词配对刺激比中性图片-词配对刺激更能抵抗传染，Choi等人（2017）研究了不同规模的社会合作网络和两轮合作机会如何影响情绪记忆的传递，并未发现不同情绪效价的类别图片之间的社会传染效应差异。而当前实验目的在于调查一般人际合作对个体情绪情景记忆的负面影响，为了实现这个目的，本实验采用修正后的社会传染范式和更自然的方法来模拟合作记忆，即使用短时间间隔和自由讨论方式（free-flowing）的合作记忆。因此，本实验的研究结果和发现具有一定的说服力和真实性。

然而，对于本实验与 Choi 等人（2017）采用一致的实验范式的情况下却产生了相反的结果，以下两种预测尝试给出解释。第一种解释是，依赖人际关系可能会影响个人的情绪记忆。随着个人越来越依赖合作者，他们将其视为高度可信的来源，增加了汲取合作同伴记忆的可能性（Meade et al.，2017；Numbers et al.，2019）。然而，在 Choi 等人（2017）两次合作的研究中更换合作同伴会导致个体对合作同伴的信任和熟悉度的下降，这可能会干扰个人记忆提取（Blumen & Rajaram，2008；Choi et al.，2017），从而减少记忆剽窃中的错误。然而，在本实验中，稳定、长期和年龄相似的合作机会将促进个体之间信任关系的发展，从而改善记忆结果。另外一个预测解释是，不同的记忆任务对于个体来说其认知资源和注意力分配的也会不同，也会极大地影响研究结果。Choi 等人（2017）的研究主要集中在一个简单的项目回忆任务上，而当前实验纳入了双重记忆任务，涉及提取相当复杂的项目内容和背景信息，这种提取过程更为复杂，因为它同时涉及熟悉和回忆过程（Monge et al.，2018；Nie et al.，2019；Nie et al.，2023；Ye et al.，2019；Zhou et al.，2020），它要求被试分配更多的认知资源和注意力在双重提取任务上，此外，还由于编码刺激的任务很重，被试偶尔可能会出现依赖外部资源（合作同伴）来完成提取任务的现象，从而导致了"剽窃"合作同伴记忆的现象。

（4）来源类型和项目类型影响情景记忆两分支记忆社会传染效应，且两者和刺激的情绪性交互影响情景记忆两分支记忆社会传染效应

结果表明无论在何种记忆任务下，仅由其他两名合作者编码的项目更有可能导致合作后个体记忆中的社会传染错误。该研究基于先前关于社会传染的工作，操纵了先前编码的信息的分布（Abel & Bäuml，2020；Choi et al.，2017；Garry et al.，2008），这一发现与以往研究结果非常一致（Abel & Bäuml，2020；Choi et al.，2017）。同样地，合作记忆的再暴露效应可以为上述现象提供解释，一些部分共享的信息会被个人接受并报告为编码过的信息的原因是合作回忆阶段对个体来说是重新学习编码的过程，与仅由单个合作者编码的未共享项目相比，部分共享的编码项目有更大地被提取和再学习编码的可能性（Abel & Bäuml，2020；Rajaram & Pereira-Pasarin，2010），这种更高的可能性增加了部

分共享信息在个人回忆阶段被再次提取的机会。而且合作还被认为将极大地激励个体重新学习信息，这就相当于在合作者的帮助下反复提取所编码信息（Rajaram & Pereira-Pasarin，2010）。此外，情绪词情景记忆的社会传染效应在来源类型还存在显著差异，在两种记忆任务下均发现宋体字体来源的社会传染程度显著高于华文行楷字体来源。可能的原因如下：宋体是普遍和标准化的字体，更容易忘记，因此它依赖于更多的认知资源来回忆，从而增加了易受他人记忆影响的可能性，而华文行楷字体的艺术感和美感更强，日常生活中的产品广告比较青睐采用更有艺术性的华文行楷字体，其更醒目和令人印象深刻（Rawson & Dunlosky，2002；Zhang et al.，2015），因此对华文行楷字体来源信息的提取更多地依赖于自动化记忆，并将优先回忆，不那么容易被污染。这一发现也进一步证明，作为来源信息的项目字体特征也会对个体记忆来源监测产生影响。

　　本实验中关于由刺激的情绪性诱发的社会传染效应有两点值得强调：其一，积极和消极情绪效价刺激的社会传染效应内部没有显著差异。对此的可能解释是，刺激情绪性可以分为效价和唤醒水平两个维度，且已有研究证明不同的情绪唤醒水平都会影响项目和源记忆（Zhou et al.，2020；Ke et al.，2017），而目前的实验中情绪刺激的唤醒水平也存在本质差异，因此可能存在情绪效价和情绪唤醒水平相互作用，从而抵消了刺激的情绪性带来的社会传染效应内部的显著差异。因而今后的实验需要单独考量情绪效价和唤醒水平对记忆的影响，从而辨别不同的影响因子作用。其二，我们发现情景记忆的两个分支记忆的总体趋势及其与两个分支记忆中字体来源类型和项目类型的交互作用是相同的。至此，假设 2.5 得到完全验证。在两项记忆任务下均发现在华文行楷的部分共享项目中，只有消极刺激的社会传染性显著高于中性刺激，对该部分结果的大胆解释是，当个体需要在特殊或不熟悉的情境下（如不常见的华文行楷字体）做出真实与否的判断时，个体更有可能受到合作者提供的消极错误信息的影响，这在一定程度上也折射出个体对陌生事件（物）存在或多或少的负面情绪（如抵触、害怕、担忧等）。

（三）小　　结

　　第一，第一部分通过对单纯的中性刺激和三类情绪刺激的情景记忆实验，验证了社会合作对个体中性词和情绪词情景记忆同时存在错误修剪效应和合作后记忆优势的积极影响，以及合作抑制和社会传染效应的消极影响。为提取策略破坏假说提供了有力的证据支持。积极和消极影响在情景记忆两分支记忆类型中的不同表现验证了双重加工理论模型。

第二，第一部分证明了社会传染效应不但存在（中性词和情绪词）项目记忆中，还存在其来源记忆中，其在项目记忆中的优势支持了双重加工理论模型。

第三，刺激的情绪性和社会合作、来源类型、项目类型单独且彼此交互影响情景记忆社会传染效应。情绪性刺激的社会传染性强于中性刺激，部分共享、宋体字体来源项目的记忆受传染性显著高于非共享、华文行楷来源项目。

第二部分：社会合作对记忆社会传染效应的特异性研究

　　第一部分已验证社会合作对个体包括项目记忆和来源记忆在内的情景记忆均产生社会传染效应，不禁感到好奇的是个体会有多大可能性地产生记忆的被传染现象？社会传染效应导致的错误记忆是个体特异还是随机存在的一种错误记忆种类？对以上问题的回答有助于厘清开展社会传染效应研究的意义。从本质上来说，社会传染效应是个体由于对记忆信息来源（自身或外界）监测失败导致的一种偏差，这种偏差又可以被称为"剽窃"记忆（stealing memory），它被看作是一种以自我为中心的记忆来源监测偏差，因为它代表了错误地相信信息来自自己，而不是来自合作同伴的错误倾向。如果这种错误比相信合作同伴贡献的记忆被分享的错误发生得更频繁，因为这会突出自我在记忆中的作用。与此同时，还存在两种典型的个体记忆来源监测偏差，它们是"共享记忆"（即"虚假认同"效应，false consensus）和"奉献"记忆（即"泄露记忆"，giving away memory），前者表示个体认为自己学习过的项目也是大家编码过的，后者表示个体会错误地将更多最初由自己和共同研究的项目归因于合作同伴研究过，而不是仅由自己研究的项目。虽然一些研究已证明了人们在完成想法生成任务后，会无意识地"剽窃"他人想法并认为那是自己的想法，但很少有研究将无意识"剽窃"的频率与错误地将自己的想法"奉献"于他人的频率、"理想化"地认为自己的记忆也是公众记忆的频率进行比较（Hollins et al.，2016b；Landau & Marsh，1997；Stark & Perfect，2007；Hollins et al.，2016a），所以很难说明本部分关注的"剽窃"记忆（社会传染效应）的存在可能性及其能否代表一类典型的记忆来源监测偏差。且当前经典合作记忆研究范式使用的方法只允许调查一种来源监控偏差，而缺少将三种监测偏差进行横向比较，导致被试错误地认为他们目睹了同伴对记忆提取的实际贡献，这就不能全面地了解同伴对记忆提取所做的真实贡献（Hyman et al.，2014），因此也就不能真正了解记忆来源监测偏差的全貌。

所以本部分关注的是当人们在合作后回忆出现的信息来源监测偏差——"剽窃"记忆（社会传染效应）是否反映了记忆来源监测中的根本偏见，或者它只是同样可能发生的三种随机错误之一。在合作记忆的情境下，无论这些错误是有倾向性的还是随机存在的，都可能对记忆如何通过合作随时间变化产生根本不同的影响。如果来源监测偏差是随机的，可以预期在合作之后被试会表现出类似的不同来源监测偏差量。因此，尝试对个体记忆来源监测偏差种类及其出现的倾向性进行研究也是体现探究社会传染效应的重要性和必要性之一。

（一）实验 2a：社会合作对中性刺激的
记忆社会传染效应的特异性研究

记忆的社会传染效应本质代表的是记忆来源监测偏差的一种，而正如引言中所述，人们在信息编码后主要会产生三类记忆来源监测偏差（Hollins et al.，2016a；Hyman et al.，2014），它们分别是"剽窃"记忆（社会传染效应）、"奉献"记忆和"虚假认同"效应，以往研究已证明三类记忆来源监测偏差存在的可能性和概率有所不同（Hyman et al.，2014；Jalbert et al.，2021），本实验感兴趣的是在第一部分已验证情景记忆中普遍存在社会传染效应的前提下，那社会传染效应作为一类记忆来源监测偏差，其存在的可能性和特异性有多大？如果要求个体在合作记忆期间关注信息来源会影响个体后续来源监测的准确性吗？如果要求个体监控合作同伴在合作记忆交流中做出了什么贡献，这会减少个体后来在来源监测偏差中观察到的任何偏差吗？因此，在实验 2a 中，除了无合作的控制组外，还设置了两类合作回忆条件组，一种是包容组（Inclusive Condition），要求被试在合作记忆中回忆无论哪名小组成员学习过的所有项目；另外一种是排他组（Exclusive Condition），要求被试只记录小组成员中任意两人或三人共同回忆起的项目。这样设置的意图有以下几个方面：一是通过合作组和无社交互动的名义组的分析比较探究合作是否会影响来源监测偏差，假设 3.1 期待得到有无真实社会互动会对记忆来源监测产生差异影响的结果。因为包容组和排他组的被试均设置了记忆提取的目标，假设 3.2 期望两类合作组的来源监测偏差比控制组更加显著，原因是非社交互动的控制组被试因为缺乏合作记忆中通常出现的动机，例如，建立社交（Hyman，1994）、建立关于过去共同的记忆（Cuc et al.，2006；Fivush et al.，1996；Hirst & Echterhoff，2012；Hyman，1999；Hyman et al.，2014)，所以非社交互动的控制组被试会更多关注回忆的正确性，较少地误将外界的信息纳入自己记忆中，出现信息来源监测偏差。从偏差归因方式上来说，假设3.3预测以"剽窃"记忆(即"剽窃"他人编码信息并认为那是自己编码过的信息)为代表的记忆来源监测偏差发生的频率显著较高，证明社会传染效应存在的特异性。从对共享项目的错误归因方向来说，假设3.4期待出现"虚假认同"效应的记忆来源监测偏差，表现出个体对自我记忆能力的自信。

1. 方法

(1) 被试

实验2a共招募99名大学生(55男，44女)，平均年龄为19.85 ± 1.68岁，其中98名被试为右利手，1名被试为左利手，无色盲，(矫正)视力正常，均无任何精神或心理障碍病史。所有被试可在实验结束后获取礼物或适量报酬以表示对参与实验的诚挚感谢。实验程序由浙江大学伦理委员会批准。参照前人合作记忆和来源记忆监测研究(Nie et al.，2023；Saraiva et al.，2021)，实验2a包括个体单独编码阶段、合作回忆阶段和个体单独记忆来源监测测试阶段，其中合作回忆阶段包括每组3名被试、各有11组的控制组、包容组和排他组。

实验前，为了确保具有统计效力的合适样本量，使用MorePower 6.0.4软件(Campbell et al.，2012)进行计算($\alpha=0.05$，$1-\beta=0.80$，$f=0.22$)后表明，本实验在每组中至少需要32名被试，所以本实验所招募的每组33名被试的样本量是充足的。

(2) 实验设计

实验2a采用3(组别：包容组，排他组，控制组)×3(项目类型：共享，部分共享，非共享)×2(记忆任务：项目记忆，来源记忆)的混合实验设计，其中组别为被试间变量，其他变量均为被试内变量。

(3) 实验材料

对第一部分的反思发现实验1b实验材料过多，容易导致个体疲劳，影响记忆提取的准确性，在一定程度上降低攫取合作同伴记忆信息的可能性，出现的社会传染效应量较少。因此，为最大程度上控制因为实验材料的影响可能导致的实验误差，所以本实验采用和实验1a相同数量和项目类型的实验材料，即165个编码刺激和30个用于记忆来源监测测试阶段的新刺激(Bradley & Lang，

1999)，并分为共享、部分共享和非共享项目。编码阶段和记忆来源监测测试阶段均被分为 5 个不同的 block，每组被试学习的项目数量和项目类型可见表1-1。

（4）实验流程

该实验有三个主要任务阶段：个体单独编码阶段、合作回忆阶段和个体单独记忆来源监测测试阶段（见图 2-1 实验程序），下面将重点介绍和之前研究不同的各阶段操作流程。

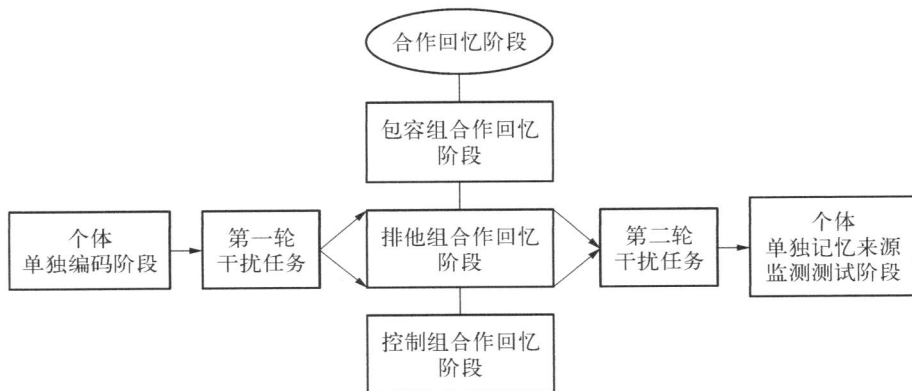

图 2-1　实验 2a 实验流程

个体单独编码阶段。每名被试都会在计算机上查看 PowerPoint 演示文稿，被试被告知他们将学习一些两字汉语词汇，他们还被告知和小组内其他两个合作同伴学习共享、部分共享和非共享词汇项目。个体单独编码阶段的实验分布材料和实验 1a 保持一致，每名被试在每个 block 中需学习含 6 个共享项目、6 个部分共享项目以及 6 个非共享项目的 18 个项目，并要求尽可能多地记住这些项目记忆字体来源类型（宋体或华文行楷）。

干扰任务阶段。要求每名被试单独完成并记录下 1 分钟简单数学任务（例如，3×5＋2＝＿＿＿）的答案，以转移被试的注意力和防止项目转移到长期记忆中。

合作回忆阶段。包容组和排他组条件下每组的三名被试被要求聚集在一张桌子前，共同完成回忆测试，并且决定由谁担任录音员和记录员。然后，他们得到了包容组或排他组的回忆指导语。在包容组条件下，被试被要求写下无论是谁编码过的项目及其字体来源类型。在排他组条件下，被试被只要求记录三人或任何两人都记得共同编码过的项目及其字体来源类型。控制组被试被要求进行类似合作的任务，即让被试看事先设计好的"合作者"已经回忆并填写好的一个项目列表，被试可以在他还记得学习过的任何已经包含的项目旁打钩"√"确认，也可以在名单上增加他编码学习过的其他项目和其字体类型，这种以书面形式呈现社会信息的方式与其他被试从真实社会来源处获得信息的方法类似，这种方法和探讨来自社会来源错误信息影响的错误信息效应范式（misinformation paradigm）类似（Gabbert et al.，2003；Meade & Roediger，2002）。设置排他组的意图是强制被试关注每个项目的编码者来源，相对来说，包容组的记忆来源监测并没有那么重要。不管在何种条件下的合作记忆，被试都被要求又多又快的回忆项目。对于每个 block，回忆是通过应用先前调查中的自由回忆方式进行的（Abel & Bäuml，2020；Choi et al.，2017；Kensinger et al.，2016）。在不同组别的指导语之下，被试被告知回忆自己在学习阶段所有编码过的词汇及其相关的字体，他们可以根据自己的意愿自由讨论他们的答案。另外，提取的字体来源信息是通过探索来源记忆的序列范式来完成的（Nie et al.，2019；Nie & Deng，2023；Nie et al.，2023；Nie et al.，2023；Ventura Bort et al.，2016）。回忆是通过纸笔测试来完成的，小组成员委托其中一名被试在答题纸上写下回忆的项目，并勾出每个回忆出来的项目的字体。预实验发现，许多被试成员可以在两分钟内完成回忆任务，因此该阶段的回忆时长为定时 3 分钟，没有对他们进行其他的限制规定。三分钟结束后，播放一段音乐作为提醒，每组内负责记录的被试将答题纸交给主试。

第二轮干扰任务阶段。根据之前的研究操作（Choi et al.，2017；Nie et al.，2023），我们持续使用休息代替分心的任务，以减少过度信息输入对记忆表现的负面影响。当合作回忆任务完成时，全体被试回到他们之前的座位上休息两分钟。此阶段不允许进行任何讨论或其他互动。

个体单独记忆来源监测测试阶段。为了防止被试混淆记忆来源（最初编码者）和来源记忆（字体来源类型）任务，因此在该阶段前特地和全体被试强调本阶段只进行呈现项目的最初编码者来源判断任务。和编码阶段一样，被试坐在距离电脑屏幕约 60 cm 的地方，并被告知将视力集中在与屏幕中心相同的高度。每组内的三名被试都被告知对屏幕显示的词汇进行来源判断任务，其中控制组的被试被告知，由于他们的实际合作同伴没有出现，来源监测测试中的"只有同伴学习过的项目"一词指的是他们收到的项目的来源，"三人共同学习过的项目"

指的是被给予也同时是自己编码过的项目。每个项目呈现 2 500 ms,其中包括在屏幕中心显示 1 000 ms 的"＋"的注视交叉,以集中被试的注意力,被试还被要求按下四个不同的按键来表示每个项目的来源(仅学习列表、仅同伴、两个来源或都不是)。"F"表示"只有自己编码过的项目"、"J"表示"只有一个同伴编码过的项目"、"A"代表"两个同伴编码过的项目"、"SPACE"表示"新项目"。这些项目以伪随机序列显示,呈现的项目中有 3 个是共享项目、6 个每两个合作同伴共享的项目、9 个非共享项目以及 3 个新项目。如果被试记得只是自己编码过的项目即点击"F"(自己编码过的项目);如果单纯只有一个同伴提供了这个项目,则点击"J"(只有同伴编码过的项目);如果两个同伴都提供了这个项目,但它没有出现在自己编码过的项目列表中,则点击"A"(两个同伴编码过的项目);如果以上都不是,即选择"SPACE"(新项目)。记忆来源监测测试也同样分为 5block,每个 block 包含 24 个项目,其中有 6 个共享项目、6 个部分共享项目、6 个非共享项目和 6 个新项目。为了确保每组的项目在语义上没有关联,词汇被伪随机分配。实验材料还包括每个研究 block 的合作或单独回忆表、video 相机和调查问卷。

2. 数据分析与结果

包容组的正确记忆量为项目和编码者(含一人、任意两人或三人编码者来源)判断都正确的数量,排他组的正确记忆量为项目和编码者(任意两人或三人编码者来源)判断都正确的数量。同样地,其他数据分析的原则和本系列研究中实验 1a 一致。

本实验数据分析部分将按照两轮回忆阶段分别汇报在项目回忆和来源记忆任务下的正确回忆量,最终重点分析个人单独记忆阶段记忆来源监测正确和错误数据。参照前人研究(Kleider et al. ,2008;Kuhlmann et al. ,2016),对于项目记忆,本实验主要关注其平均正确回忆个数(mean accuracies numbers),来源记忆采用 CSIM 作为指标(Dodson et al. ,2008)。记忆来源监测正确和错误数据数据分析主要针对个体回忆出个体来源判断正确量和虚报量,即个体对项目最初编码者来源的监测正确则认为是记忆来源判断正确,反正,判断错误则认为是记忆来源判断存在偏差。

(1)合作回忆阶段正确回忆量

合作回忆阶段两种记忆提取任务下的正确回忆量如图 2 - 2 所示。对记忆量进行 3(组别：包容组,排他组,控制组)×2(记忆任务：项目回忆,来源记忆)的重复测量 ANOVA 结果显示,组别的主效应显著,$F(2, 20) = 18.702$, $p = 0.001$, $\varepsilon = 1.000$, $\eta_p^2 = 0.612$,表现为包容组($M = 102.456$, $SE = 5.324$)显著高于控制组($M = 60.298$, $SE = 4.384$)和排他组($M = 45.289$, $SE = 3.785$)的回忆量,$p = 0.001$, $MD = 6.305$, 95% CI $[14.224, 41.699]$ 和 $p < 0.001$, $MD = 4.511$, 95%CI $[2.489, 12.966]$。回忆任务的主效应显著,$F(1, 10) = 56.498$, $p < 0.001$, $\varepsilon = 1.000$, $\eta_p^2 = 0.688$,表现为项目回忆($M = 92.089$, $SE = 4.088$)显著高于来源记忆任务($M = 70.269$, $SE = 3.269$)的回忆量,$p < 0.001$, $MD = 4.437$, 95%CI $[2.479, 15.129]$。两因素交互作用显著,$F(2, 20) = 12.602$, $p = 0.008$, $\varepsilon = 1.000$, $\eta_p^2 = 0.649$,简单效应分析进一步显示,在两种回忆任务变量中均表现为包容组显著高于控制组和排他组的正确回忆量,且控制组显著高于排他组的正确回忆量($ps < 0.05$),在排他组和控制组条件下均显示出项目回忆显著高于来源记忆的回忆量($ps < 0.01$)。

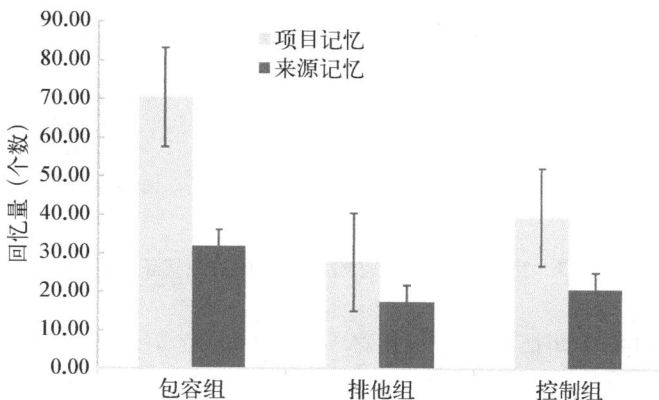

图 2-2　实验 2a 合作回忆阶段项目回忆和来源记忆任务中的正确回忆量

鉴于排他组的回忆任务是仅回忆任意两人或三人编码过的项目即共享和部分共享项目,因此只能对三组合作回忆阶段的项目正确量进行 3(组别：包容组,排他组,控制组)×2(项目类型：共享,部分共享)的重复测量 ANOVA(结果如图 2-11 所示),发现组别和项目类型的主效应,$F(2, 20) = 35.028$, $p < 0.001$, $\varepsilon = 0.952$, $\eta_p^2 = 0.778$ 和 $F(1, 10) = 78.781$, $p < 0.001$, $\varepsilon = 1.000$, $\eta_p^2 = 0.887$,简单效应分析发现包容组($M = 15.000$, $SE = 0.941$)的正确回忆量显著高于排他组($M = 12.500$, $SE = 0.668$)和控制组($M = 8.273$, $SE = 0.372$),$p = 0.032$,

$MD = 2.500$，95% CI $[0.202，4.798]$ 和 $p < 0.001$，$MD = 6.727$，95% CI $[4.165，9.290]$，且排他组的正确项目回忆量显著高于控制组，$p = 0.001$，$MD = 4.227$，95%CI $[2.113，6.41]$；部分共享项目（$M = 16.455$，$SE = 0.944$）的正确项目回忆量显著高于共享项目（$M = 7.394$，$SE = 0.433$），$p < 0.001$，$MD = 9.061$，95%CI $[6.768，11.335]$。两者之间的交互作用显著，$F(2，20) = 15.413$，$p < 0.001$，$\varepsilon = 0.940$，$\eta_p^2 = 0.607$，简单效应分析进一步发现，在项目类型的部分共享条件中，包容组的正确项目回忆量显著高于排他组和控制组（$p = 0.005$ 和 $p < 0.001$），且排他组的正确回忆量显著高于控制组（$p = 0.001$）；在三类组别条件下，均发现部分共享项目的正确回忆量显著高于共享项目（$ps < 0.001$）。

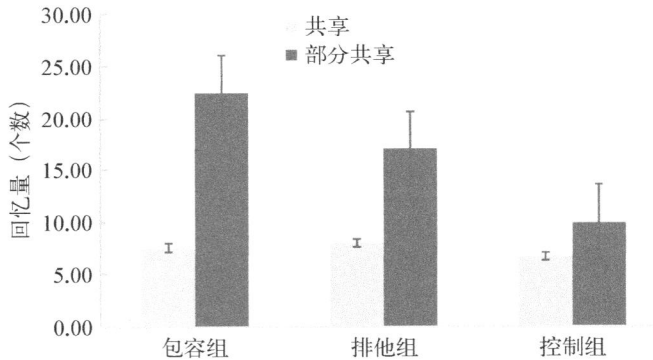

图 2-3   实验 2a 合作回忆阶段三组项目记忆正确回忆量

同样地，对合作回忆阶段来源记忆 CSIM 值进行 3（组别：包容组，排他组，控制组）×2（项目类型：共享，部分共享）的重复测量 ANOVA（结果见图 2-4），发现组别的主效应，$F(2，20) = 10.938$，$p = 0.008$，$\varepsilon = 1.000$，$\eta_p^2 = 0.747$，表现为包容组（$M = 0.862$，$SE = 0.047$）的 CSIM 值显著高于控制组（$M = 0.587$，$SE = 0.092$）和排他组（$M = 0.387$，$SE = 0.047$），$p = 0.006$，$MD = 0.156$，95% CI $[0.053，0.259]$ 和 $p = 0.001$，$MD = 0.231$，95%CI $[0.035，0.351]$，且排他组的 CSIM 值也显著高于控制组，$p = 0.012$，$MD = 0.311$，95%CI $[0.068，0.399]$。项目类型的主效应显著，$F(1，10) = 6.732$，$p < 0.001$，$\varepsilon = 1.000$，$\eta_p^2 = 0.467$，部分共享项目（$M = 0.501$，$SE = 0.041$）的 CSIM 值显著高于共享项目（$M = 0.279$，$SE = 0.033$），$p < 0.001$，$MD = 4.016\ 7$，95% CI $[6.768，$

11.335]。组别和项目类型的交互作用显著，$F(2,64)=3.371$，$p=0.038$，$\varepsilon=0.831$，$\eta_p^2=0.326$。简单效应分析进一步发现，在项目类型的部分共享条件中，包容组的 CSIM 值显著高于排他组和控制组（$ps<0.01$），且排他组的 CSIM 值显著高于控制组（$p=0.001$）；在三类组别条件下，均未发现三类项目类型 CSIM 值之间的显著差异（$ps>0.05$）。

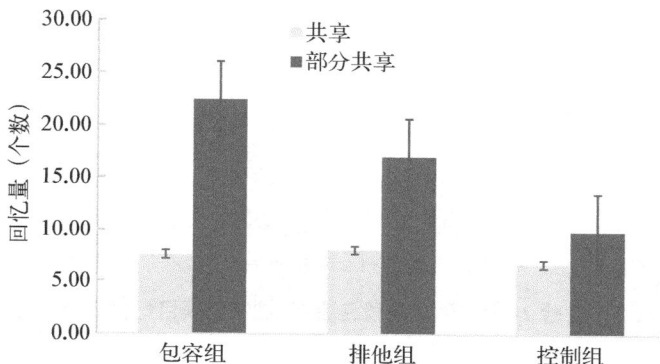

图 2-4　实验 2a 合作回忆阶段三组来源记忆的 CSIM

由于包容组和控制组回忆任务对项目类型未做明确要求，因此对包容组和控制组正确项目回忆量可进行 2（组别：包容组，控制组）×3（项目类型：共享，部分共享，非共享）的重复测量 ANOVA（结果如图 2-5 所示），以分析真实或虚拟社会合作对项目记忆产生的影响。结果发现组别和项目类型的主效应，$F(1,10)=61.922$，$p<0.001$，$\varepsilon=1.000$，$\eta_p^2=0.861$ 和 $F(2,20)=67.704$，$p<0.001$，$\varepsilon=0.899$，$\eta_p^2=0.871$，简单效应分析发现包容组（$M=14.121$，$SE=0.828$）的正确项目回忆量显著高于控制组（$M=8.242$，$SE=0.302$），$p<0.001$，$MD=5.879$，95% CI [4.214, 7.543]；部分共享项目（$M=16.182$，$SE=0.954$）的正确回项目记忆量显著高于非共享项目（$M=10.273$，$SE=0.562$）和共享项目（$M=7.091$，$SE=0.386$），$p<0.001$，$MD=9.091$，95% CI [6.418, 11.764] 和 $p<0.001$，$MD=5.909$，95% CI [3.181, 8.638]。两者之间的交互作用显著，$F(2,20)=23.785$，$p<0.001$，$\varepsilon=0.956$，$\eta_p^2=0.704$，简单效应分析进一步发现在项目类型的部分共享和非共享条件中，包容组的正确项目回忆量均显著高于控制组（$ps<0.001$）；在组别的包容组条件下，部分共享项目的正确项目回忆量显著高于共享项目和非共享项目（$ps<0.001$），且非共

享项目的正确项目回忆量显著高于共享项目（$p < 0.001$）；在组别的控制组条件下，仅发现部分共享项目和非共享项目的正确项目回忆量均显著高于共享项目（$ps < 0.007$）。

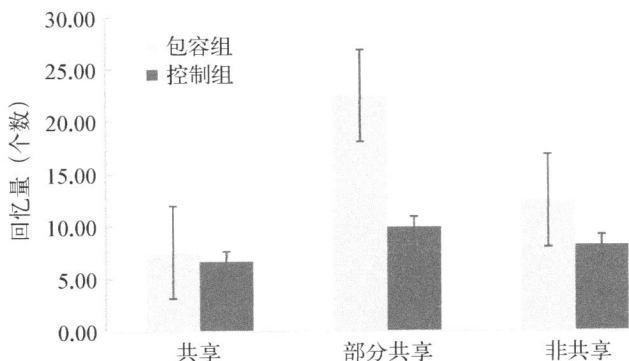

图 2-5　实验 2a 合作回忆阶段包容组、控制组项目记忆正确回忆量

对包容组和控制组来源记忆 CSIM 值进行 2（组别：包容组，控制组）×3（项目类型：共享，部分共享，非共享）的重复测量 ANOVA（结果见图 2-6），以分析真实或虚拟社会合作对来源记忆产生的影响。结果发现组别的主效应，$F(1, 10) = 6.281$，$p < 0.001$，$\varepsilon = 1.000$，$\eta_p^2 = 0.681$，简单效应分析发现包容组（$M = 0.711$，$SE = 0.021$）的 CSIM 值显著高于控制组（$M = 0.378$，$SE = 0.028$），$p < 0.001$，$MD = 0.218$，95%CI $[0.038, 0.298]$。虽然项目类型的主效应不显著（$p = 0.081$），但两者之间的交互作用显著，$F(2, 20) = 9.278$，$p <$

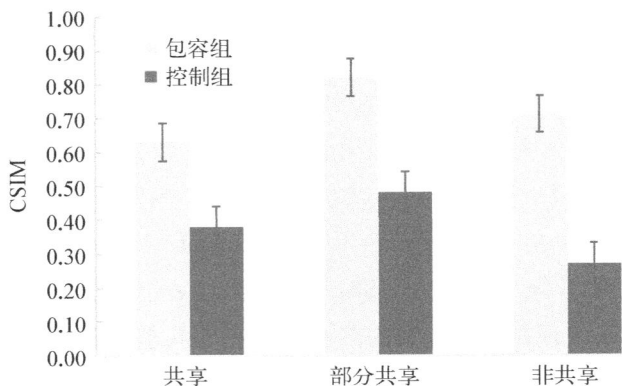

图 2-6　实验 2a 合作回忆阶段包容组、控制组来源记忆的 CSIM

$0.001, \varepsilon = 0.997, \eta_p^2 = 0.476$，简单效应分析进一步发现在项目类型的部分共享和非共享条件中，包容组的 CSIM 值均显著高于控制组（$ps < 0.001$）；在组别的包容组条件下，部分共享项目的 CSIM 值显著高于共享项目（$p = 0.032$）；在组别的控制组条件下，发现部分共享项目的 CSIM 值均显著高于非共享项目（$p = 0.025$）。

（2）个体记忆来源监测正确分析

为了防止被试混淆记忆来源（最初编码者）和来源记忆（字体来源类型）任务对记忆绩效的影响，只要求被试对在个体记忆来源监测阶段完成对记忆来源（即最初编码者）判断任务，因此接下来从个体记忆来源监测正确性和偏差两方面进行个体记忆来源监测表现的评估。首先，对每名被试在个体单独记忆来源监测测试阶段的项目正确量进行分析，模仿之前研究分析思路，重点比较个体对合作回忆阶段提取项目和非合作回忆阶段提取项目的记忆来源监测正确性，因此对个体记忆来源监测正确量（见图 2-7）进行 3（组别：包容组，排他组，控制组）×2（是否合作回忆项目：是，否）的重复测量 ANOVA，结果发现，组别的主效应显著，$F(2, 64) = 25.178, p = 0.018, \varepsilon = 0.997, \eta_p^2 = 0.856$，排他组（$M = 12.343, SE = 0.486$）的记忆来源监测正确量显著高于包容组（$M = 8.129, SE = 0.397$）和控制组（$M = 5.129, SE = 0.462$），$p = 0.013, MD = 6.363, 95\%\text{CI}[2.093, 8.321]$ 和 $p = 0.003, MD = 8.472, 95\%\text{CI}[4.365, 10.686]$，且包容组记忆来源监测正确量显著高于控制组，$p = 0.001, MD = 2.387, 95\%\text{CI}[1.309, 5.121]$。

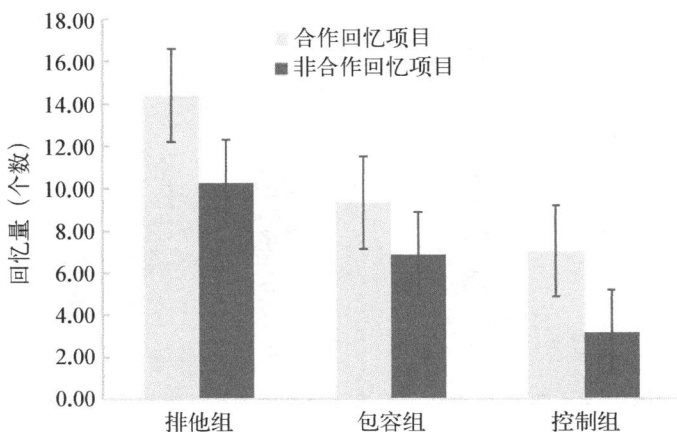

图 2-7　实验 2a 个体记忆来源监测正确量

是否合作回忆项目主效应显著，$F(1, 32) = 58.342$，$p < 0.001$，$\varepsilon = 1.000$，$\eta_p^2 = 0.952$，合作记忆项目（$M = 10.273$，$SE = 0.562$）的记忆来源监测正确量显著高于非合作记忆项目（$M = 7.091$，$SE = 0.386$），$p < 0.001$，$MD = 8.019$，95%CI [6.184，12.476]。两者交互作用不显著（$p = 0.089$）。

（3）个体记忆来源监测偏差分析

为了实现本研究的关键研究目标，我们分析了被试是否对不同类型的记忆来源监测错误表现出了方向偏差。首先，为了探究是否存在社会传染效应（即"剽窃"记忆）的来源记忆监测偏差的倾向，分析比较被试错误地将信息仅归因于自我的频率和错误地仅将信息归因于同伴的频率。换句话说，就是将原共享项目、同伴编码的项目监测归因为自己编码过的项目的频率与共享项目、自我编码的项目监测归因为同伴编码过的项目的频率（虚报量）进行比较。因为这些错误归因的数量彼此都是独立的，因此进行3（组别：包容组，排他组，控制组）×2（错误归因倾向：自我，同伴）重复测量ANOVA（图2-8所示），结果发现了组别的主效应不显著（$p = 0.692$），即在包容组、排他组和控制组都发现了被试倾向"剽窃"记忆而非"泄露"记忆。错误归因倾向的主效应显著，$F(1, 32) = 40.187$，$p < 0.001$，$\varepsilon = 1.000$，$\eta_p^2 = 0.574$，错误归因自我的数量（$M = 8.331$，$SE = 0.324$）显著高于错误归因同伴（$M = 6.783$，$SE = 0.298$），$p < 0.001$，$MD = 5.672$，95%CI [1.901，7.483]。两者之间的交互作用也不显著（$p = 0.938$）。以上结果意味着被试更倾向于"剽窃"记忆而非"泄露"记忆。

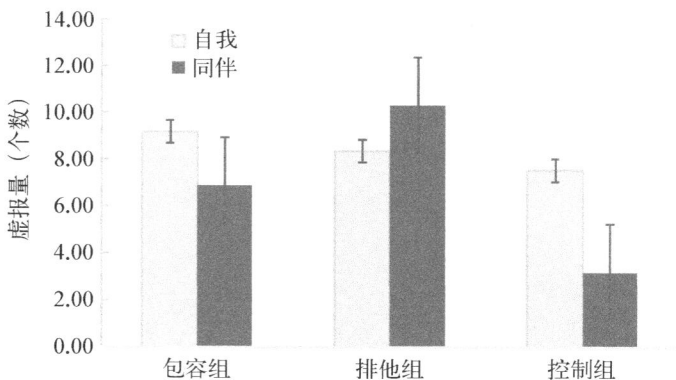

图 2-8　实验 2a 个体记忆来源监测偏差——错误归因方向

此外，为了验证是否存在"虚假认同"效应的来源监测偏差倾向（即被试更有可能认为只有自己而非合作同伴(们)编码过的项目也被大家共享编码过)，进行2(错误归因倾向：从自我到共享，从同伴到共享)×3(组别：包容组，排他组，控制组)重复测量 ANOVA(图 2 - 9 所示)，结果发现错误归因倾向的主效应，$F(1, 32) = 24.852$，$p < 0.001$，$\varepsilon = 1.000$，$\eta_p^2 = 0.585$，简单效应分析发现从自我到共享($M = 6.473$，$SE = 0.208$)的监测偏差比从同伴到共享($M = 3.180$，$SE = 0.232$)的监测偏差更容易发生，$p < 0.001$，$MD = 2.672$，95%CI [1.109，4.304]。组别间的显著性差异存在，$F(2, 64) = 6.109$，$p = 0.016$，$\varepsilon = 0.973$，$\eta_p^2 = 0.786$，简单效应分析发现在包容组($M = 4.841$，$SE = 0.024$)和控制组($M = 4.535$，$SE = 0.045$)相比，排他组($M = 5.555$，$SE = 0.012$)存在更显著的监测偏差，$p = 0.042$，$MD = 6.625$，95%CI [1.901，7.483]和 $p = 0.028$，$MD = 3.227$，95%CI [1.178，5.387]。错误归因倾向和组别之间的交互作用不显著($p = 0.186$)。证明了个体存在"虚假认同"效应的来源监测偏差倾向。

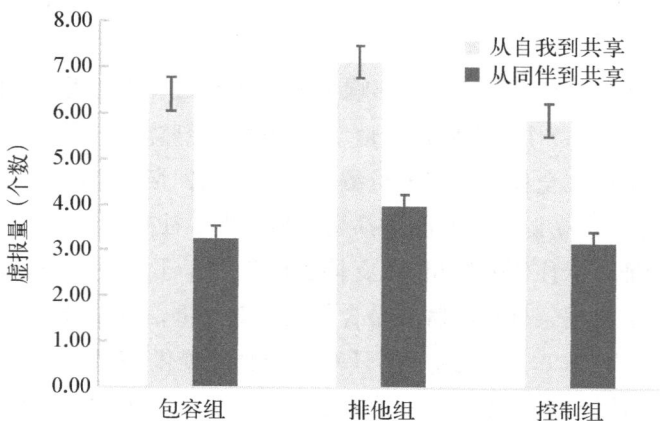

图 2 - 9　实验 2a 个体记忆来源监测偏差——共享项目错误归因

3. 讨论与结论

(1) 不同合作记忆提取任务对情景记忆两分支记忆的正确回忆量的影响存在差异性

其一，在项目回忆和来源提取两种记忆任务中，包容组被试的正确合作回忆量均最高。本实验设置了两类不同合作组及不同合作提取的任务，一类是在充分自由讨论后提取不管是谁编码过的项目及其字体来源类型的包容组，一类是只提取每组内被试编码的共享信息和部分共享信息及其字体来源类型的排他组，正是因为设置了不同的记忆提取目标，包容组被试对于提取项目的提取标准最为宽松，监测难度最小，因而正确合作回忆量最高，且其在合作记忆中出现诸如建立社交（Hyman，1994）、建立关于过去共同的记忆（Cuc et al.，2006；Fivush et al.，1996；Hirst & Echterhoff，2012；Hyman，1999；Hyman et al.，2014）的动机愈强，更有利于回忆的正确性。

其二，不管是何种合作记忆提取任务，项目记忆的正确回忆量显著高于来源记忆，验证双重加工理论模型。不管是真实社交的包容组、排他组还是虚拟社交的控制组条件下，项目回忆的正确性均显著高于来源提取，这又再次验证双重加工理论模型中关于项目记忆和来源提取存在显著差异的观点，即项目回忆提取难度显著小于来源提取、项目回忆正确性显著高于来源提取（Caruso et al.，2020；Cooper et al.，2017；Nie et al.，2023；Osth et al.，2018；Yonelinas et al.，2010；Zhou et al.，2020），且这一差异不管在何种合作记忆提取任务下存在普适性。

（2）不同合作记忆提取任务会影响个体单独记忆来源监测准确性

其一，真实社会合作与虚假社交情境对记忆来源监测产生差异影响，具体体现为不管在要求回忆全体合作组成员编码项目和只回忆共同编码信息的真实社会条件下，个体记忆来源正确监测量都显著高于虚假社交条件下"合作组"（即控制组），这点验证了以往研究结果，也支持了假设 3.1（Jalbert et al.，2021）。对这一结果来源监测框架理论的解释是合作容易对外部信息来源提供了更准确记忆（Johnson et al.，1993），特别是与只阅读"同伴"提供信息的非真实社会合作条件相比，许多研究均发现合作都是汲取虚假信息的有效方法（Harris et al.，2017；Lofus et al.，1978）。此外，在本实验中不同组别被试因记忆任务不同导致记忆目标的不同可用来解释（Hirst & Yamashiro，2018；Pasupathi，2001）这一结果。和控制组被试相比，被试在与同伴共同回忆时会更多考虑个人和情感反应，也会更多地将注意力资源集中在监测信息正确性上，而对于没有任何特殊要求的控制组被试来说则对记忆内容的细节关注会更少（Hyman，1994）。此外，有研究者指出以往的研究也可能低估了记忆监测偏差在现实世界中的表现程度，从而导致不同的研究结论，比如 Marsh（2007）曾指出回忆和复述故事是有区别的，也就是说当个体在实验室中回忆信息时，他们可能会专注于回忆细节和准确性，这就强调了准确的来源监测，这在总体上符合本实验采用的自由回忆方式的情况；而在实验室之外，复述通常带有诸如娱乐、建立关系或引起同情等其他目的（Hyman & Faries，1992；Marsh & Tversky，2004）。

其二，排他组的记忆来源监测正确性最高。通过操纵被试在合作回忆中接收的指导语不同，即被试要么被分配到一个被要求写下同伴编码过的所有项目的包容性条件，要么被分配到一个仅需要写下同伴编码过的项目的排他性条件，我们期望并验证了排他性条件导致了被试对信息来源的更高关注，提高了来源监测的准确性，产生更少的记忆来源监测偏差，这和 Hyman et al.（2014）的研究结果相同。

（3）个体记忆来源监测偏差错误归因倾向产生"剽窃"记忆，而非"泄露"记忆

个体记忆来源监测偏差错误归因倾向于"剽窃"记忆，假设 3.2 得到支持。研究表明，合作的性质和背景对个体记忆有着持久的影响，个体会将合作中的记忆被用作自己后来的个人记忆（Cuc et al.，2006；Hyman et al.，2014），本实验通过对合作记忆阶段提取项目的记忆来源监测测试发现个体对合作记忆过程中讨论的信息来源监测存在监测偏差，具体来说，和错误地认为自己编码的信息是来自同伴相比，个体更倾向于将合作同伴的信息作为自己的独特记忆，并错误地认为是自己的个人记忆而非同伴记忆与合作同伴共享。换句话说，他们表现出"剽窃"记忆倾向及"分享"记忆的"虚假认同"效应。相比之下，我们没有在无真实合作的情况下接触信息且同时完成了类似合作记忆任务的非社交互动条件的被试中观察到这些相同的偏差。这些结果支持了合作后的"剽窃"记忆来源偏差不是随机的，它代表了记忆中取决于记忆社会背景的真实偏见。

社会传染效应（"剽窃"记忆）即将他人的信息当作是自己记忆信息的一部分，这种记忆错误与人们错误地采用外部来源信息的情况有着共同的特征，例如错误信息效应（Harris et al.，2017；Lofus et al.，1978）、无意识剽窃（Holins et al.，2016a；Stark & Perfect，2007）等。来源监测框架理论可以用来理解真实合作和非真实合作情境在社会传染效应方面的差异（Johnson et al.，1993）。从来源监测框架视角来看，信息的类型、清晰度和完整性导致了人们对来源的归因（Johnson，2006；Johnson et al.，1988），在本实验中的真实合作和虚拟合作条件下，信息的质量和数量的差异可能在后来的来源监测偏差中发挥作用，这可能源于词汇在创造错误记忆中所起的作用（Goff & Roediger，1998；Hyman & Pentland，1996），在合作过程中，被试讨论了项目和整体情境更具体的细节，信

息来自更独特的来源（合作同伴）而不是书面信息，按照这种解释的推理随着时间的推移，记忆逐渐消失，"剽窃"记忆的偏差可能会增加。

（4）个体对共享信息的记忆来源监测中产生"虚假认同"效应倾向

个体对共同编码信息（共享项目）的记忆来源监测偏差出现"虚假认同"效应，验证假设 3.3。合作记忆过程的其他方面也可能解释我们观察到的此类偏差现象。根据实验中对被试的观察发现有些被试非常努力地记住合作同伴们提到的项目，因为当他们不能回忆起这些项目时，他们会感到很难过。当一个同伴提出他们可能编码或可能没有编码过某个项目时，被试经常点头示意，而他们并没有真正确认或不确认是否真实编码过此项目。在没有确认的情况下，同伴间又可能会通过自由讨论（free-flowing）的方式推断出这些项目确实是共享的，从而导致错误的记忆来源监测偏差。与此相一致的是在实验中发现，在包容条件下无论最初编码过该项目的人是谁，被试都会记录所有项目，表现出最强的"虚假认同"感。在排他性条件下，被试被要求只能回忆共享和部分共享项目，这意味着被试在写下记忆项目之前需要明确确认或否认分享记忆，这增加了被试在没有分享回忆时承认的概率。然而，在现实世界中，人们可能不会主动评估信息是否共享，而只是点头同意合作同伴的，即使他们不记得所有的细节。这样交流分享的人可能会认为只有他们回忆起的记忆细节是共享的，很容易形成记忆的"虚假认同"。但是这种类型的默认心理协议不太可能在非真实合作环境中发生。

还有证据表明，个体存在"剽窃"记忆和"虚假认同"记忆来源监测偏差的程度取决于与他们合作的人，人们更有可能采用来自相似他人的信息（Hollins et al. ，2016b；Lindner et al. ，2012）以及来自他们关系密切的人的信息（French et al. ，2008）。此外，对于那些有着更相似经历的人，"虚假认同"会更强（Ross & Ward，1996）。当人们从同一社会群体中的人（例如同一所大学的人）那里获得信息时也更有可能经历社会共享提取引发的遗忘（Coman & Hirst，2015）。本实验被试都是同龄的大学生，这可能会导致比其他人群出现更多的"剽窃"和"分享"记忆的情况。当然，合作同伴的性质也可能影响这些偏差发生的可能性。当合作同伴和自己之间存在重要差异，个体一般不太可能将同伴的记忆作为自己的记忆。此外，不同重叠程度的信息类型也会导致记忆在不同程度上重叠，从而影响个体如何进行记忆来源归因（Hyman & Neisser，1992）。

总体而言，即使在来源监测能力相对较高（排他组）的情况下，个体也会对合作记忆中回忆出的信息表现出来源监测偏差。不得不说的一点是虽然准确监测是非常重要的，但是很多情况下监测偏差也会产生积极作用，因为个体在社会互动中通常需要建立社会纽带，而"剽窃"和"分享"记忆的倾向可以加强社会人际关系，并表明群体关于过去的记忆是共享的，拥有集体记忆。

（二）实验 2b：社会合作对情绪刺激的记忆社会传染效应的特异性研究

为最大程度上模拟含情绪色彩信息的现实情境和探讨情绪对情景记忆的影响，实验 2b 同样加入刺激的情绪效价这一变量，其主要目的在于考察社会合作如何影响个体对情绪词记忆来源监测的准确性。与实验 2a 相似，实验 2b 同样包含个体单独学习阶段、合作记忆阶段和个体单独记忆来源监测测试阶段，和实验 2a 更多不同的地方体现在以下两个方面，一方面是实验材料的设置，即由原来单纯的中性情绪刺激扩展到含积极、中性和消极三种情绪效价的实验刺激；另一方面，为了更好地说明被试对不同情绪效价刺激编码的注意资源分配差异，在个体单独学习阶段设置了三键按键反应任务。下面就这两方面的变化做详细介绍。

本实验的假设 4.1 期待有无真实合作对个体记忆来源监测准确性造成差异性影响，即通过合作组和无社交互动的控制组的分析比较，合作组的来源监测偏差比控制组依旧更加显著。假设 4.2 期待不同合作记忆提取任务对记忆来源监测准确性存在差异影响。由于排他组条件下的被试记忆提取目标更为精准，需要被试更严格的记忆提取监测标准，导致其更仔细地关注项目信息的来源，因此排他组在合作回忆后表现出更优越的来源监测准确性。假设 4.3 期待刺激的情绪性对个体记忆来源监测准确性存在差异性影响，由于个体对情绪性刺激的感受性更明显，合作后个体对积极和消极词记忆来源监测的准确性显著高于中性刺激。假设 4.4 期待个体在对合作记忆阶段提取的情绪项目记忆来源监测偏差中依旧体现"剽窃"记忆的倾向，为情绪词记忆的社会传染效应存在的特异性提供证据，也为实验 1b 发现的由刺激的情绪性诱发的社会传染效应提供研究证明。假设 4.5 期待个体对情绪共享项目的记忆来源监测偏差不受情绪的刺激性影响而依旧显著存在"虚假认同"效应。

1. 方法

（1）被试

实验 2b 共招募 108 名母语为中文的在校大学生被试(58 男,50 女),其平均年龄为 20.13±2.48 岁,被试的招募条件、分组、阶段划分、人数分配和组名命名方式的操作和实验 2a 相同。简言之,实验 2b 被试随机且平均组成各含有 36 名被试的 12 组(包容组、排他组和控制组)。实验程序依旧获批于浙江大学伦理委员会,并参照前人合作记忆和来源记忆监测研究(Maswood et al. , 2022; Saraiva et al. , 2021)。

实验前,为了确保具有统计效力的合适样本量,使用 MorePower 6.0.4 软件(Campbell et al. , 2012)进行计算,本实验至少需要 66 名被试。本实验所具备的 108 名被试总样本量是充足的。

（2）实验设计

实验 2b 采用 3(组别：包容组,排他组,控制组)×3(项目类型：共享,部分共享,非共享)×3(情绪效价：积极,中性,消极)×2(记忆任务：项目记忆,来源记忆)的混合实验设计,其中只有组别为被试间变量,其他变量均为被试内变量。

（3）实验材料

为最大程度上控制因为材料不同可能导致的实验误差和保证实验材料的不同,本实验依旧从 ANEW(英语词汇情感规范)列表(Bradley & Lang, 1999)中选出 195 个情绪词汇作为正式实验的刺激,每种情绪效价(积极、中性和消极)总共有 65 个词汇。这些词汇的数量比以前的研究材料中的要多,情绪效价和唤醒评分是按照 Berger 等人(2016)的方法确定的,且所有英文词汇都被翻译成汉语的双字词(Nie & Jiang, 2021; Zhou et al. , 2020)。同样的,积极、中性和消极项目之间均存在情绪效价上的显著差异,积极项目($M=6.149, SD=0.781$)远高于中性刺激($M=4.653, SD=0.506$)和消极项目($M=2.479, SD=0.783$), $t(192)=20.471, p<0.001, Cohen's\ d=2.169$ 和 $t(192)=39.465, p<0.001, Cohen's\ d=4.210$,中性词高于消极词, $t(192)=23.189, p<0.001, Cohen's\ d=2.138$。三类情绪刺激的唤醒水平上也存在显著差异,消极词($M=6.178, SD=1.291$)远高于积极词($M=5.674, SD=0.932$)和中性词($M=4.057, SD=1.623$), $t(192)=2.152, p=0.021, Cohen's\ d=0.263$ 和 $t(192)=12.808, p<0.001, Cohen's\ d=1.327$;积极词也高于中性词, $t(192)=$

12.098，$p<0.001$，$Cohen's\ d=1.173$。其中 165 个为编码刺激和 30 个为记忆来源监测测试阶段的新刺激，编码阶段和记忆来源监测测试阶段均被分为 5 个不同的 block，编码测试阶段每个 block 每名被试学习 18 个项目，每名被试共学习 90 个项目，每组被试学习的项目数量和项目类型可见表 1-1。记忆来源监测测试阶段每个 block 每名被试再认和监测 24 个项目，在编码阶段刺激的基础上增加 6 个新情绪效价刺激。为了确保的每组的项目在语义上没有关联，在每个情绪效价中，词汇被伪随机分配。除了正式的词汇外，设置含 36 个词汇的练习试验，它们在情绪效价和唤醒水平上也得到了平衡。

（4）实验流程

和实验 2a 相同，本实验主要包括个体单独编码阶段、合作回忆阶段和个体单独记忆来源监测测试阶段，个体单独编码阶段的操作流程和实验 1b 相似。

个体单独编码阶段。小组内的每名被试均和其他两个合作同伴编码学习共享、部分共享和非共享词汇项目，被试被告知他们将学习一些两字汉语词汇，他们的任务是记住屏幕显示的词汇及其相关的来源类型（宋体或华文行楷），为了防止被试分心，要求每组的三名被试按下三个不同的按键来表示每个词汇的情绪效价："F"表示积极，"SPACE"表示中性，"J"表示消极。每个项目呈现 3 500 ms，其中包括在屏幕中心显示 1 000 ms 的"＋"的注视交叉，以集中被试的注意力，随后通过伪随机形式呈现不同情绪刺激，相同情绪效价的刺激不会连续出现 3 个，词汇在屏幕中心出现 1 500 ms，随后是 1 000 ms 的 ISI（刺激间隔）。

第一轮干扰任务阶段。实验 2b 的第一轮干扰阶段任务与操作与实验 2a 相同，全体被试均在 1 分钟内完成简单数学计算任务。

合作回忆阶段。与同样采用包容组、排他组和控制组的实验 2a 操作相同。要求包容组被试提取不管是谁编码过的项目及其字体来源类型，排他组被试提取任意两人或三人编码过的部分共享和共享项目及其字体来源类型。控制组被试根据主试提前准备好的"虚假"被试提供的编码项目和字体来源类型列表进行删减回忆补充。

第二轮干扰任务阶段。实验 2b 的干扰阶段任务与操作与实验 2a 相同。所有被试单独进行休息，时长 2 分钟。

个体单独记忆来源监测测试阶段。其操作方法和实验 2a 相同。同样地，为了防止被试混淆记忆来源（最初编码者）和来源记忆（字体来源类型）任务，在该阶段前特地和全体被试强调本阶段只进行呈现项目的最初编码者来源判断任务。被试按下四个不同的按键来表示每个项目的来源(仅学习列表、仅同伴、两个来源或都不是),如果被试记得只是自己编码过的项目即点击"F"(编码过的项目),如果单纯只有一个同伴提供了这个项目,则点击"J"(一个同伴编码过的项目),如果两个同伴都提供了这个项目,但它没有出现在自己编码过的项目列表中;则点击"A"(两个同伴编码过的项目);如果以上都不是,即选择"SPACE"(新项目)。

2. 数据分析与结果

包容组和排他组的正确记忆量和实验 2a 相同。本实验数据分析方式和先前实验一致,并将按照两轮回忆阶段分别汇报在项目回忆和来源记忆任务下的正确回忆量,最终重点分析个人单独记忆阶段记忆来源监测正确和错误数据,主要包括平均正确回忆个数、来源记忆 CSIM 值、记忆来源监测正确量和虚报量。

(1)学习阶段的数据分析思路和结果

不同情绪刺激在编码阶段的正确率和反应时见表 2-1。对正确率进行单因素方差分析显示,项目情绪效价(3 水平:积极,中性,消极)的效应显著,$F(2, 162)=7.718$,$p=0.001$,$\varepsilon=1.000$,$\eta_p^2=0.216$,表现为积极项目显著低于消极和中性刺激的正确率($ps<0.001$)。对反应时进行同样方差分析的结果显示,项目情绪效价的效应不显著($p=0.747$)。上述结果表明情绪效价对项目判断准确性具有调节作用。

表 2-1   实验 2b 编码阶段不同情绪刺激的正确率和反应时(M±SE)

项 目	正 确 率	反映时(ms)
积极项目	0.747±0.041	878±21
中性项目	0.871±0.037	881±17
消极项目	0.883±0.036	879±19

(2)合作回忆阶段正确回忆量

合作回忆阶段情景记忆两分支记忆任务中的正确回忆量如图 2-2 所示。对记忆量进行 3(组别:包容组,排他组,控制组)×2(记忆任务:项目回忆,来源记忆)的重复测量 ANOVA 结果显示(见图 2－10),组别的主效应显著,$F(2, 22)=16.293$, $p=0.008$, $\varepsilon=1.000$, $\eta_p^2=0.576$,表现为包容组($M=78.621$, $SE=3.423$)显著高于控制组($M=62.801$, $SE=3.321$)和排他组($M=43.278$, $SE=3.078$)的回忆量,$p=0.001$, $MD=3.305$, 95%CI [1.478, 6.619]和 $p<0.001$, $MD=4.521$, 95%CI [1.067, 8.322],且控制组的正确回忆量显著高于排他组,$p<0.001$, $MD=5.268$, 95%CI [1.036, 7.609]。回忆任务的主效应显著,$F(1, 11)=48.464$, $p<0.001$, $\varepsilon=1.000$, $\eta_p^2=0.612$,表现为项目回忆($M=89.708$, $SE=4.243$)显著高于来源记忆任务($M=72.768$, $SE=4.609$)的回忆量,$p<0.001$, $MD=5.337$, 95%CI [1.497, 12.219]。两因素交互作用显著,$F(2, 22)=10.622$, $p=0.008$, $\varepsilon=1.000$, $\eta_p^2=0.692$,简单效应分析进一步显示,在两种回忆任务变量中均表现为包容组显著高于控制组和排他组的正确回忆量,且控制组显著高于排他组的正确回忆量($ps < 0.05$),在两种组别条件下均显示出项目回忆显著高于来源记忆的回忆量($ps < 0.01$)。

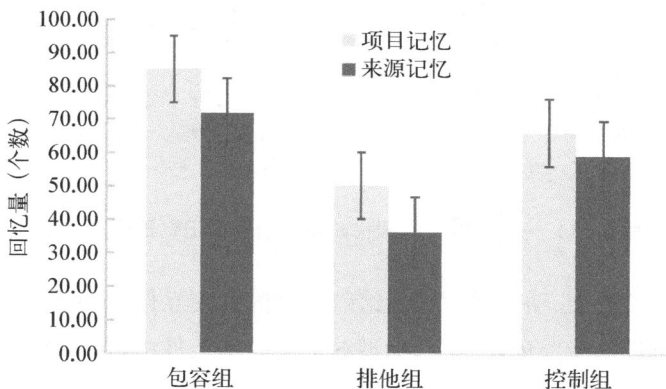

图 2－10　实验 2b 合作回忆阶段项目回忆和
来源记忆任务中的正确回忆量

同样地,鉴于排他组的回忆任务是仅回忆任意两人或三人编码过的项目即共享和部分共享项目,因此只能对三组合作回忆阶段的正确项目记忆进行 3(组别：包容组,排他组,控制组)×3(项目类型：共享,部分共享)×3(情绪效价：积极,中性,消极)的重复测量 ANOVA(结果见图 2－11),结果发现组别的主效应,$F(2, 22)=4.641$, $p=0.040$, $\varepsilon=0.963$, $\eta_p^2=0.297$,简单效应分析仅发现包容组($M=15.333$，$SE=0.451$)的正确回忆量显著高于控制组($M=13.681$，$SE=0.197$)，$p=0.001$，$MD=1.653$，95%CI[0.703，2.602]。项目类型的主效应显著，$F(1,11)=119.069$，$p<0.001$，$\varepsilon=1.000$，$\eta_p^2=0.915$，事后多重比较发现部分共享项目($M=16.417$，$SE=0.446$)的正确回忆量显著高于共享项目($M=13.000$，$SE=0.263$)，$p<0.001$，$MD=3.417$，95%CI[2.728，4.106]。情绪效价的主效应显著，$F(2,22)=21.820$，$p<0.001$，$\varepsilon=0.731$，$\eta_p^2=0.665$。简单效应分析发现中性刺激($M=16.194$，$SE=0.498$)的正确回忆量显著高于积极($M=13.958$，$SE=0.410$)和消极刺激($M=13.972$，$SE=0.253$)，$p<0.001$，$MD=2.236$，95%CI[0.968，3.462]和$p<0.001$，$MD=2.222$，95%CI[0.982，3.462]。

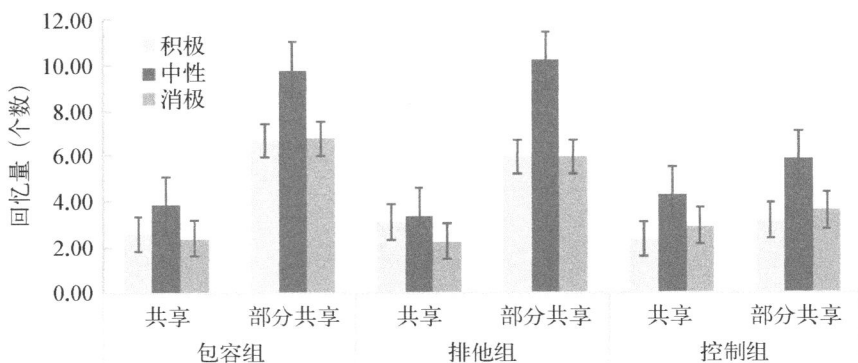

图 2‑11　实验 2b 合作回忆阶段三组项目记忆正确回忆量

组别和项目类型、项目类型和情绪效价之间的交互作用均显著($ps<0.05$)。简单效应分析进一步发现，在项目类型的部分共享条件中，包容组和排他组的正确回忆量都显著高于控制组(($ps<0.01$))；在三类组别条件下，均发现部分共享项目的正确回忆量显著高于共享项目($ps<0.001$)。在项目类型和情绪效价的交互作用分析中发现在项目类型的共享项目和部分共享项目条件下，均发现中性刺激的合作记忆正确回忆量显著高于积极和消极刺激($ps<0.01$)；在三类情绪效价条件下，均发现部分共享项目的正确回忆量显著高于共享项目($ps<0.001$)。并未发现三元交互作用($p=0.403$)。

对三组合作回忆阶段来源记忆 CSIM 值进行同样的重复测量 ANOVA(结果见图 2‑12)，组别的主效应显著，$F(2,22)=9.983$，$p=0.025$，$\varepsilon=1.000$，

$\eta_p^2 = 0.476$，表现为包容组（$M = 0.628$ $SE = 0.056$）和控制组（$M = 0.602$，$SE = 0.029$）的 CSIM 值均显著高于排他组（$M = 0.405$，$SE = 0.047$），$p < 0.001$，$MD = 0.132$，95%CI [0.053，0.402]和 $p = 0.025$，$MD = 0.245$，95%CI [0.035，0.502]，包容组和控制组的 CSIM 值无显著差异（$p = 0.122$）。项目类型的主效应不显著（$p = 0.278$），但组别和项目类型的交互作用显著（$p = 0.038$），简单效应分析进一步发现，在项目类型的部分共享条件中，包容组的 CSIM 值显著高于排他组和控制组（$ps < 0.01$），且排他组的 CSIM 值显著高于控制组（$p = 0.001$）；在三类组别条件下，均未发现三类项目类型 CSIM 值之间的显著差异。情绪效价的主效应显著，$F(2, 22) = 5.872$，$p < 0.001$，$\varepsilon = 1.000$，$\eta_p^2 = 0.272$，只发现积极项目（$M = 0.557$，$SE = 0.014$）和中性刺激（$M = 0.528$，$SE = 0.038$）的 CSIM 值显著高于消极项目（$M = 0.436$，$SE = 0.016$），$p < 0.001$，$MD = 4.167$，95%CI [2.768，6.335]和 $p = 0.002$，$MD = 2.235$，95%CI [1.366，4.819]，且积极刺激的 CSIM 值显著高于消极刺激，$p = 0.001$，$MD = 3.712$，95%CI [1.602，5.305]。

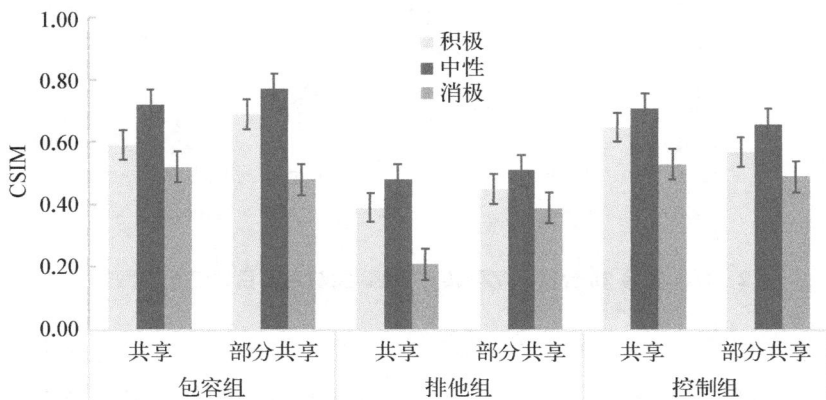

图 2 - 12 实验 2b 合作回忆阶段三组来源记忆的 CSIM

同样地，为分析真实或虚拟社会合作对记忆产生的影响，对包容组和控制组正确项目回忆量可进行 3（组别：包容组，控制组）×3（项目类型：共享，部分共享，非共享）×3（情绪效价：积极，中性，消极）的重复测量 ANOVA，（见图 2 - 13）组别的主效应显著，$F(1, 11) = 28.224$，$p < 0.001$，$\varepsilon = 1.000$，$\eta_p^2 = 0.746$，简单效应分析发现包容组（$M = 15.213$，$SE = 0.364$）的正确回忆量显著高于控制组（$M = 13.667$，$SE = 0.150$），$p < 0.001$，$MD = 1.546$，95%CI [0.947，

2.146]。项目类型的主效应存在，$F(2,22)=20.090$，$p<0.001$，$\varepsilon=0.731$，$\eta_p^2=0.646$，部分共享项目（$M=15.958$，$SE=0.434$）的正确回忆量显著高于非共享项目（$M=14.306$，$SE=0.367$）和共享项目（$M=13.056$，$SE=0.254$），$p=0.048$，$MD=1.653$，95%CI[0.013,3.293]和 $p<0.001$，$MD=2.903$，95%CI[1.869,3.937]。情绪效价的主效应显著，$F(2,22)=11.619$，$p=0.002$，$\varepsilon=0.966$，$\eta_p^2=0.514$，多重比较分析发现中性刺激（$M=15.625$，$SE=0.264$）的正确回忆量显著高于积极（$M=13.681$，$SE=0.462$）和消极刺激（$M=14.014$，$SE=0.282$），$p=0.016$，$MD=1.944$，95%CI[0.360,3.529]和 $p=0.001$，$MD=1.611$，95%CI[0.716,2.506]。

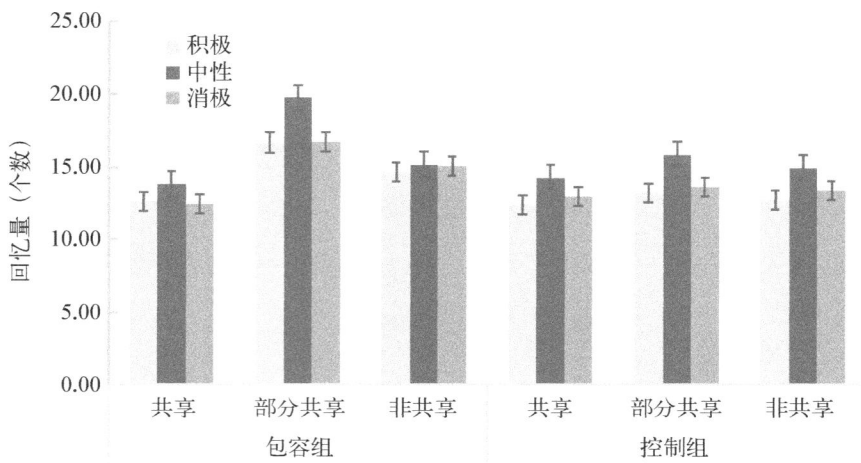

图 2-13　实验 2b 合作回忆阶段包含组、控制组项目记忆正确回忆量

组别和项目类型的交互作用显著（$p<0.001$），简单效应分析进一步发现在项目类型的部分共享和非共享条件中，包容组的正确回忆量均显著高于控制组（$ps<0.01$）；在组别的包容组条件下，部分共享项目的正确回忆量显著高于共享项目和非共享项目（$ps<0.01$），且非共享项目的正确回忆量显著高于共享项目（$p=0.006$）；在组别的控制组条件下，只发现部分共享项目的正确回忆量均显著高于共享项目（$p=0.009$）。未发现其他显著的交互作用（$ps>0.05$）。

此外，对包容组和控制组来源记忆 CSIM 值也进行 2（组别：包容组，控制组）×3（项目类型：共享，部分共享，非共享）×3（情绪效价：积极，中性，消极）的重复测量 ANOVA（结果见图 2-14），以分析真实或虚拟社会合作对来源记忆产生的影响。组别的主效应显著，$F(1, 11) = 6.281$，$p < 0.001$，$\varepsilon = 1.000$，$\eta_p^2 = 0.589$，简单效应分析发现包容组（$M = 0.651$，$SE = 0.012$）的 CSIM 值显著高于控制组（$M = 0.522$，$SE = 0.021$），$p < 0.001$，$MD = 0.273$，95% CI $[0.049, 0.475]$。虽然项目类型的主效应不显著（$p = 0.081$），但组别和项目类型之间的交互作用显著（$p < 0.001$），简单效应分析进一步发现在项目类型的部分共享和非共享条件中，包容组的 CSIM 值均显著高于控制组（$ps < 0.001$）；在组别的包容组条件下，部分共享项目的 CSIM 值显著高于非共享项目（$p = 0.011$）；在组别的控制组条件下，发现部分共享项目的 CSIM 值均显著高于共享项目（$p = 0.002$）。此外，情绪效价的主效应显著，$F(2, 22) = 4.402$，$p < 0.001$，$\varepsilon = 1.000$，$\eta_p^2 = 0.392$，只发现中性刺激（$M = 0.456$，$SE = 0.031$）的 CSIM 值显著高于积极项目（$M = 0.376$，$SE = 0.014$）和消极项目（$M = 0.341$，$SE = 0.011$），$p = 0.001$，$MD = 3.716$，95% CI $[1.891, 6.305]$ 和 $p < 0.001$，$MD = 2.282$，95% CI $[1.116, 5.198]$。

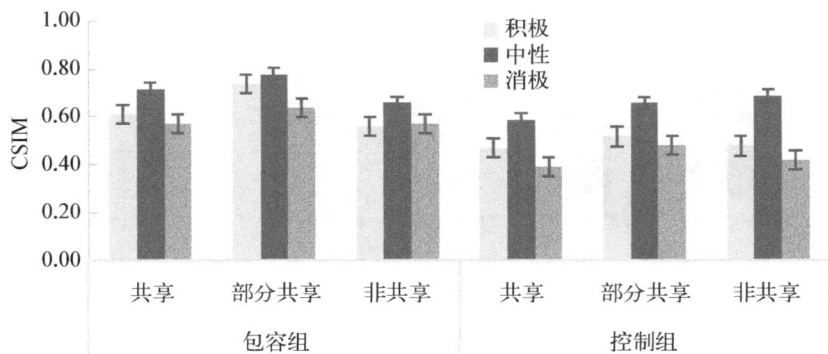

图 2‑14　实验 2b 合作回忆阶段包含组、控制组来源记忆的 CSIM

（3）个体记忆来源监测正确分析

对每名被试在个体单独记忆来源监测测试阶段的正确量进行分析，模仿之前研究分析思路，重点比较个体对合作记忆阶段回忆项目和非合作记忆阶段回忆项目的记忆来源监测正确性，因此对个体记忆来源监测正确量（见图 2‑15）进行 3（组别：包容组，排他组，控制组）×2（是否合作回忆项目：是，否）×3（情绪效价：积极，中性，消极）的重复测量 ANOVA，是否合作回忆项目主效应显著，$F(1, 35) = 43.287$，$p < 0.001$，$\varepsilon = 1.000$，$\eta_p^2 = 0.927$，合作记忆项目（$M = 6.397$，$SE = 0.276$）的记忆来源监测正确量显著高于非合作记忆项目（$M = $

$5.583，SE=0.263），p<0.001，MD=3.3221，95\%CI [1.148，6.798]$。组别的主效应显著，$F(2，70)=12.345，p=0.040，\varepsilon=0.979，\eta_p^2=0.658$，排他组（$M=4.931，SE=0.204$）的记忆来源监测正确量显著高于包容组（$M=4.008$，$SE=0.216$）和控制组（$M=3.041，SE=0.212$），$p=0.028，MD=5.428，95\%$CI $[2.078，7.336]$和 $p=0.002，MD=6.274，95\%$CI $[2.298，9.853]$，包容组的记忆来源监测正确量显著高于控制组，$p=0.001，MD=3.339，95\%$CI $[1.003，7.237]$。情绪效价的主效应显著，$F(2，70)=21.324，p<0.001，\varepsilon=0.997，\eta_p^2=0.856$，多重比较发现积极刺激（$M=4.900，SE=0.218$）的来源监测正确量显著高于消极刺激（$M=3.698，SE=0.209$）和中性刺激（$M=3.382$，$SE=0.311$），$p=0.001，MD=4.701，95\%$CI $[2.331，7.582]$和 $p<0.001$，$MD=3.281，95\%$CI $[1.499，6.482]$，任何交互作用均不显著（$p>0.05$）。

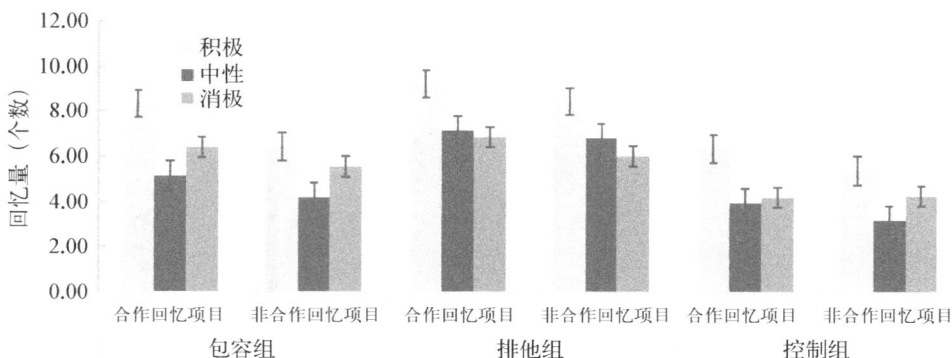

图 2 - 15　实验 2b 个体记忆来源监测正确量

（4）个体记忆来源监测偏差分析

为了实现本实验的关键研究目标，我们分析被试是否对不同情绪性刺激的记忆来源监测错误表现出了方向偏差，进行 3（组别：包容组，排他组，控制组）×2（错误归因倾向：自我，同伴）×3（情绪效价：积极，中性，消极）重复测量ANOVA（见图 2 - 16），错误归因倾向的主效应显著，$F(1，35)=34.819，p<0.001，\varepsilon=1.000，\eta_p^2=0.774$，错误归因自我的数量（$M=5.212，SE=0.302$）显著高于错误归因同伴（$M=4.294，SE=0.291$），$p<0.001，MD=4.371，95\%$CI $[2.189，6.834]$，意味着被试更倾向于"剽窃"记忆而非"泄露"记忆。情绪效价的主效应显著，$F(2，70)=11.109，p<0.001，\varepsilon=1.000，\eta_p^2=0.562$，事后多

重比较发现中性刺激的记忆来源监测偏差（$M = 3.709$，$SE = 0.203$）显著高于积极（$M = 3.039$，$SE = 0.109$）和消极刺激（$M = 2.703$，$SE = 0.221$），$p = 0.016$，$MD = 2.713$，95%CI[0.189,3.481]和$p = 0.008$，$MD = 1.731$，95%CI[0.893,4.384]，组别的主效应不显著（$p = 1.000$），即在包容组、排他组和控制组都发现了被试倾向"剽窃"记忆而非"泄露"记忆。错误归因倾向和情绪效价之间存在交互作用（$p < 0.001$），简单效应分析进一步发现在错误归因自我倾向中，积极刺激的"剽窃"记忆来源监测偏差显著高于中性和消极刺激（$ps < 0.01$）；在积极和中性情绪效价条件下，被试更倾向于错误归因自我而非"泄露"记忆的归因同伴（$ps < 0.001$），在消极情绪效价条件下，被试更倾向同伴而非自我（$p = 0.038$）。未发现其他显著的交互作用（$ps > 0.05$）。

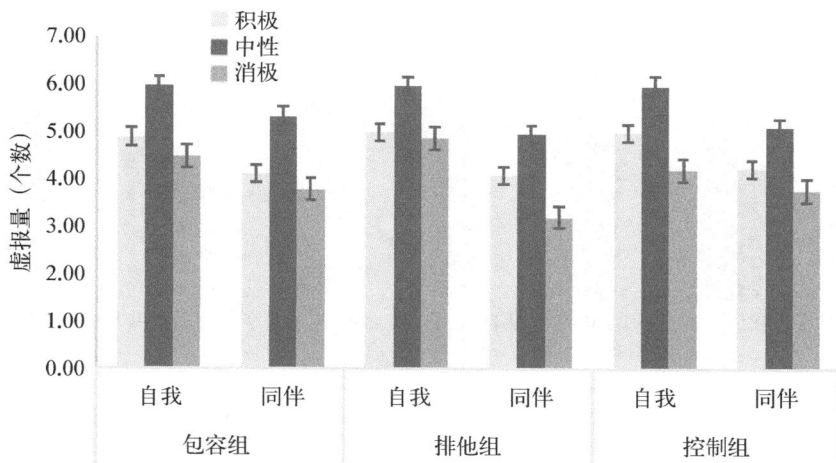

图 2 - 16   实验 2b 个体记忆来源监测偏差——错误归因方向

为了验证是否存在"虚假认同"效应的来源监测偏差倾向（即被试更有可能认为只有自己而非合作同伴（们）编码过的项目也被大家共享编码过），进行2（错误归因倾向：从自我到共享，从同伴到共享）×3（组别：包容组，排他组，控制组）×3（情绪效价：积极，中性，消极）的重复测量 ANOVA（见图 2 - 17），错误归因倾向的主效应显著，$F(1, 35) = 12.258$，$p = 0.042$，$\varepsilon = 1.000$，$\eta_p^2 = 0.899$，从自我到共享（$M = 5.156$，$SE = 0.201$）的监测偏差比从同伴到共享（$M = 4.620$，$SE = 0.177$）的监测偏差更容易发生，$p = 0.042$，$MD = 3.625$，95%CI[1.701,4.499]。组别间的差异显著，$F(2, 70) = 2.911$，$p = 0.038$，$\varepsilon = 0.937$，

$\eta_p^2 = 0.688$，简单效应分析发现在和包容组（$M = 5.345$，$SE = 0.243$）和控制组（$M = 4.387$，$SE = 0.465$）相比，排他组（$M = 7.563$，$SE = 0.512$）存在更显著的监测偏差倾向，$p = 0.042$，$MD = 0.782$，95%CI $[0.589, 1.476]$和 $p = 0.028$，$MD = 0.652$，95%CI $[0.267, 1.034]$。情绪效价的主效应显著，$F(2, 70) = 4.377$，$p = 0.001$，$\varepsilon = 0.797$，$\eta_p^2 = 0.825$，简单效应分析发现在和中性（$M = 5.021$，$SE = 0.343$）和消极（$M = 4.782$，$SE = 0.177$）相比，积极情绪（$M = 6.652$，$SE = 0.215$）存在更显著的监测偏差倾向，$p = 0.001$，$MD = 3.625$，95%CI $[1.701, 4.499]$和 $p < 0.001$，$MD = 0.589$，95%CI $[0.108, 1.409]$。无任何的交互作用（$ps > 0.05$）。证明了个体存在"虚假认同"效应的来源监测偏差倾向。

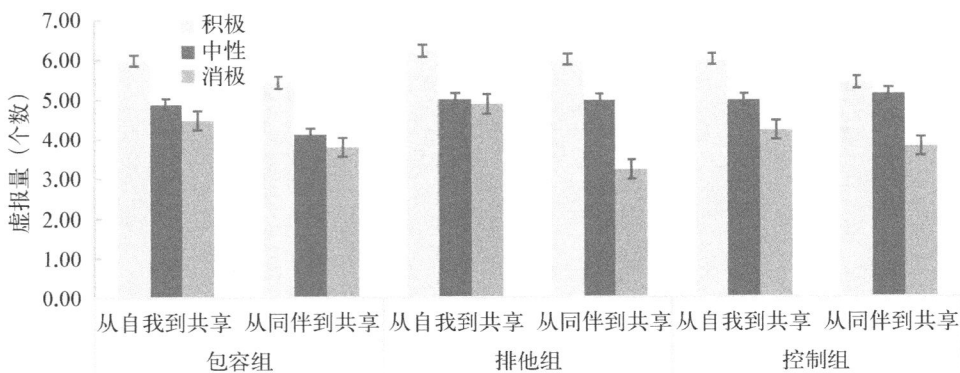

图 2 - 17　实验 2b 个体记忆来源监测偏差——共享信息错误归因

3. 讨论与结论

（1）刺激的情绪性在合作记忆阶段情景记忆正确回忆量上存在差异性影响

其一，不区分项目编码者来源的合作记忆提取目标在合作记忆阶段中情景记忆正确回忆量上的优势存在稳定性。该结论和实验 2a 的结论相一致，也就是说和合作记忆提取目标是提取共享和部分共享项目的排他组相比，对不用区分编码项目编码者来源为合作记忆目标的包容组被试来说，始终表现出其在合作记忆阶段项目回忆和来源提取任务上的记忆绩效优势。结合实验 2a 和此实验的共同结论可推出包容组在合作记忆绩效上的优势不会因为同时存在三种情绪性质刺激（积极、中性和消极）或单纯中性情绪性质刺激可能带来的记忆差异而导致差异，这也说明合作记忆目标对合作记忆阶段正确回忆量起到至关重要的作用。

其二，不管在何种合作记忆提取任务中，不同情绪效价刺激的情景记忆绩效存在显著性差异。该实验纳入刺激的情绪性这一变量，探讨合作和刺激的情绪性是否以及如何影响个体记忆及记忆来源监测偏差。在合作记忆阶段，和积极、消极刺激的项目记忆绩效相比，中性刺激的项目记忆绩效显著较高，而在来源记忆中积极刺激的记忆绩效存在优势。该部分的结论和实验 1b 的结论保持一致，实验 1b 发现中性刺激相较于情绪刺激来说合作抑制更强，且刺激情绪性对项目记忆和来源记忆任务条件下的合作抑制的影响明显不同。本实验的结果再次证明合作回忆阶段情景记忆绩效受情绪刺激性的调节，且项目回忆和来源提取上体现的不同情绪效价刺激在记忆绩效上的差异结果也再一次支持双重加工理论模型（Ke et al.，2017；Mao et al.，2015；Wang & Fu，2011）。此外，根据提取策略破坏假说推论中性词比情绪词表现出更好的项目记忆绩效，而没有在来源记忆中出现类似的情绪增强效应的原因主要有两个：一是经过合作记忆的交流和相互影响，导致个体在编码学习阶段对中性刺激形成的最优记忆策略在回忆提取阶段受到更强的破坏，因而导致合作抑制就越强（Maswood et al.，2022；Nie et al.，2023；Whillock et al.，2020）；二是由于更为自由、宽松的提取目标会导致被试在合作记忆阶段更多依赖外部来源（同伴）检索记忆，而非更多利用内部来源线索（对编码信息的自动化思维、认知痕迹、提取线索）的提取（Johnson et al.，1993；Johnson et al.，1981；Mitchell et al.，2003），造成对情绪刺激的提取干扰。

（2）不同合作记忆提取任务会影响个体对情绪词记忆来源监测准确性

首先，真实社会合作与虚假社交情境对个体单独记忆来源监测产生差异影响，具体体现在 2 种真实社交条件下（排他组、包容组）均发现个体记忆来源正确监测量都显著高于虚假社交条件下"合作组"（即控制组），即不管要求被试只回忆 3 人共同编码或任意 2 人共同编码项目的还是不要求被试区分信息编码来源的记忆提取任务下，被试对记忆来源监测的准确性都显著高于缺少任何真实社会互动的合作记忆提取任务下的记忆来源监测的准确性，这点支持了实验 2a 的结论（Jalbert et al.，2021）和假设 4.1 相符，也就是说在单纯只有中性情绪效价刺激的条件和在三种情绪效价刺激同时存在的条件中，不会对排他组在个体记忆来源监测准确性上的优势效应产生显著差异影响。由此可说明不同组别被试因记忆任务不同而导致记忆目标的不同对记忆提取的正确性监测起到至关重要的作用（Hirst & Yamashiro，2018；Pasupathi，2001）。和控制组被试相比，被试在与同伴共同回忆时会更多考虑个人和情感反应，也会更多地将注意力资源集中在监测信息正确性上，而对于没有任何特殊要求的控制组被试来说，则对记忆内容的细节关注会更少（Hyman，1994）。

其次，通过对两种真实社交情景下个体对记忆来源监测的准确性相比较发现，排他组的记忆来源监测正确性最突出。该结论验证了假设 4.1 的后半部分，也再次验证实验 2a 的结论。由此可见，排他性的明确、精准的合作记忆目标对个体记忆来源监测的准确性造成了稳定的影响，这也和 Hyman et al.（2014）的研究结果相同。排他性的记忆提取目标帮助被试在目标压力的基础上集中更多的注意力资源在评估所提取的项目的外部来源准确性上，导致监测标准较为严格，因而在一定程度上提高了来源记忆监测的准确性，而包容性的记忆提取目标可能给被试传达的是只在乎记忆提取的数量而非质量的信号，被试注重"越多"的提取编码信息，而非确保所提取的记忆项目"越好"，从而在一定程度上影响了记忆来源监测准确性，也在一定程度上造成监测方向性上的偏差。

最后，不管在何种合作记忆提取目标之下，被试对积极刺激的记忆来源监测准确性最高。该结论部分支持了假设 4.3，侧面表明刺激的情绪性对个体记忆来源监测准确性造成影响，且刺激的积极情绪效价表现在记忆来源监测上的优势，表现出个体对积极情绪刺激的监测偏好，对以上结论的解释是积极刺激通常会激活个体内在积极的情感体验和由此带来的积极情感反应，伴随着事件的积极情感反应在一定程度会提高记忆的准确性（Johnson et al.，1993）。

（3）个体在合作记忆阶段提取的中性刺激记忆来源监测偏差中存在社会传染效应倾向

其一，本实验在三种合作记忆提取任务下个体对合作回忆阶段提取刺激的记忆来源监测均存在偏差的基础上，发现个体对合作记忆阶段提取的中性刺激易出现编码者归因偏差。此结论和假设 4.4 期待的个体在对合作记忆阶段提取的情绪刺激记忆来源监测偏差中体现"剽窃"记忆的倾向相违背，也和实验 1b 中得出刺激的情绪性诱发的记忆社会传染效应结论相反，但这也从合作记忆提取目标和提取信息的差异上为两个实验截然不同的结论找到可能的解释。原因之一是：个体依旧会将合作中的记忆被用作自己后来的个人记忆（Cuc et al.，2006；Hyman et al.，2014），本实验表明在不同合作记忆提取任务和目标下被试对无任何情绪色彩的普通刺激更容易产生编码者错误归因，从而产生社会传染效应，而对情绪色彩强烈的积极和消极词汇更倾向于错误归因于同伴，而实验1b中并未设置不同的组别提取目标表现出相反的错误归因。原因之二，从来源监测框架视角来看信息的类型、清晰度和完整会影响个体对记忆来源的归因（Johnson，2006；Johnson et al.，1988），在合作记忆阶段中个体所提取的信息类型不同影响个体对合作后的单独记忆来源归因，在本实验中不同组别的记忆提取信息的类型较单一和狭隘，而在实验1b中信息类型的完整性会更强，为个体记忆来源监测提供更丰富检索线索，从而造成了两个实验不同的结论。

与此同时，个体对积极刺激表现较多的"自我"记忆来源监测偏差，出现"剽窃记忆"的社会传染效应，而对消极刺激则表现较多的"同伴"记忆来源监测偏差。本研究为了比较被试是否对不同情绪性刺激的记忆来源监测错误表现出了方向偏差，即将原本共享项目和同伴编码的项目监测归因为自我编码过的项目的频率与共享项目、自我编码的项目监测归因为同伴编码过的项目的频率进行比较，发现了错误归因倾向和情绪效价的交互作用，表现为个体更倾向"剽窃"他人编码的积极（美好、正面）刺激，并将其错误归因为自我编码过的项目，出现更强的社会传染效应，而个体更倾向"泄露"消极（不好、负面）刺激，并将其错误归因为同伴编码过的项目，以上结果和现实情境较为符合，也就是个体一般都认为自我和美好、积极向上、正面的事物更匹配，将不好的、负面的事物都是来自外界的，侧面表达了对自我更高更完美的美好愿望。

（4）个体对共享信息的记忆来源监测中产生"虚假认同"效应倾向

总体而言，个体对共同编码的信息（共享项目）的记忆来源监测偏差出现"虚假认同"效应。此结论和实验2a一致，即在单纯的中性刺激材料和同时存在三种情绪刺激材料中均发现个体对之前编码的共享项目的记忆来源监测会更多地出现由自我-共享的方向性偏差，而非倾向出现同伴-共享的方向性偏差。本实验进一步发现相对于包容组和控制组，排他组被试更倾向出现共享项目的记忆来源监测偏差，这和实验2a中的结论一致，可能原因在于本实验采用的不同情绪效价刺激会激发个体产生不同的情感体验，在一定程度上干扰了被试对记忆提取策略和记忆来源监测的正确性。另外，但是很多情况下监测偏差也会产生积极作用，因为个体在社会互动中通常需要建立社会纽带，而"剽窃"和"分享"记忆的倾向可以加强社会人际关系，并表明群体关于过去的记忆是共享的，拥有集体记忆，所以不排除理应更注重来源准确性的排他组也会监测失败，出现明显的监测偏差。

另外，正如实验 2a 中所述，以往研究表明个体存在"剽窃"记忆和"虚假认同"记忆来源监测偏差的程度取决于与他们合作的人，人们更有可能采用来自相似他人的信息（Hollins et al.，2016b；Lindner et al.，2012）以及来自他们关系密切的人的信息（French et al.，2008）。此外，对于那些有着更相似经历的人，"虚假认同"会更强（Ross & Ward，1996）。当人们从同一社会群体中的人（例如同一所大学的人）那里获得信息时也更有可能经历社会共享提取引发的遗忘（Coman & Hirst，2015）。本实验被试都是同龄的大学生，这可能会导致比其他人群出现更多的"剽窃"和"分享"记忆的情况。当然，合作同伴的性质也可能影响这些偏差发生的可能性。当个体看到合作同伴和自己之间存在重要差异的情况下他们不太可能将同伴的记忆作为自己的记忆。此外，不同重叠程度的信息类型也会导致记忆在不同程度上重叠，从而影响个体如何进行记忆来源归因（Hyman & Neisser，1992）。

积极情绪共享刺激更容易产生记忆来源监测偏差。当本实验详细研究个体对三种情绪效价共享刺激的记忆来源监测偏差差异时发现个体偏好对积极情绪共享刺激产生记忆来源监测偏差，该部分结论是在个体更倾向"剽窃"他人编码的积极（美好、正面）刺激的基础之上的进一步延展，即个体倾向于"由己推人"，错误地认为他人或群体也会有自身"美好、正面"的一面。另外，在刺激编码阶段中发现积极刺激的编码正确性要相对低于其他两种情绪效价刺激，这在一定程度上降低被试对积极情绪刺激的记忆来源监测准确性，且被试在相信自我和相信同伴之间选择相信自我，错误地认为自己编码过的项目也是同伴或群体编码的项目，表现出一种"乐观主义"心态。

（三）小　　结

第一，无论在单一中性刺激或同时存在三种情绪刺激中，不同合作记忆提取任务对情景记忆两分支记忆的正确回忆量的影响存在差异性，即包容组在情景记忆绩效上存在相对优越性，且较为稳定。

第二，不管在何种合作记忆提取任务中，不同情绪效价刺激的情景记忆绩效存在显著性差异。表现在合作记忆阶段，中性刺激的项目记忆绩效显著较高，而在来源记忆中积极刺激的记忆绩效存在优势，验证了双重加工理论模型。

第三，无论在单一中性刺激或同时存在三种情绪刺激中，有无真实社会合作情境对个体记忆来源监测准确性产生差异影响。体现在2种真实社交条件下（排他组、包容组）个体记忆来源正确监测量都显著高于虚假社交条件下"合作组"（控制组）的记忆来源正确监测量。

第四，个体记忆来源监测偏差中更倾向产生"剽窃"记忆的社会传染效应倾向，体现记忆领域的"利己主义"。且该种倾向在中性刺激中最为显著。

第五，个体在共享信息的记忆来源监测中产生"虚假认同"效应倾向，体现记忆领域的"理想主义"，尤其是排他组个体更容易错误地将共享信息归因于自我而非同伴。

第三部分：社会压力对情景记忆社会传染效应的影响研究

　　尽管本书第一部分和第二部分已验证了社会传染效应的普遍存在性和特异性，但考虑到第一部分和第二部分中都未告知被试小组内成员编码的材料存在不同，这在一定程度上降低了被试对信息来源的监测性，被试因此容易忽略合作同伴提供错误信息的可能性，从而将更多的注意力资源放在个人能力而非更好完成任务目标上；此外，第一部分和第二部分都潜藏着合作记忆目标和压力对个体记忆绩效和记忆来源监测可能产生影响，具体来说，第一部分的指导语要求被试尽可能多地回忆先前编码过的信息，这就容易导致被试将注意力放在体现个人记忆能力上而忽略了对来源信息的监测，也容易增加被试对合作同伴提供信息的心理依赖，引发更多的社会传染错误；而第二部分中不同合作记忆提取任务和目标组的设置也很容易联想到合作记忆的目标对社会传染效应的影响。因此我们猜测第一部分中可能存在影响情景记忆社会传染效应出现的重要因素——被试在实验中感受到不同程度的压力，加之前人已证实社会压力对社会传染效应存在积极和消极影响（Andrews-Todd et al. ，2021；Corbetta ＆ Shulman，2002；Kanfer ＆ Ackerman，1989）。因此，在第一部分已验证社会传染效应普遍存在于合作后的个体情景记忆中且第二部分证实不同合作记忆提取任务对个体记忆来源监测偏差造成社会传染效应和"虚假认同"效应倾向的基础上，被试作为编码者自身在合作记忆中感知到的情境和任务压力是否对情景记忆社会传染效应现象产生影响也是亟待探究的问题，即社会压力对情景记忆社会传染效应是否存在影响以及是否存在抑制或促进影响是第三部分探究的主要问题，该问题的澄清对探究项目记忆和来源记忆社会传染效应现象的影响机制有促进作用。

　　综上所述，第三部分在注意力控制理论视角下聚焦影响社会传染效应的情境特征关键因素——社会压力，通过 2 个实验来回答社会合作中是否存在压力以及不同压力类型如何影响个体情景记忆中的社会传染效应这一问题。和第一部分相似，实验 2a 采用中性刺激，旨在探讨社会压力类型对个体中性词情景记忆的社会传染效应的影响。实验 2b 采用情绪词汇（含积极、中性、消极三种效价），旨在探讨社会压力类型对个体情绪刺激情景记忆社会传染效应的影响。

（一）实验 3a：社会压力对中性刺激的情景记忆 社会传染效应的影响

实验 3a 目的在于考察社会压力是否以及如何对中性刺激情景记忆的社会传染效应产生影响。本部分参考前人研究设计（Andrews-Todd et al.，2021），采用两阶段的回忆测试阶段，包括第一轮的合作回忆阶段和第二轮的个体回忆阶段，两个记忆阶段均包括序列反应范式（Nie & Li，2021），在两阶段中均采用引发目标导向的压力、个人导向的压力和无压力合作情境的指导语，且在两阶段的回忆测试阶段后进行记忆来源监测再认测试评估被试来源监测能力和对被试体验到的社会压力感进行问卷调查以检验不同类型的压力指导语是否起到作用。由于社会压力对个体情景记忆社会传染效应的影响主要表现在第二轮回忆提取阶段的社会传染效应分析和来源监测评估阶段中可能存在的差异性表现，下面将分别就第二轮回忆阶段和记忆来源监测阶段阐述实验 3a 的具体实验假设。

假设目标导向压力和个人导向压力对社会传染效应存在不同的影响。首先，对于个体回忆阶段，假设 5.1 预测与目标导向压力或无压力条件下的回忆绩效相比，个人导向压力操纵下的回忆绩效将促进社会传染效应的产生。这是基于个人导向压力应该涉及将资源分配给予任务无关的因素（例如，对自我形象的关注、能力）而不是促进绩效的任务相关过程（例如，监控、评估）的观点。相比之下，在目标导向的压力条件下，被试不太可能回忆错误传播项目和错误传播项目的来源信息，因为目标导向的指导语鼓励被试将注意力关注在合作回忆期间的准确性检测。如此，注意力控制理论得到验证。其次，基于本列实验之前的发现，假设 5.2 依旧期待项目记忆和来源记忆下的社会传染效应存在显著差异，体现项目记忆的优势。最后，对于来源监测阶段，假设 5.3 预测经历个人导向压力的被试比在目标导向压力和控制条件下的被试表现出更差的来源监测能力，而目标导向压力可能会增强被试对不准确性记忆来源的监测。

1. 方法

（1）被试

本实验招募了 108 名大学生作为被试（58 名男生，50 名女生），平均年龄 19.42±0.86 岁，所有被试被分配到目标导向压力条件、个人导向压力条件、无压力三种实验条件的合作组中，即每组条件共有 12 组被试，且 3 名被试组成每种组别条件下的合作组单元。每名被试只能被安排在一种实验条件中，且每种条件含个体单独编码阶段、合作回忆阶段、个体回忆阶段、记忆来源监测阶段和问卷调查阶段。

实验前，为了确保具有统计效力的合适样本量，使用 MorePower 6.0.4 软件（Campbell et al.，2012）进行计算，本实验在每组至少需要 32 名被试，由此可见本实验所具备的每组 36 名被试的样本量是充足的。

（2）实验设计

实验 2a 采用 3（组别：目标导向压力组，个人导向压力组，无压力组）×3（项目类型：共享，部分共享，非共享）×2（来源类型：宋体，华文行楷）×2（记忆任务：项目记忆，来源记忆）的混合实验设计。其中，只有组别为被试间变量，其余均为被试内变量。

（3）实验材料

本研究采用的 195 个从 ANEW（英语词汇情感规范）列表中选出的（Bradley & Lang，1999）中性词汇作为正式实验的刺激，其中和实验 1a 一样 165 个词汇作为编码刺激，30 个新词汇用于来源监测测试阶段刺激，本实验采用的刺激数量均高于以往研究。个体单独编码阶段依旧被分为 5 个不同的 block，在每个 block 中每名被试应该学习 18 个项目，包括 6 个共享项目、6 个部分共享项目和 6 个非共享项目，每名被试共学习 120 个项目，每组被试学习的项目数量见表 1-1。来源监测再认测试（Meade & Roediger，2002）同样被分为 5 block，每个 block 中每名被试需再认 24 个项目，包含 6 个共享项目、6 个部分共享项目、6 个非共享项目和 6 个新项目。

（4）实验流程

对于练习实验和正式实验，采用了修正版的社会传染效应三阶段范式，包括个体单独编码阶段、三种实验条件下的合作回忆阶段、最终的个人回忆阶段，遵循了 Choi 等人（2014，2017）的研究，在最终的个人回忆阶段后设置来源监测再

认阶段和问卷调查阶段(见图 3－1 实验程序)。除了这五个阶段外,每个 block
内部设置干扰任务和休息(每个 block 的实验程序示意图见图 3－2)。全程实验
需要大约 1 个小时完成,以下是对每个阶段进行重点描述。

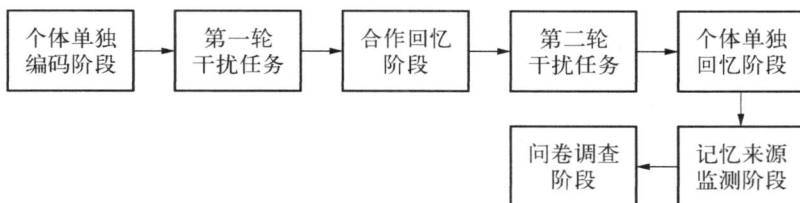

图 3－1　实验 3a 实验程序

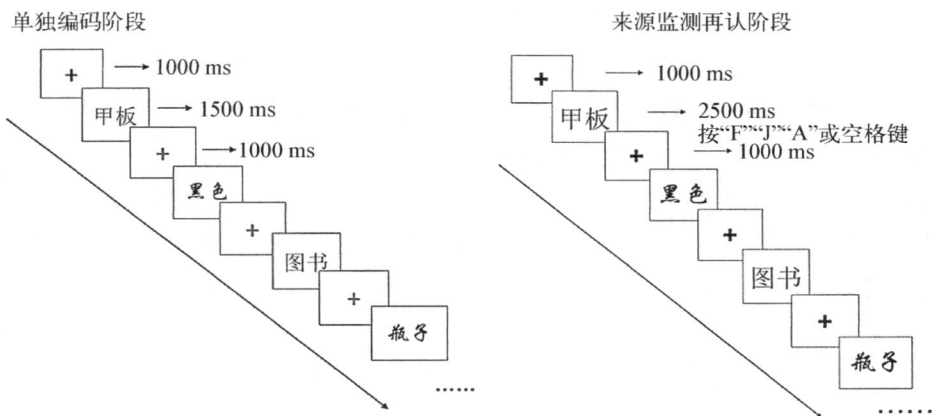

图 3－2　实验 3a 每个 block 的实验程序示意图

　　实验 3a 在个体单独编码阶段和干扰任务阶段的操作和实验 1a 相同。简单
来说,个体单独编码阶段中每组的三名被试单独进行编码任务,但被引导同时开
始任务,要求被试快速准确地记住显示的词汇及其相关的字体来源类型(宋体或
华文行楷),但无需做任何书写标记。每个项目呈现 3 500 ms,其中包括在屏幕
中心显示 1 000 ms 的"＋"的注视交叉,以集中被试的注意力,项目本身在屏幕
中心出现 1 500 ms,随后是 1 000 ms 的 ISI(刺激间隔)。这些项目以伪随机序列
显示。有关编码阶段和词汇示例的示意图,请参见图 3－2。个体单独编码阶段
结束后设置干扰任务阶段,所有被试都被要求在 1 分钟内完成一些简单的数学
任务,并把每个数学任务的答案写在纸上。在分散注意力的过程中,所有被试都
被要求单独就座。

合作回忆阶段。当干扰任务结束后，三组条件下的被试被要求进行回忆测试。通过将被试的表现与他人（南京大学的大学生）进行比较，从而引发被试的压力感（Baumeister & Showers，1986）。不管在何种压力条件下的合作记忆任务，被试都被要求又准又多地回忆先前编码过的项目。对于每个 block，每种条件下每组的三名被试被要求聚集在一张桌子前共同完成回忆测试。回忆方式和以上实验类似，依旧通过自由回忆方式进行的（Abel & Bäuml，2020；Choi et al.，2017；Kensinger et al.，2016)，来源信息提取方式也依旧采取序列范式来完成的（Nie et al.，2019；Nie & Deng，2023；Nie et al.，2022；Nie et al.，2023；Ventura Bort et al.，2016)，回忆内容依旧通过纸笔测试来完成的。因此该阶段的回忆时长为 3 分钟，没有对他们进行其他的限制规定。下面将分别介绍三种条件下的合作记忆阶段的操作程序：

第一种：个人导向压力组合作回忆阶段。在个人导向压力条件下，主试向被试介绍以往的研究表明与南京大学的大学生相比，浙江大学的学生曾在类似评估个体高阶认知能力的实验任务中表现较差。他们被要求再次完成此项评估高阶认知能力的合作回忆任务。这样操作旨在增加社会比较的压力，并且将任务呈现为自我相关、诊断性或评价性的框架，将其注意力转为表现自我能力方面从而引发压力感（Baumeister & Showers，1986)，并且被试被告知在完成该任务时全程将会被录像，录像的原因是为了了解为什么浙江大学的学生表现如此糟糕的原因。通过这样类似引入了社会评价或观众关注的操作进一步提高被试自我意识和对他人面前表现不佳的恐惧来引发表现压力（Beilock et al.，2004；Eysenck et al.，2007；Mesagno et al.，2012)。具体的指导语内容为："最近，关于浙江大学和南京大学的学生在高阶认知方面是否存在表现差异存在一些争议。南京大学的学生已经完成了直接评估包括推理、清晰思考和有效解决问题的能力高阶认知实验。当同样的实验在浙江大学同学群体中进行时，大家往往表现比南京大学学生更差。我们正在努力寻找为什么会发生这种差异的原因。我们将让你与你的合作同伴们一起回忆你学习过的词汇，这项任务将直接评估你的高阶认知能力。再次强调，当南京大学和浙江大学学生完成这个任务时，浙江大学学生一直表现比南京大学学生更差。对于这个回忆任务，请你们三人自由回忆之前学习过的项目及其来源类型，我们希望你们在这个任务上尽力而为。此外，你们的表现将被录像，以便研究人员检查和研究你们的表现，找出为什么浙江大学学生在这个任务上表现不佳的原因。"

　　第二种：目标导向压力组合作回忆阶段。目标导向压力条件下的被试首先学习了社会传染效应，他们被告知南京大学学生能够克服这种效应，而浙江大学学生则不能。被试也被告知他们的表现将被录像。这种指导语的操纵也利用了表现压力和社会评价的元素，但是更倾向体现了表现目标（Hofmann，1993；Locke & Latham，1990；Mento et al.，1987）。具体的指导语内容为："研究表明，当人们合作回忆信息时，他们可能会受到同伴回忆并提供的不准确信息的影响，以至于他们会在之后的单独回忆中再现这些不准确的信息并认为它们是真实的。为了减少这种影响，南京大学学生在进行这项实验的合作回忆任务之前被告知了这种影响，结果显示当他们在合作之前意识到这种影响时能够克服它，并且不受同伴提供的不准确信息的影响。最近，浙江大学也完成了同样的研究，浙江大学学生一直无法克服这种影响，并受到同伴提供的不准确信息的影响。我们很好奇为什么会发生这些差异。因此需要你们完成相同的任务，以了解你们如何抵御可能由你们的合作同伴提供的不准确信息。在这个任务中，我们将让你们三人一起回忆你们之前学习的信息，请你们三人自由回忆之前学习过的项目及其来源类型。我们希望你们在这个任务上尽力而为。此外，你们的表现将会被录像，以便研究人员检查和研究你们的表现，找出为什么浙江大学学生在这个任务上表现不佳的原因。"

　　第三种：无压力合作回忆阶段。无压力控制条件下的被试只是被告知他们将完成一项合作回忆任务，没有任何关于潜在比较组或表现期望的额外信息。具体的指导语内容为："我们将让你们三人一起回忆你们之前学习的信息。请你们三人自由回忆之前学习过的项目及其来源类型。我们希望你们在这个任务上尽力而为。此外，你们的表现将被录像，以便研究人员研究和检查你们的表现以找出为什么浙江大学学生在这个任务上表现不佳的原因。"

　　第一轮休息阶段。根据之前的研究操作（Choi et al.，2017；Nie et al.，2023），我们用休息代替分心的任务，以减少过度信息输入对记忆表现的负面影响。当合作回忆测试完成时，全体被试被要求回到他们之前的座位上休息两分钟。此阶段不允许进行任何讨论或其他互动。

　　个人单独回忆阶段。在这个环节中，每个被试都被告知在自己电脑前单独回忆之前学习过的项目及其之前显示的字体，其他操作和上一阶段回忆任务相同。每名被试都接收到了个人单独回忆阶段的指导语，又再次潜在地进行了压力转化。实验者假装重新调整摄像机以使被试相信在两种压力条件下的视频录制。

第一种：个人导向压力组个人单独回忆阶段。在个人导向压力条件下，被试被告知个人回忆任务也评估高阶认知，而浙江大学学生在这个任务上表现比南京大学学生更差。具体的指导语内容为："现在，我们希望你自己回忆学习过的内容。这也是测试高阶认知能力的一种方式。再次强调，当南京大学和浙江大学的学生完成这个特定任务时，浙江大学学生一直表现比南京大学学生更差。你将有 2 分钟时间写下尽可能多的所学项目及其来源类型。在这个任务期间，你的表依旧会被录像，研究人员将观察检查和研究你在这种类型的任务上的表现，以便找出为什么浙江大学学生表现如此糟糕的原因。"

第二种：目标导向压力组个人单独回忆阶段。在目标导向的压力条件下，被试被告知这是评估个体对合作同伴产生的不准确信息的抵抗力的任务，而浙江大学学生在这个任务上也表现得比南京大学学生更差。具体的指导语内容为："现在，我们希望你自己回忆学习过的内容，这和南京大学学生完成的实验相同的。再次强调，当南京大学和浙江大学学生完成这个特定任务时，浙江大学学生更多地回忆出了他们的合作同伴提供的不准确信息，相比之下，南京大学学生较少回忆不准确的信息。你将有 2 分钟时间写下尽可能多的所学项目及其来源类型。在这个任务期间，你的表现依旧会被录像，以便研究人员检查和研究你在这种类型的任务上的表现，以找出为什么浙江大学学生表现如此糟糕的原因。"

第三种：无压力个人单独回忆阶段。在控制条件下，仅提供完成个人单独回忆的指导。具体的指导语内容为："你将有 2 分钟时间写下尽可能多的所学项目及其来源类型。在这个任务期间，你的表现也将被录像，以便研究人员检查和研究你在这种类型的任务上的表现，以便找出为什么浙江大学学生表现如此糟糕的原因。"

记忆来源监测阶段。在个人单独回忆阶段后，所有被试均需要单独完成 21 项来源监测再认测试。和编码阶段一样，被试坐在距离电脑屏幕约 60 cm 的地方，并被告知将视力集中在与屏幕中心相同的高度，之后三名被试都被告知对屏幕显示的词汇及其相关的来源类型进行来源判断任务。屏幕中心首先显示 1 000 ms 的"＋"的注视交叉，每个项目呈现 2 500 ms，以此类推，被试还被要求按下四个不同的按键来表示每个项目的来源（仅学习列表、仅同伴、两个来源或都不是）。"F"表示"学习过的项目"、"J"表示"一个同伴学习过的项目"、"A"代表"两个同伴共同学习过的项目"、"SPACE"表示"新项目"。这些项目以伪随机序列显示，呈现的项目中有 3 个是共享项目、6 个每两个合作同伴共享的项目、3 个非共享项目以及 3 个新项目。如果被试记得只是自己学习过的项目即点击"F"（学习过的项目）；如果单纯只有一个同伴提供了这个项目，则点击"J"（一个同伴学习过的项目）；如果两个同伴都提供了这个项目，但它没有出现在自己学习过的项目列表中，则点击"A"（两个同伴学习过的项目）；如果以上都不是，则选择"SPACE"（新项目）。

问卷调查阶段。在来源监测再认测试任务之后，被试需要完成 6 个 7 点调查问题（Beilock et al., 2004）。在每个问题中被试都要求选择符合自己程度的分数，每个问题及分数代表含义如下所示：① 在合作回忆阶段中，你觉得抵制不准确信息的压力程度有多少，1 分代表极少的压力，7 分代表极多的压力；② 在个人回忆阶段中，你感到抗拒不准确信息的压力程度有多少？1 分代表极少的压力，7 分代表极多的压力；③ 你觉得自己要比南京大学学生表现得更好的压力有多少？1 分代表极少的压力，7 分代表极多的压力；④ 你觉得和南京大学学生相比，我们学校学生在抵制来自同伴不准确信息上做得怎么样？1 分代表比南京大学学生差得极多，7 分代表比南京大学学生好得极多；⑤ 你觉得和南京大学学生相比，我们学校学生做得怎么样？1 分代表比南京大学学生差得极多，7 分代表比南京大学学生好得极多；⑥ 你对我们学校学生的认同感有多强烈？1 分代表非常不认同，7 分代表非常认同。

2. 数据分析与结果

实验 2a 所使用的数据分析方法和参数设置和实验 1a 保持一致。同样道理，本数据分析部分将按照两轮回忆阶段分别汇报在项目回忆和来源记忆任务下的正确和错误记忆量，最终重点分析合作对情景记忆的消极影响——社会传染效应量。对于项目记忆，本实验主要关注其平均正确回忆个数和虚报量，来源记忆采用 CSIM 作为指标和虚报量。社会传染数据关注项目记忆的社会传染效应量、来源记忆社会传染效应量和社会传染效应率。

（1）压力感问卷分析

总体上来看，被试对压力操作调查问题的回答表明本实验压力操作是成功的。在第一个问题即"在合作回忆中你觉得抵制不准确的信息的压力感程度有多少？"发现了组别差异，$F(2, 107) = 18.351$，$p < 0.001$，$\varepsilon = 1.000$，$\eta_p^2 = 0.224$，表现为目标导向压力组（$M = 4.138$，$SE = 0.077$）和个人导向压力组都

显著高于无压力组（$M=2.741$，$SE=0.076$）的回忆量，$p<0.001$，$MD=0.851$，$\varepsilon=1.000$，95%CI $[0.709, 0.993]$和 $p<0.001$，$MD=0.625$，$\varepsilon=1.000$，95%CI $[0.632, 0.907]$，在目标导向压力组和个人导向压力组中并未发现显著性差异（$p=1.000$）。在第二个问题"在个人回忆阶段中，你感到抗拒不准确信息的压力程度有多少？"、第三个问题"你觉得自己要比南京大学学生表现得更好的压力有多少？"中也发现了类似的结果，$F(2，107)=13.994$，$p<0.001$，$\varepsilon=1.000$，$\eta_p^2=0.182$ 和 $F(2，107)=37.244$，$p<0.001$，$\varepsilon=1.000$，$\eta_p^2=0.466$。目标导向压力组（$M=4.681$，$SE=0.063$）和个人导向压力组（$M=4.034$，$SE=0.052$）的被试都比无压力组（$M=2.963$，$SE=0.077$）的被试感到更大来自抵制合作同伴提供的不准确信息的压力，$p<0.001$，$MD=0.631$，$\varepsilon=1.000$，95%CI $[0.631, 0.974]$和 $p<0.003$，$MD=0.701$，$\varepsilon=1.000$，95%CI $[0.568, 0.891]$，目标导向压力组和个人导向压力组中的被试无显著差异（$p=0.285$）。和无压力组（$M=1.387$，$SE=0.614$）被试相比，目标导向压力组（$M=4.146$，$SE=0.063$）和个人导向压力组（$M=4.172$，$SE=0.072$）被试都报告了要表现得比南京大学学生更大的压力，$p<0.001$，$MD=0.533$，$\varepsilon=0.997$，95%CI $[0.364, 0.654]$和 $p<0.001$，$MD=0.674$，$\varepsilon=1.000$，95%CI $[0.452, 0.753]$，同样地，在两类压力导向组内未发现显著差异（$p=1.000$）。

在第四个问题"和南京大学学生相比，我们学校学生在抵制来自同伴不准确信息上做得怎么样？"中也发现了预期的组别间的显著性差异，$F(2，107)=7.780$，$p<0.001$，$\varepsilon=1.000$，$\eta_p^2=0.126$，和个人导向压力组（$M=4.213$，$SE=0.033$）和无压力组（$M=4.381$，$SE=0.015$）相比，目标导向压力组（$M=3.506$，$SE=0.042$）的被试报告了自我感觉和南京大学学生相比，浙江大学的学生在抵制来自合作同伴不准确信息上表现得更差，$p=0.05$，$MD=0.832$，$\varepsilon=1.000$，95%CI $[0.352, 0.661]$和 $p=0.002$，$MD=0.758$，$\varepsilon=1.000$，95%CI $[0.465, 0.789]$，同样地，在个人导向压力组和无压力组间未发现显著差异（$p=0.822$）。在第五个问题"你觉得和南京大学学生相比，我们学校学生做得怎么样？"中也同样发现了组别显著差异，$F(2，107)=15.783$，$p<0.001$，$\varepsilon=1.000$，$\eta_p^2=0.236$，和目标导向压力组（$M=4.000$，$SE=0.023$）和无压力组（$M=4.501$，$SE=0.030$）相比，个人导向压力组（$M=3.249$，$SE=0.029$）的被试报告了浙江大学学生比南京大学学生表现得更差，$p=0.02$，$MD=0.881$，$\varepsilon=1.000$，95%CI $[0.167, 0.426]$和 $p<0.001$，$MD=1.172$，$\varepsilon=1.000$，95%

CI[0.463，0.659]，在目标导向压力组和无压力组间未发现显著差异（$p=$
0.214）。在第六个问题上"你对我们学校学生的认同感有多强烈？"上未发现组
别间的显著差异（$p=0.331$），即目标导向压力组（$M=5.362$，$SE=0.026$）、个
人导向压力组（$M=5.866$，$SE=0.032$）和无压力组（$M=5.794$，$SE=0.018$）
中的被试对浙江大学学生的认同感上处于相对类似的水平。

（2）正确记忆分析

合作记忆阶段和个人回忆阶段的正确记忆量都进行 3（组别：目标导向压力
组，个人导向压力组，无压力组）×3（项目类型：共享，部分共享，非共享）×2（来
源类型：宋体，华文行楷）×2（记忆任务：项目回忆，来源记忆）的重复测量
ANOVA。

合作回忆阶段和个人单独回忆阶段的项目正确回忆量如图 3-3 所示。在
两阶段的项目记忆任务中，均未发现组别和来源类型在正确记忆上的显著差异
（$ps>0.05$），仅只发现项目类型的主效应显著，$F(2,22)=101.977$，$p<$
0.001，$\varepsilon=0.948$，$\eta_p^2=0.126$ 和 $F(2,70)=102.395$，$p<0.001$，$\varepsilon=0.757$，$\eta_p^2=$
0.837。简单效应分析均发现在合作记忆阶段中，和共享（$M=6.833$，$SE=$
0.811）和非共享词汇（$M=5.881$，$SE=0.470$）相比，部分共享词汇（$M=$
16.024，$SE=1.273$）的正确记忆量显著较多，$p<0.001$，$MD=9.190$，95%CI
$[7.352，11.029]$ 和 $p<0.001$，$MD=0.143$，95%CI $[6.581，13.705]$；在个人
回忆阶段中，部分共享词汇（$M=7.960$，$SE=0.613$）的正确记忆量显著高于共
享（$M=4.119$，$SE=0.451$）和非共享项目（$M=2.508$，$SE=0.223$），$p<$

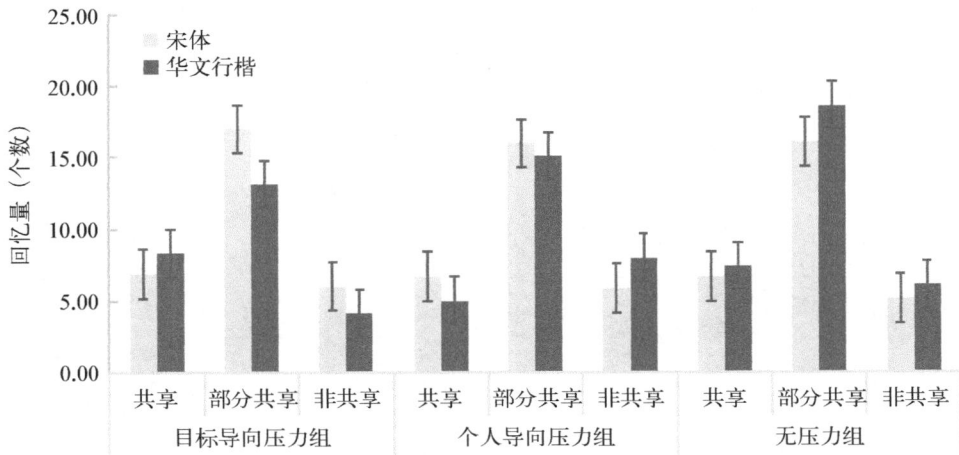

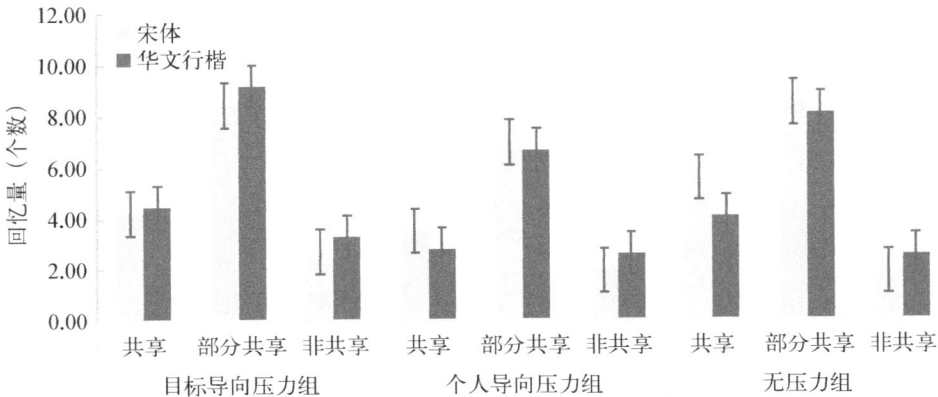

图 3 - 3   实验 3a 合作回忆阶段、个人单独回忆阶段的正确项目回忆量

0.001, $MD=3.841$, 95％CI [3.029, 4.654]和 $p<0.001$, $MD=5.452$, 95％CI [4.176, 6.729]，且共享项目的正确性显著高于非共享项目，$p=0.001$, $MD=1.611$, 95％CI [0.690, 2.533]。此外，研究均未发现任何二元或三元交互作用($ps>0.05$)。

合作回忆阶段和个人单独回忆阶段的正确来源记忆 CSIM 如图 3 - 4 所示。在合作回忆阶段中未发现组别和来源类型在 CSIM 值上的显著差异($ps>0.05$)，但发现项目类型的主效应显著，$F(2, 22)=6.205$, $p=0.018$, $\varepsilon=0.891$, $\eta_p^2=0.508$。事后检验发现和共享($M=0.513$, $SE=0.057$)相比，部分共享词汇($M=0.648$, $SE=0.058$)的 CSIM 值显著较高，$p=0.047$, $MD=0.123$, 95％CI [0.007, 0.253]。而在个体回忆阶段中仅发现组别的主效应显著，$F(2,$

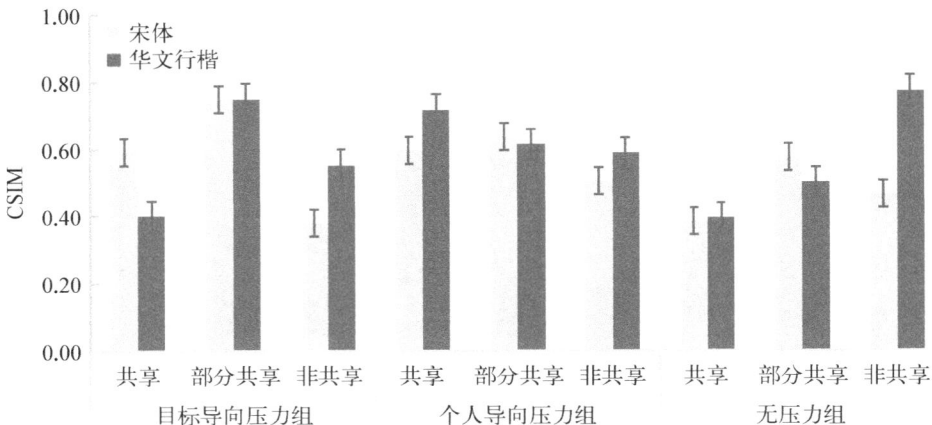

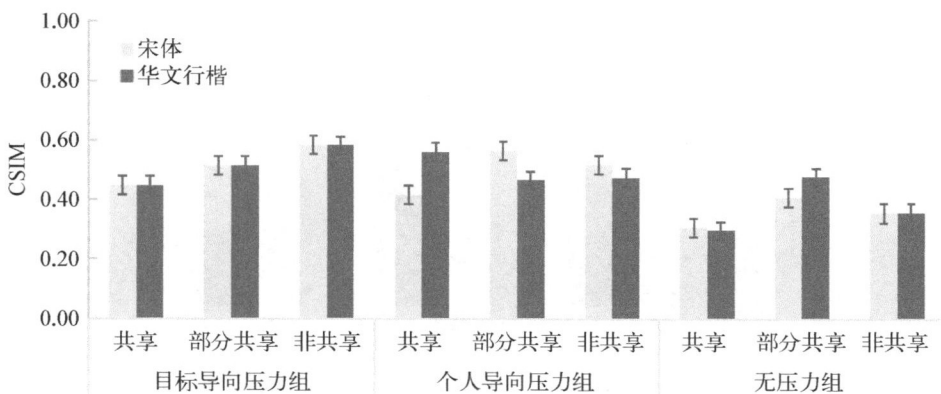

图 3‐4　实验 3a 合作回忆阶段、个人单独回忆阶段各因素来源记忆的 CSIM

$70) = 4.085$，$p = 0.024$，$\varepsilon = 0.758$，$\eta_p^2 = 0.170$，表现为目标导向压力组（$M = 0.560$，$SE = 0.057$）的 CSIM 值显著高于无压力组（$M = 0.367$，$SE = 0.053$），$p = 0.002$，$MD = 0.372$，95%CII $[0.107，0.836]$。未发现任何交互作用（$ps > 0.05$）。

（3）包含社会传染效应在内的错误记忆分析

个人单独回忆阶段的项目记忆社会传染错误和其他错误记忆都进行 3（组别：目标导向压力组，个人导向压力组，无压力组）×2（错误类型：社会传染错误，其他错误）的重复测量 ANOVA。个人单独回忆阶段项目错误记忆量如图 3‐5 所示，发现了组别的主效应，$F(2，70) = 3.530$，$p = 0.039$，$\varepsilon = 0.844$，$\eta_p^2 = 0.150$，简单效应分析发现个人导向压力组（$M = 7.571$，$SE = 0.830$）的错误记忆量显著多于无压力组（$M = 4.143$，$SE = 0.686$），$p = 0.012$，$MD = 3.429$，95%CI $[0.659，6.199]$，目标导向压力组（$M = 7.051$，$SE = 0.321$）和个人导向压力组无显著差异（$p = 1.000$）。同时发现了错误类型的主效应，$F(1，35) = 32.249$，$p < 0.001$，$\varepsilon = 1.000$，$\eta_p^2 = 0.617$，表现为社会传染错误量（$M = 8.778$，$SE = 3.762$）显著高于其他错误记忆量（$M = 3.762$，$SE = 0.596$），$p < 0.001$，$MD = 5.016$，95%CI $[3.173，6.858]$。研究并未发现两者之间的交互作用（$p = 0.087$）。以上结果说明，在社会压力作用下社会传染错误记忆高于其他错误记忆，尤其在个人导向压力组对社会传染错误记忆影响最大。

同样道理，对个人单独回忆阶段来源错误记忆量进行以上分析，结果如图 3‐6 所示，在来源记忆提取任务下，发现了组别的主效应，$F(2，70) = 5.280$，

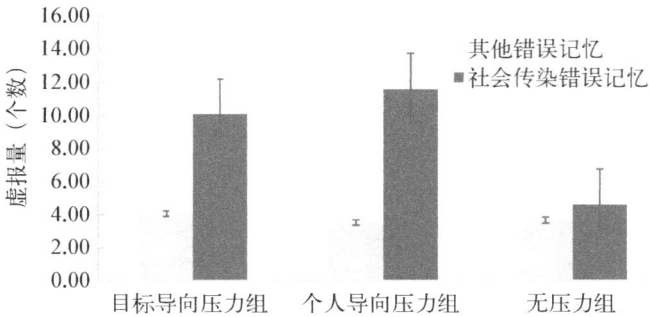

图 3 - 5　实验 3a 个人单独回忆阶段错误项目记忆量

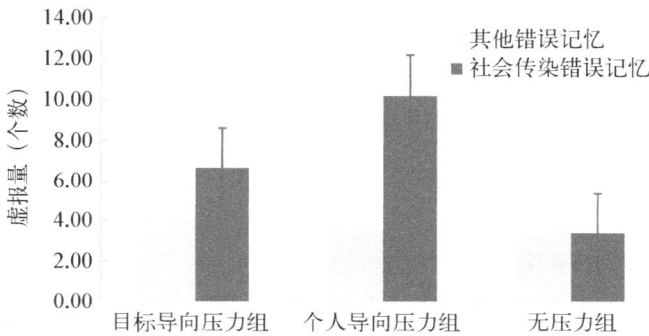

图 3 - 6　实验 3a 个人单独回忆阶段错误来源记忆量

$p=0.009, \varepsilon=0.990, \eta_p^2=0.209$，简单效应分析发现个人导向压力组($M=6.857$，$SE=0.771$)的错误记忆量显著多于无压力组($M=3.524$，$SE=0.647$)，$p=0.009$，$MD=0.983, 95\%$CI [$0.766, 5.901$]，虽然其多于目标导向压力组($M=5.828$，$SE=0.198$)虚报量，但未达到显著水平($p=0.545$)。错误类型的主效应显著，$F(1, 35)=18.058$，$p<0.001$，$\varepsilon=1.000$，$\eta_p^2=0.474$，表现为社会传染错误($M=6.746$，$SE=0.439$)显著高于其他错误($M=3.762$，$SE=0.596$)的虚报量，$p<0.001$，$MD=2.984, 95\%$CI [$1.522, 4.446$]。研究还发现两者之间存在交互作用($p=0.012$)，深度分析发现在社会传染错误记忆中个人导向压力组的记忆虚报量显著高于目标导向压力组和无压力组($ps<0.05$)，后两者无错误记忆上的显著差异，仅在个人导向压力组和目标压力组中发现社会传染错误记忆显著高于其他错误记忆($ps<0.001$)。

接下来，研究分别对两种记忆提取任务下社会传染效应的影响因素进行进一步分析。对项目回忆任务下社会传染效应影响因素进行 3(组别：目标导向压力组,个人导向压力组、无压力组)×2(来源类型：宋体,华文行楷)×2(项目类型：部分共享,非共享)的重复测量方差,结果如图 3-7 所示,出现了组别的主效应,$F(2, 70) = 91.066$,$p < 0.001$,$\varepsilon = 0.741$,$\eta_p^2 = 0.820$,简单效应分析发现个人导向压力组($M = 5.000$,$SE = 0.205$)的社会传染效应量显著高于目标导向压力组($M = 2.702$,$SE = 0.145$)和无压力组($M = 0.917$,$SE = 0.292$),$p < 0.001$,$MD = 2.298$,95%CI $[1.784, 2.811]$和 $p < 0.001$,$MD = 4.083$,95%CI $[3.151, 5.016]$,目标导向压力组社会传染效应量也显著高于无压力组 $p < 0.001$,$MD = 1.786$,95%CI $[0.918, 2.653]$。同时发现了来源类型的主效应,$F(1, 35) = 18.342$,$p < 0.001$,$\varepsilon = 1.000$,$\eta_p^2 = 0.478$,表现为宋体($M = 3.262$,$SE = 0.140$)显著高于华文行楷体($M = 2.484$,$SE = 0.185$)项目的社会传染效应量,$p < 0.001$,$MD = 0.778$,95%CI $[0.399, 1.157]$。项目类型的主效应显著,$F(1, 35) = 31.220$,$p < 0.001$,$\varepsilon = 1.000$,$\eta_p^2 = 0.610$,表现为部分共享项目($M = 3.063$,$SE = 0.151$)的社会传染效应量显著高于非共享项目($M = 2.683$,$SE = 0.130$),$p < 0.001$,$MD = 0.381$,95%CI $[0.239, 0.523]$。在交互作用方面,发现所有变量间的二元交互作用及三元交互作用显著($ps < 0.05$)。重点报告三元交互作用下组别间差异,在宋体来源的部分共享和非共享维度下均发现个人导向压力组的社会传染效应量最高,其次是目标导向压力组,无压力组的个体社会传染效应量最低($ps < 0.05$)。

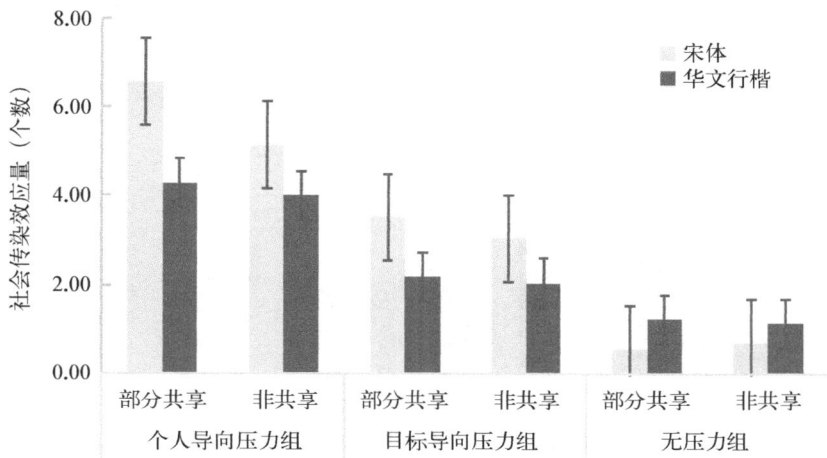

图 3-7　实验 3a 各因素项目记忆的社会传染效应量

对来源记忆任务下社会传染效应影响因素进行相同的重复测量方差，结果如图 3-8 所示，结果发现了组别的主效应，$F(2, 70)=31.945$，$p<0.001$，$\varepsilon=0.602$，$\eta_p^2=0.615$，简单效应分析发现个人导向压力组（$M=2.702$，$SE=0.133$）比目标导向压力组（$M=2.177$，$SE=0.135$）和无压力组（$M=0.845$，$SE=0.251$）的社会传染项目显著更多，$p<0.001$，$MD=0.595$，95% CI $[0.323, 0.867]$和 $p<0.001$，$MD=1.857$，95%CI $[1.145, 2.569]$，目标导向压力组的社会传染效应量也显著高于无压力组，$p=0.001$，$MD=1.262$，95%CI $[0.506, 2.018]$。同时发现了来源类型的主效应，$F(1, 35)=17.052$，$p=0.001$，$\varepsilon=1.000$，$\eta_p^2=0.460$，表现为宋体（$M=2.103$，$SE=0.130$）显著高于华文行楷（$M=1.667$，$SE=0.131$）项目的社会传染效应量，$p=0.001$，$MD=0.403$，95%CI $[0.216, 0.657]$。项目类型的主效应显著，$F(1, 35)=30.234$，$p<0.001$，$\varepsilon=1.000$，$\eta_p^2=0.602$，表现为部分共享项目（$M=2.048$，$SE=0.129$）的社会传染效应量显著高于非共享项目（$M=1.722$，$SE=0.117$），$p<0.001$，$MD=0.325$，95%CI $[0.202, 0.449]$。在交互作用方面，除了来源类型和项目类型二元交互不显著以外（$p=0.111$），其他二元或三元交互作用均显著（$ps<0.01$），重点报告三元交互作用下的组别间差异，在两类字体来源的部分共享和非共享维度下均发现个人导向压力组的社会传染效应量最高（$ps<0.05$），显著高于其他两组，且在宋体的部分共享、华文行楷的部分共享及非共享维度下都发现个人导向压力组的社会传染效应量还显著高于目标导向压力组（$ps<0.001$）。

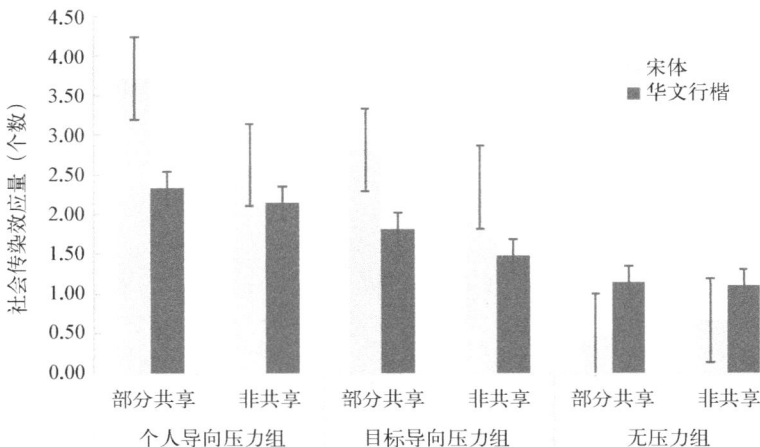

图 3-8　实验 3a 各因素来源记忆的社会传染效应量

为了横向比较受压力影响下在两种记忆提取任务即项目回忆和来源记忆中的社会传染效应程度，本研究持续采用 Choi 等人（2017）研究中使用的社会传染效应率（Contagion Ratio）对项目记忆和来源记忆中的社会传染效应错误进行量化，不同组的项目记忆和来源记忆的社会传染效应率如图 3-9 所示。3（组别：目标导向压力组，个人导向压力组，无压力组）×2（记忆任务：项目回忆，来源记忆）的重复测量 ANOVA。结果发现，组别的主效应不显著（$p = 0.337$）。记忆任务的主效应显著，$F(1, 35) = 7.421$，$p = 0.013$，$\varepsilon = 1.000$，$\eta_p^2 = 0.271$，简单效应分析发现项目回忆（$M = 0.734$，$SE = 0.031$）比来源记忆（$M = 0.697$，$SE = 0.035$）的社会传染效应率显著较高，$p = 0.013$，$MD = 0.037$，95%CI $[0.009, 0.065]$。两者交互作用不显著（$p = 0.223$）。以上结果表明，总体而言在社会压力下个体项目记忆的社会传染效应更显著。

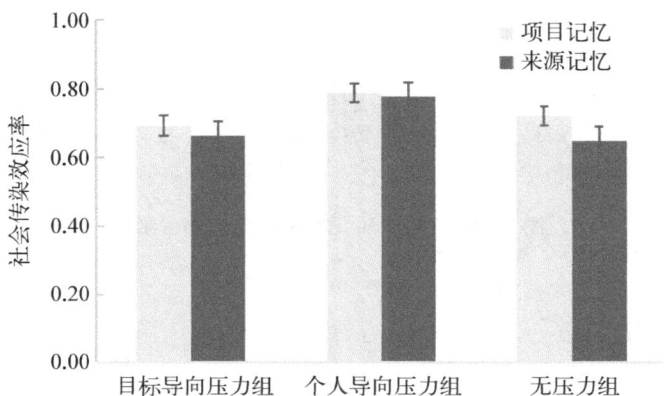

图 3-9　实验 3a 不同组项目记忆和来源记忆的社会传染效应率

（4）记忆来源监测偏差分析

同样地，对记忆来源监测偏差进行 3（组别：目标导向压力组，个人导向压力组、无压力组）×3（项目类型：社会传染项目，新项目）×2（来源类型：宋体，华文行楷）的重复测量 ANOVA，结果如图 3-10 所示，揭示了组别的主效应，$F(2, 70) = 1.041$，$p = 0.036$，$\varepsilon = 1.000$，$\eta_p^2 = 0.318$，被试在个人导向压力组（$M = 0.843$，$SE = 0.013$）和无压力组（$M = 0.764$，$SE = 0.021$）的来源监测偏差都显著高于目标导向压力组（$M = 0.621$，$SE = 0.034$），$p = 0.038$，$MD = 0.062$，95%CI $[0.006, 0.089]$ 和 $p = 0.047$，$MD = 0.039$，95%CI $[0.008, 0.058]$，但个人导向组和无压力组在记忆来源监测偏差上没有显著差异（$p = 0.361$）。此

外，项目类型的主效应显著，$F(1, 35) = 2.263$，$p < 0.001$，$\varepsilon = 1.000$，$\eta_p^2 = 0.318$，和新项目（$M = 0.274$，$SE = 0.027$）相比，被试表现出对传染项目（$M = 1.952$，$SE = 0.018$）更多的来源监测偏差，$p < 0.001$，$MD = 3.058$，95%CI $[1.011, 6.079]$。来源类型主效应显著，$F(1, 35) = 17.052$，$p = 0.001$，$\varepsilon = 1.000$，$\eta_p^2 = 0.460$，表现为宋体（$M = 0.215$，$SE = 0.013$）显著高于华文行楷（$M = 0.162$，$SE = 0.021$）项目的社会传染效应量，$p = 0.008$，$MD = 0.304$，95%CI $[0.116, 0.756]$。未发现任何的交互作用（$ps > 0.05$）。

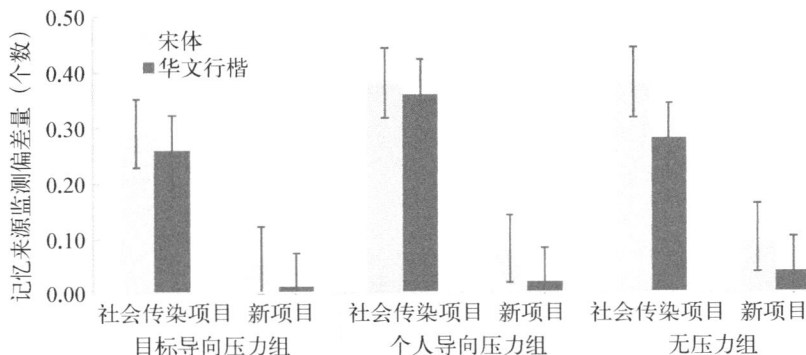

图 3 - 10   实验 3a 记忆来源监测偏差量

3. 讨论与结论

第三部分基于先前研究已证实不同社会压力对社会传染效应存在积极和消极影响的争议，及第一部分和第二部分中可能会对验证社会传染效应的普遍存在性和特异性的影响因素的考虑，在经典合作记忆研究范式的基础上增设记忆来源监测测试阶段和问卷调查阶段，考察了社会压力是否以及如何对中性刺激的情景记忆社会传染效应和记忆来源监测产生影响。主要结果表明，不同的社会压力类型对个体情景记忆社会传染效应产生不同影响，个人导向压力促进社会传染记忆和记忆来源监测偏差的产生，且社会压力对情景记忆两分支记忆的社会传染效应产生差异影响，即项目记忆中的社会传染效应更明显，验证了双重加工理论模型。下文就以上主要结果的表现及其理论机制进行详细讨论。

（1）不同社会压力类型均对个体情景两分支记忆社会传染效应存在差异影响

其一，不管有无社会压力，经历社会合作后的个体记忆中均产生社会传染效应，且经历个人导向压力的被试回忆起更多由于受合作同伴提供信息的影响产生的错误记忆，正如假设 5.1 所述的那样，以上结果和之前研究一致（Andrews-Todd, et al. , 2021）。社会传染效应涉及人们可能会有意无意地使用合作同伴在记忆提取中的贡献，例如回忆起合作同伴提供的信息，同时认为这些信息是个人经历过的信息。过去的研究已经证明，社会压力可能会影响合作记忆任务的表现（Basden et al. , 1997；Reysen, 2003, 2007；Thorley & Dewhurst, 2007）。将这些主题联系起来，本部分探讨了不同类型的压力如何影响一个人对合作同伴贡献的使用和归因，探究了个人导向压力是否与目标导向压力对社交传染效应的影响不同，为了施加压力，两个条件下的被试都被提供了证据，证明他们所在大学的学生在一项任务上表现比附近一所竞争机构的学生差异。个人导向压力通过指导完成合作和个人回忆任务时"表现出能力"的说明来额外诱导，这个目标可能引发被试对表现和自我效能的关注，将资源从与任务相关的活动（如评估和来源监测）中转移出来。相比之下，目标导向压力涉及指导个体避免其合作同伴向他们提供的不准确信息的影响，这个条件为被试提供了一个明确的、与任务相关的目标，通过监控信息的来源和准确性来避免社会传染效应。目标导向压力下的被试在回忆任务上更成功，因为他们回忆起更少的合作同伴回忆的错误记忆。这些发现表明，压力可以差异化地影响社交传染效应，增加或减少人们对合作同伴不准确贡献的回忆，这取决于任务目标的指导。

以上结果和对两轮回忆阶段的正确记忆结果分析也达成一致，即目标导向压力组的被试正确记忆较多，这也就意味着他们会更少地关注和汲取合作同伴们提供的信息，相应地也会出现更少的记忆来源监测偏差错误。目标导向压力组表现较好绩效的可能原因是实验中被试收到关于可能暴露于合作同伴不准确信息贡献的警告，因为警告已被证明在记忆来源监测方面是有用的（Echterhoff et al. , 2005），收到警告的被试在识别回忆信息的来源时有助于加强对这些信息来源监测贡献的评估。相反地，个人导向压力条件下的被试对合作同伴提供的不准确信息的回忆增加，而且他们通常也比其他情况下的被试更依赖伴侣产生的准确贡献，这可能和被试更多将注意力转移到突出自我能力和表现上，使被试对其合作同伴提供信息正确与否的监测注意资源较少的原因。

其二，压力类型对情景记忆两分支记忆社会传染效应的影响存在差异性。对项目记忆和来源记忆的社会传染效应量进行横向比较发现，不管在何种压力类型下，项目记忆依旧在社会传染效应上存在优势，再次证明项目回忆和来源提取对回忆过程依赖程度不同的双重加工模型，假设5.2得到验证。由于被试均未提前告知编码的不同，所以对于每名被试来说在合作阶段同伴成功提取的信息也很大程度被看作是"正确记忆"，但实际是社会传染记忆，在个体提取阶段中被试对这些"正确记忆"内容的检索难度不一，项目回忆难度相对较低，被试在回忆提取阶段主要将注意力资源优先评估项目回忆正确性和来源提取匹配的准确性上，项目正确回忆的相对较小因而提取成功的可能性较高，但与此同时，来源记忆的提取采用的是序列范式导致被试认为来源记忆正确提取的，被看成"正确记忆"的项目回忆准确性更高，实际上对社会传染错误的项目内容回忆更明显的缘故。

（2）不同社会压力类型对记忆来源监测偏差产生差异影响

其一，和目标导向压力组相比，个人导向压力组被试的记忆来源监测正确性显著较低。这和假设5.3相符，并和之前研究一致（Andrews-Todd，et al.，2021）。依据激活监控理论，采用预警指导语提醒被试可能产生由同伴误导的错误记忆可以降低错误记忆（McDermott & Watson，2001），本实验中对目标导向压力组被试关于提防发生社会传染效应的提示使其更多关注编码刺激的语义，更多依靠内部资源和策略（包括推理、联想、思考等）进行记忆检索，判断哪些是内部加工自动生成的信息，增强被试对不准确性记忆来源的监测，从而加强真实监控的绩效，而个人导向压力组在更好表现自我的指导语下会综合使用内部和外部监控，相较于目标导向压力被试更容易产生记忆来源监测偏差。

其二，个体对社会传染项目的记忆来源监测偏差远大于新刺激。这点也验证了本研究实验2a的结果，即个体在记忆来源监测偏差中倾向于将他人编码过的信息错误认为是自我编码之前编码过的信息，表现出记忆现象中的以"自我为中心"的倾向。单纯是合作者（们）编码过的项目相较于新项目也更容易产生来源监测偏差，这可能和本实验的操作有关，在个人导向压力条件下产生的与任务无关的想法可能会分散个体的注意力和/或消耗评估任何提取信息的准确性所需的资源。因此，虽然压力感可能促使个体付出更多的努力，但辨别哪些信息是正确的或不正确的困难可能会增加个体整体回忆难度基础（Baumeister，1984；Hyman et al.，2014；Kanfer & Ackerman，1989；Woodet al.，2016）。因此，单独回忆和来源监测测试的两重记忆提取测试，再加上问卷调查，极可能给个人导向压力组被试带来区分准确和不准确信息上的挑战，使合作同伴的记忆提取信息能够被个体成功提取出来。"一个同伴学习过的项目"和"两个同伴共同学习过的项目"可能在合作回忆阶段中被合作同伴再次成功提取过，因而被试在个体单独回忆阶段会优先回忆出该类项目，其熟悉度在一定程度上会高于新刺激。

　　除以上主要结果之外，本实验验证了实验 1a、1b 的结果及先前的研究结果（Andrews & Rapp，2014；Roediger，2001），不同压力类型影响的社会传染效应均受到项目类型和来源类型的影响，部分共享项目和宋体来源依旧对记忆的社会传染效应更敏感，说明项目类型和字体来源类型对社会传染效应影响的稳定性。另外，本实验依旧发现项目记忆在社会传染效应上的优势，且该优势不受压力类型影响，再次验证了双重加工理论模型，也扩展了双重加工理论模型的应用范畴。

（二）实验 3b：社会压力对情绪刺激的
情景记忆社会传染效应的影响

　　在实验 3a 证明了不同压力类型的确会对中性材料的情景记忆社会传染效应产生不同影响，和前文所述的刺激情绪性在研究和现实生活中的重要性一致，接下来，我们就聚焦于其中的一项重要因素——刺激的情绪性，本实验好奇的是社会合作和刺激的情绪性会共同影响不同压力情境下的个体情景记忆社会传染效应吗？从实验 1b 的结果角度来看，加入刺激的情绪性变量后结果会不会有变化？可以从另一角度说明压力类型对情景记忆社会传染效应存在影响。此外，我们还关注的依旧是不同压力类型下情景记忆两分支记忆下的社会传染效是否有显著差异，能否验证双重加工理论模型或单一加工理论模型？查阅文献发现，目前对于压力影响的情绪刺激情景记忆的社会传染效应研究仍是空白地带，因此在实验 3a 的基础上，实验 3b 尝试采用积极、中性、消极三类情绪效价的刺激来进一步探索此问题。

　　因此，实验 3b 提出以下 2 个假设。假设 6.1 总体上期待压力类型和刺激的情绪性均会对情景记忆社会传染效应产生促进作用，出现个人导向压力组在社会传染效应上的优势及其和刺激情绪性对社会传染效应的交互影响，说明压力类型和刺激情绪性影响的普适性。假设 6.2 期待在更模拟情感世界现实的实验情境中，情景记忆两类记忆任务下的社会传染效应依旧体现项目记忆上的优势，且受压力类型和记忆任务的交互影响。假设 6.3 预测经历个人导向压力的被试会比在目标导向压力和控制条件下的被试表现出更差的对情绪刺激的来源监测能力，而目标导向压力可能会增强被试对不准确性记忆来源的监测。

1. 方法

（1）被试

共 180 名大学生被试（92 名男生，88 名女生）参加了本实验，平均年龄 18.53 ± 1.32 岁，被试的招募条件和之前的研究均相似，所有被试被分配到目标导向压力、个人导向压力、无压力合作三种实验条件的合作组别中，即每组条件共有 20 组被试，且每 3 名被试组成每种组别条件下的合作组。且和其他实验都一样，每名被试不能重复参加本实验，每种条件含个体单独编码阶段、合作回忆阶段、个体单独回忆阶段、记忆来源监测阶段和问卷调查阶段。

同样地，实验前为了确保具有统计效力的合适样本量，使用 MorePower 6.0.4 软件（Campbell et al.，2012）进行计算后表明，本实验在每组至少需要 32 名被试，由此可见本实验所具备的每组 60 名被试的样本量是充足的。

（2）实验设计

实验 3b 采用 3（组别：目标导向压力组，个人导向压力组，无压力组）×3（项目类型：共享，部分共享，非共享）×3（情绪效价：积极，中性，消极）×2（来源类型：宋体，华文行楷）×2（记忆任务：项目记忆，来源记忆）的混合实验设计。其中只有组别为被试间变量，其余均为被试内变量。

（3）实验材料

采用 195 个从 ANEW（英语词汇情感规范）列表中选出的（Bradley & Lang，1999）情绪词汇作为正式实验的刺激，其中 165 个情绪词汇用于编码阶段，其余 30 个情绪词汇用于记忆来源监测测试阶段使用，且所有英文词汇都被翻译成汉语的双字词（Nie & Jiang，2021；Zhou et al.，2020），每种情绪效价（积极、中性和消极）刺激总共有 65 个词汇。依旧对词汇的情绪效价和唤醒水平做差异化分析。在情绪效价方面，积极、中性和消极项目之间均存在显著差异，积极项目（$M=6.841, SD=0.902$）远高于中性刺激（$M=4.876, SD=0.605$）和消极项目（$M=2.478, SD=0.809$），$t(192)=22.741, p<0.001, Cohen's\ d=$ 2.263 和 $t(192)=41.082, p<0.001, Cohen's\ d=4.012$，中性词高于消极词，$t$

$(192)=25.371,p<0.001,Cohen's\ d=2.531$。考虑到唤醒得分，消极词（$M=6.009,SD=1.302$）远高于积极词（$M=5.806,SD=0.789$）和中性词（$M=4.750,SD=1.016$），$t(192)=2.501,p=0.019,Cohen's\ d=0.202$ 和 $t(192)=12.808,p<0.001,Cohen's\ d=1.258$；积极词也高于中性词，$t(192)=12.010,p<0.001,Cohen's\ d=1.172$。除了正式的词汇外，依旧采用 36 个词汇作为练习试验，它们在情绪效价上也得到了平衡。

编码测试阶段刺激的分布和每组被试学习的项目数量见表 1 - 1。为了确保的每组的项目在语义上没有关联，在每个情绪效价中，词汇被伪随机分配。同样地，实验材料还包括每个研究 block 的合作或单独回忆表、video 相机和调查问卷。

（4）实验流程

实验 3b 的编码阶段与实验 1b 相同的流程下进行（见图 1 - 13）。干扰阶段、合作回忆阶段、个体回忆阶段、记忆来源监测阶段和问卷调查阶段与实验 3a 相同，实验流程和每个 block 内的程序和实验 3a 相同（见图 3 - 1 实验程序和图 3 - 2 每个 block 的实验程序示意图）。全程实验需要大约 1 小时完成。

2. 数据分析与结果

实验 3b 使用 IBM SPSS Statistics v25 软件进行数据分析，数据编码规则和实验 3a 一致。两轮回忆阶段分别汇报平均正确回忆量和错误记忆虚报量，重点分析个体单独回忆阶段的社会传染效应量数据。对于项目记忆，本实验主要关注其平均正确回忆个数和虚报量，来源记忆采用 CSIM 作为指标和虚报量。社会传染数据关注项目记忆的社会传染效应量、来源记忆社会传染效应量和社会传染效应率。

（1）学习阶段的数据分析思路和结果

不同情绪刺激在编码阶段的正确率和反应时见表 3 - 1。对正确率进行单因素方差分析显示，项目情绪效价（3 水平：积极，中性，消极）的效应显著，$F(2,177)=7.891,p=0.001,\varepsilon=0.976,\eta_p^2=0.189$，表现为积极项目显著低于消极和中性刺激的正确率（$ps<0.001$）。对反应时进行同样方差分析的结果显示，项目情绪效价的效应不显著（$p=0.689$）。上述结果表明情绪效价对项目判断准确性具有调节作用。

表 3-1　实验 3b 编码阶段不同情绪刺激的正确率和反应时(M±SE)

项　　目	正　确　率	反应时(ms)
积极项目	0.778±0.034	887±18
中性项目	0.871±0.033	898±17
消极项目	0.879±0.031	879±18

（2）压力感问卷分析

总体上来看,本实验压力操作也是成功的。在第一个问题即"在合作回忆中你觉得抵制不准确的信息的压力感程度有多少?"发现了组别差异,$F(2,177)=16.872,p<0.001,\varepsilon=1.000,\eta_p^2=0.353$,表现为目标导向压力组($M=6.132$,$SE=0.051$)和个人导向压力组($M=5.732$,$SE=0.038$)都显著高于无压力组($M=3.065$,$SE=0.062$)的回忆量,$p<0.001,MD=0.792,\varepsilon=1.000,95\%$ CI $[0.710,0.998]$和 $p<0.001,MD=0.652,\varepsilon=1.000,95\%$ CI $[0.665,0.971]$,在目标导向压力组和个人导向压力组中并未发现显著性差异($p=1.000$)。在第二个"在个人回忆阶段中,你感到抗拒不准确信息的压力程度有多少?"、第三个问题"你觉得自己要比南京大学学生表现得更好的压力有多少?"中也发现了类似的结果,$F(2,177)=15.731,p<0.001,\varepsilon=1.000,\eta_p^2=0.281$ 和 $F(2,177)=27.244,p<0.001,\varepsilon=1.000,\eta_p^2=0.482$。目标导向压力组($M=6.861,SE=0.039$)和个人导向压力组($M=6.041,SE=0.025$)的被试都比无压力组($M=3.369,SE=0.072$)的被试感到更大来自抵制合作同伴提供的不准确信息的压力,$p<0.001,MD=0.589,\varepsilon=1.000,95\%$CI $[0.579,0.931]$和 $p<0.005,MD=0.639,\varepsilon=1.000,95\%$CI $[0.579,0.819]$,目标导向压力组和个人导向压力组中的被试无显著差异($p=0.341$)。和无压力组($M=3.739$,$SE=0.081$)被试相比,目标导向压力组($M=6.416,SE=0.059$)和个人导向压力组($M=6.192,SE=0.059$)被试都报告了要表现得比南京大学学生更大的压力,$p<0.001,MD=0.571,\varepsilon=0.997,95\%$CI $[0.351,0.713]$和 $p<0.001$,$MD=0.701,\varepsilon=1.000,95\%$CI $[0.393,0.715]$,同样地,在两类压力导向组内未发现显著差异($p=1.000$)。

在第四个问题"和南京大学学生相比,我们学校学生在抵制来自同伴不准确信息上做得怎么样?"中也发现了预期的组别间的显著性差异，$F(2, 177) = 9.078, p < 0.001, \varepsilon = 1.000, \eta_p^2 = 0.321$。和个人导向压力组（$M = 6.213$, $SE = 0.045$）和无压力组（$M = 6.831, SE = 0.051$）相比，目标导向压力组（$M = 3.156, SE = 0.024$）的被试报告了和南京大学学生相比，浙江大学学生在抵制来自合作同伴不准确信息上表现得更差，$p < 0.05, MD = 0.901, \varepsilon = 1.000$, 95%CI [0.525, 0.813] 和 $p < 0.002, MD = 0.858, \varepsilon = 1.000$, 95%CI [0.511, 0.798]，同样地，在个人导向压力组和无压力组间未发现显著差异（$p = 0.901$）。在第五个问题"你觉得和南京大学学生相比，我们学校学生做得怎么样?"中也同样发现了组别显著差异，$F(2, 177) = 18.071, p < 0.001, \varepsilon = 1.000, \eta_p^2 = 0.398$，和目标导向压力组（$M = 6.089, SE = 0.037$）和无压力组（$M = 6.051, SE = 0.038$）相比，个人导向压力组（$M = 3.429, SE = 0.032$）的被试报告了浙江大学学生比南京大学学生表现得更差，$p < 0.05, MD = 0.807, \varepsilon = 1.000$, 95%CI [0.176, 0.441] 和 $p < 0.001, MD = 1.981, \varepsilon = 1.000$, 95%CI [0.401, 0.759]，在目标导向压力组和无压力组间未发现显著差异（$p = 0.206$）。在第六个问题上"你对我们学校学生的认同感有多强?"上未发现组别间的显著差异（$p = 0.331$），即目标导向压力组（$M = 6.349, SE = 0.031$）、个人导向压力组（$M = 6.711, SE = 0.029$）和无压力组（$M = 6.582, SE = 0.22$）中的被试对浙江大学学生的认同感上处于类似的水平。

（3）正确记忆分析

合作记忆阶段和个人回忆阶段的正确记忆量均进行 3（组别：目标导向压力组，个人导向压力组，无压力组）×3（项目类型：共享，部分共享，非共享）×3（情绪效价：积极，中性，消极）×2（来源类型：宋体，华文行楷）×2（记忆任务：项目回忆，来源记忆）的重复测量 ANOVA。合作回忆阶段和个人单独回忆阶段的项目正确记忆量如图 3-11 所示，在合作回忆阶段的项目记忆任务中发现来源类型的主效应，$F(1, 19) = 9.783, p = 0.026, \varepsilon = 1.000, \eta_p^2 = 0.662$，简单效应分析发现华文行楷项目（$M = 3.037, SE = 0.305$）的正确回忆量显著高于宋体项目（$M = 2.525, SE = 0.226$），$p = 0.026, MD = 0.512$, 95%CI [0.091, 0.933]。项目类型的主效应显著，$F(2, 38) = 76.957, p < 0.001, \varepsilon = 0.793, \eta_p^2 = 0.939$，事后多重比较分析发现和共享（$M = 2.074, SE = 0.247$）和非共享项目（$M = 2.102, SE = 0.199$）相比，部分共享项目（$M = 4.167, SE = 0.365$）的正确记忆量显著较多，$p < 0.001, MD = 2.093$, 95%CI [1.523, 2.662] 和 $p <$

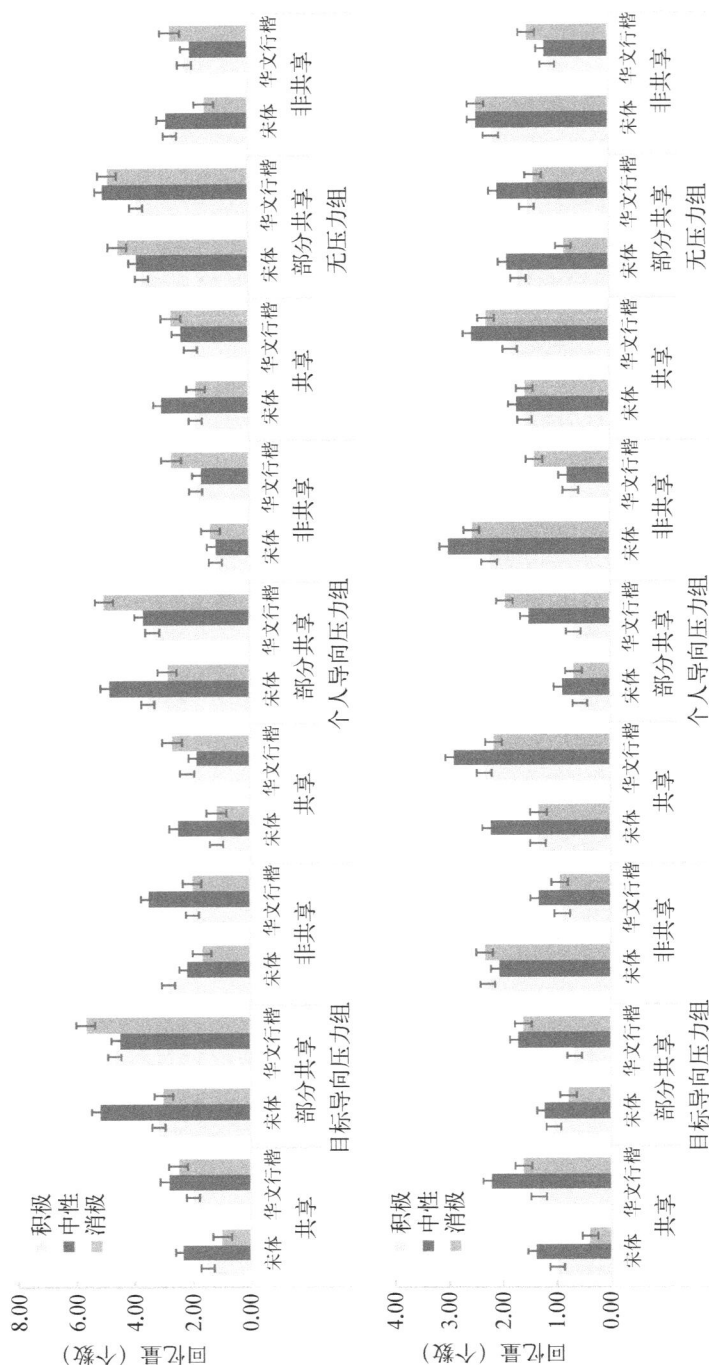

图 3-11　实验 3b 合作回忆阶段和个人单独回忆阶段的项目正确记忆量

0.001，$MD=2.065$，95％CI [1.521，2.609]。此外，情绪效价的主效应显著，$F(2,38)=5.137$，$p=0.045$，$\varepsilon=0.760$，$\eta_p^2=0.507$，简单效应分析仅发现中性刺激($M=3.065$，$SE=0.230$)的正确记忆量显著高于积极刺激($M=2.528$，$SE=0.266$)，$p=0.014$，$MD=0.537$，95％CI [0.162，0.912]。结果并没有发现组别和任何的交互作用($ps>0.05$)。

在个人单独回忆阶段的项目记忆任务中发现项目类型的主效应，$F(2,118)=105.829$，$p<0.001$，$\varepsilon=0.908$，$\eta_p^2=0.862$，事后多重比较分析发现和共享($M=1.420$，$SE=0.101$)和非共享项目($M=1.077$，$SE=0.114$)相比，部分共享项目($M=2.262$，$SE=0.114$)的正确记忆量显著较多，$p<0.001$，$MD=0.343$，95％CI [0.094，0.591] 和 $p<0.001$，$MD=1.185$，95％CI [0.957，1.413]。此外，研究还发现情绪效价的主效应，$F(2,118)=19.892$，$p<0.001$，$\varepsilon=0.980$，$\eta_p^2=0.539$，简单效应分析仅发现中性刺激($M=1.836$，$SE=0.114$)的正确记忆量显著高于消极($M=1.540$，$SE=0.106$)和积极刺激($M=1.383$，$SE=0.102$)，$p<0.001$，$MD=0.454$，95％CI [0.266，0.641]和 $p=0.004$，$MD=0.296$，95％CI [0.089，0.504]。结果并没有发现组别和字体的主效应($ps>0.05$)。在交互作用方面，结果仅发现了组别和项目类型、字体和情绪效价的交互作用($ps<0.05$)。在组别和项目类型交互作用中发现在共享项目维度下目标导向压力组的正确回忆量显著高于个人导向压力组和无压力组($ps<0.05$)，而个人导向压力组和无压力组的正确回忆量无显著差异($p=0.604$)；在部分共享项目维度下，仅发现个人导向压力组的正确回忆量显著高于目标导向压力组($p=0.034$)。在字体和情绪效价的交互作用中发现在消极刺激维度下，华文行楷的项目正确回忆量显著高于宋体项目($p=0.014$)；在宋体维度下，发现中性刺激的项目正确回忆量分别显著高于积极和消极刺激($ps<0.05$)；在华文行楷维度下，发现中性刺激的项目正确回忆量显著高于积极项目($p=0.001$)，消极刺激的项目正确回忆量显著高于积极项目($p=0.008$)。

合作回忆阶段和个人单独回忆阶段的来源记忆 CSIM 如图 3-12 所示，在合作回忆阶段的来源记忆任务中，组别的主效应显著，$F(2,38)=20.375$，$p=0.046$，$\varepsilon=1.000$，$\eta_p^2=0.460$，目标导向压力组($M=0.825$，$SE=0.053$)的 CSIM 值显著高于无压力组($M=0.566$，$SE=0.071$)，$p=0.007$，$MD=0.258$，95％CI [0.098，0.418]。来源类型的主效应显著，$F(1,19)=8.265$，$p=0.035$，$\varepsilon=1.000$，$\eta_p^2=0.623$，华文行楷($M=0.720$，$SE=0.051$)的 CSIM

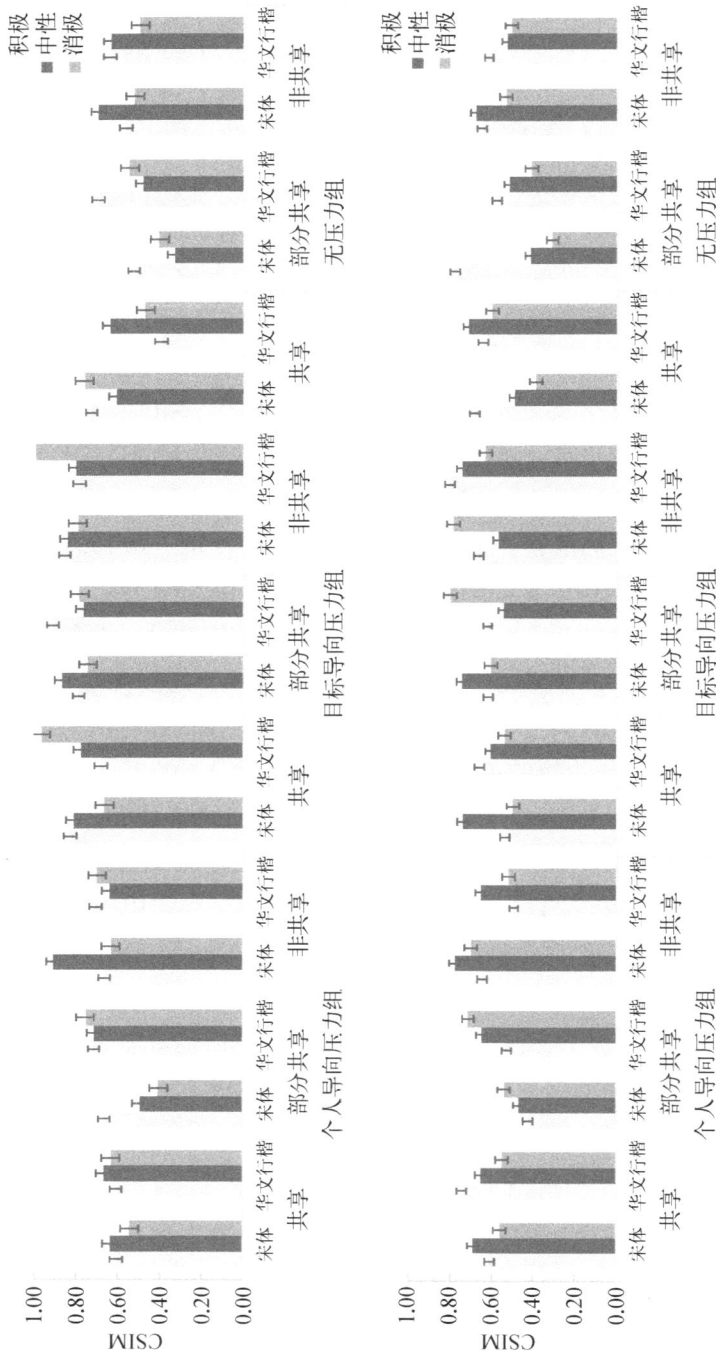

图 3 - 12 实验 3b 合作回忆阶段和个人单独回忆阶段的来源记忆的 CSIM

值显著高于宋体（$M=0.642$，$SE=0.051$），$p=0.035$，$MD=0.078$，95%CI $[0.008, 0.147]$。项目类型和情绪效价的主效应及任何的交互作用均不显著（$ps>0.05$）。

在个人记忆阶段的来源记忆任务中，未发现组别和来源类型的主效应（$p=0.390$ 和 $p=0.063$）。项目类型的主效应显著，$F(2, 118)=4.075$，$p=0.027$，$\varepsilon=0.987$，$\eta_p^2=0.203$，和非共享词汇（$M=0.580$，$SE=0.033$）相比，部分共享词汇（$M=0.653$，$SE=0.043$）的 CSIM 值边缘显著较多，$p=0.052$，$MD=0.073$，95%CI $[0.003, 0.149]$。情绪效价的主效应显著，$F(2, 118)=3.635$，$p=0.038$，$\varepsilon=0.989$，$\eta_p^2=0.185$，积极刺激（$M=0.630$，$SE=0.045$）的 CSIM 值边缘显著高于消极刺激（$M=0.568$，$SE=0.037$），$p=0.051$，$MD=0.062$，95%CI $[0.006, 0.129]$。交互作用方面只发现组别和项目类型之间的交互作用显著，$F(4, 236)=3.310$，$p=0.022$，$\varepsilon=0.847$，$\eta_p^2=0.171$。简单效应分析显示在非共享项目中目标导向压力组的 CSIM 值显著高于个人导向压力组（$p=0.014$）和无压力组（$p=0.032$）；另一方面，在个人导向压力组中，共享项目和部分共享项目的 CSIM 值均显著高于非共享项目（$ps<0.05$），而在无压力组中部分共享项目的 CSIM 值显著高于共享项目（$p=0.031$）。

（4）包含社会传染效应在内的错误记忆分析

个人单独回忆阶段的社会传染错误和其他错误记忆都进行 3（组别：目标导向压力组，个人导向压力组，无压力组）×2（错误类型：社会传染错误，其他错误）×2（记忆任务：项目回忆，来源记忆）的重复测量 ANOVA。个人单独回忆阶段的错误项目记忆量如图 3-13 所示，在项目记忆提取任务下，组别的主效应

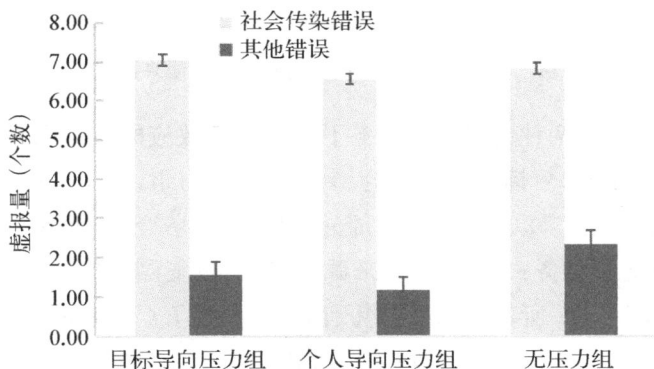

图 3-13　实验 3b 个人单独回忆阶段的错误项目记忆量

不显著$(p=0.830)$，错误类型的主效应显著，$F(1,59)=47.982, p<0.001, \varepsilon=1.000, \eta_p^2=0.738$，表现为社会传染错误$(M=6.815, SE=0.645)$显著高于其他错误$(M=3.685, SE=0.525)$的回忆量，$p<0.001, MD=5.130, 95\%\text{CI}$ $[3.567, 6.692]$。研究并未发现两者之间的交互作用$(p=0.832)$。

个人单独回忆阶段的错误来源记忆量如图 3-14 所示，在来源记忆提取任务下，发现了组别的主效应，$F(2,118)=68.759, p=0.047, \varepsilon=0.846, \eta_p^2=0.513$，简单效应分析仅发现无压力组$(M=4.861, SE=0.670)$的错误记忆量显著高于目标导向压力组$(M=3.000, SE=0.348)$，$p=0.026, MD=1.861$，$95\%\text{CI}$ $[0.192, 3.530]$。同时发现了错误类型的主效应，$F(1,59)=52.497$，$p<0.001, \varepsilon=1.000, \eta_p^2=0.755$，表现为社会传染错误$(M=6.889, SE=0.662)$显著高于其他错误$(M=1.037, SE=0.344)$的回忆量，$p<0.001$，$MD=5.852, 95\%\text{CI}$ $[4.148\ 7.556]$。研究并未发现两者之间的交互作用$(p=0.207)$。

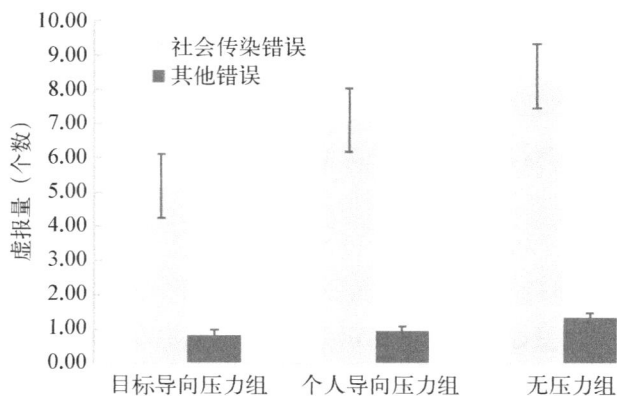

图 3-14　实验 3b 个人单独回忆阶段的错误来源记忆量

接下来，分别对两种记忆提取任务下社会传染效应的影响因素进行进一步分析。通过 3(组别：目标导向压力组，个人导向压力组，无压力组)×2(来源类型：宋体，华文行楷)×2(项目类型：部分共享，非共享)×3(情绪效价：积极，中性，消极)×2(记忆任务：项目回忆，来源记忆)的重复测量方差，项目记忆任务下的结果如图 3-15 所示，出现了组别的主效应，$F(2,118)=58.576, p<0.001, \varepsilon=0.844, \eta_p^2=0.775$，简单效应分析发现个人导向压力组$(M=1.306, SE=0.056)$的社会传染效应量比目标导向压力组$(M=0.671, SE=0.048)$和

无压力组($M=0.593$，$SE=0.077$)显著更多，$p<0.001$，$MD=0.634$，95％CI [0.456，0.812]和$p<0.001$，$MD=0.713$，95％CI [0.551，0.875]，目标导向压力组和无压力组被试回忆的社会传染项目无显著差异($p=1.000$)。同时来源类型的主效应显著，$F(1，59)=84.352$，$p<0.001$，$\varepsilon=1.000$，$\eta_p^2=0.832$，表现为宋体($M=1.049$，$SE=0.056$)显著高于华文行楷体($M=0.664$，$SE=0.044$)的社会传染效应量，$p<0.001$，$MD=0.386$，95％CI [0.297，0.474]。项目类型的主效应显著，$F(1，59)=7.070$，$p=0.017$，$\varepsilon=1.000$，$\eta_p^2=0.294$，表现为部分共享项目($M=0.926$，$SE=0.048$)的社会传染效应量显著高于非共享项目($M=0.787$，$SE=0.057$)，$p=0.017$，$MD=0.139$，95％CI [0.029，0.249]。情绪效价的主效应显著，$F(2，118)=9.410$，$p=0.001$，$\varepsilon=1.000$，$\eta_p^2=0.356$，具体表现为积极刺激($M=0.944$，$SE=0.053$)的社会传染效应量边缘显著高于中性刺激($M=0.880$，$SE=0.060$)，$p<0.001$，$MD=0.199$，95％CI [0.095，0.304]。

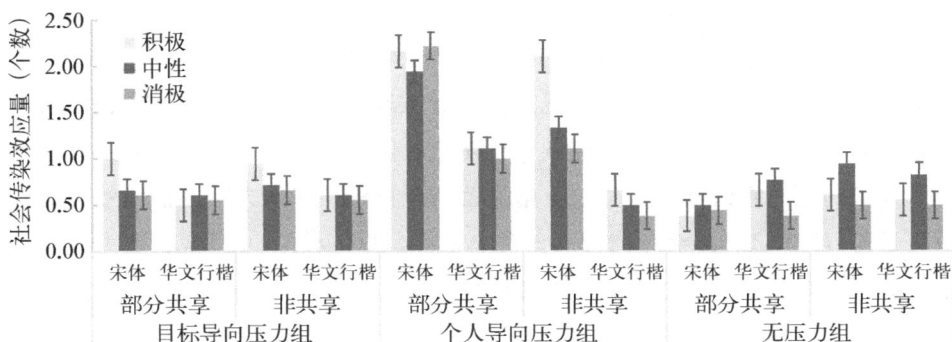

图 3 - 15　实验 3b 各因素项目记忆的社会传染效应量

在交互作用方面，发现组别和字体来源、组别和项目类型、组别和情绪效价之间的二元交互作用均显著($ps<0.01$)。简单效应仅发现，在宋体和楷体字体来源的维度上均体现个人导向压力组的社会传染效应量最高($ps<0.01$)；在项目类型和组别的交互作用简单效应分析中发现在两种项目类型中均存在个人导向压力组在社会传染效应量上的优势，仅在个人导向压力组中发现部分共享项目在社会传染效应量上的优势。在组别和情绪效价的交互作用中发现在积极情绪效价维度下个人导向压力组的社会传染效应量最高，其次是目标导向压力组，无压力组最低，在中性和消极刺激维度中均发现个人导向压力组显著高于目标

导向压力组和无压力组，后两者之间无显著差异；在个人导向压力组中，积极刺激的社会传染效应量最高，其他两者无差异，在无压力组中却发现中性刺激在社会传染效应量上的优势。

各因素水平下的来源记忆社会传染效应结果如图 3-16 所示，分析发现在来源记忆任务中，和项目记忆任务中的结果类似。结果发现了组别的主效应，$F(2, 118) = 37.205, p < 0.001, \varepsilon = 0.841, \eta_p^2 = 0.686$，简单效应分析发现个人导向压力组（$M = 1.148, SE = 0.045$）比目标导向压力组（$M = 0.616, SE = 0.049$）和无压力组（$M = 0.593, SE = 0.077$）的来源记忆社会传染效应量显著更多，$p < 0.001, MD = 0.532, 95\%CI\ [0.385, 0.680]$ 和 $p < 0.001, MD = 0.556, 95\%CI\ [0.352, 0.759]$，目标导向压力组比无压力组被试回忆的社会传染项目无显著差异（$p = 1.000$）。同时来源类型的主效应显著，$F(1, 59) = 60.848, p < 0.001, \varepsilon = 1.000, \eta_p^2 = 0.782$，表现为宋体（$M = 0.923, SE = 0.048$）显著高于华文行楷（$M = 0.648, SE = 0.041$）的社会传染效应量，$p < 0.001, MD = 0.275, 95\%CI\ [0.200, 0.349]$。虽然项目类型的主效应不显著（$p = 0.115$），但组别和项目类型的交互作用显著，$F(2, 118) = 10.289, p = 0.001, \varepsilon = 0.736, \eta_p^2 = 0.377$，表现为在部分共享项目上相对于其他两种组别，个人导向压力组在社会传染效应量上存在绝对优势（$ps < 0.001$），在非共享项目上个人导向压力组的社会传染效应量显著高于目标导向压力组。情绪效价的主效应显著，$F(2, 118) = 4.572, p = 0.023, \varepsilon = 1.000, \eta_p^2 = 0.212$，表现为积极刺激（$M = 0.838, SE = 0.048$）比消极刺激（$M = 0.704, SE = 0.043$）的来源记忆社会传染效应量显著更多，$p = 0.006, MD = 0.134, 95\%CI\ [0.036, 0.232]$。

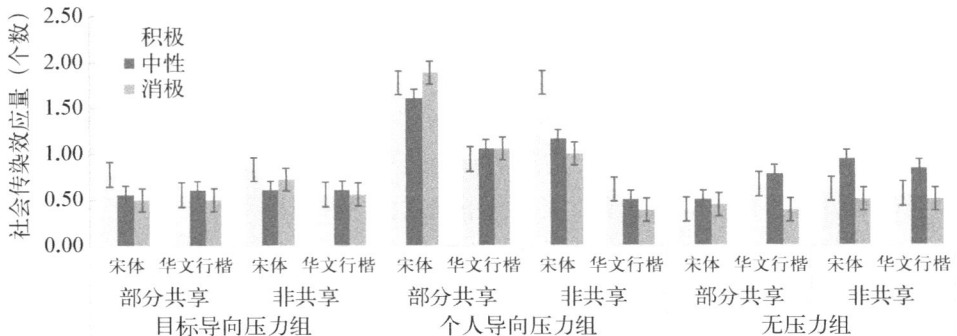

图 3-16   实验 3b 各因素来源记忆的社会传染效应量

组别和情绪效价的二元交互显著($p=0.040$)，组别、项目类型和情绪效价的三元交互作用显著($p=0.047$)。因此，重点报告三元交互作用简单效应分析结果中的组别和刺激的情绪性差异，在个人导向压力组中的非共享项目中发现积极刺激的社会传染效应量显著高于消极刺激($p=0.022$)，在无压力组的部分共享项目中发现中性刺激的社会传染效应量显著高于消极刺激($p=0.042$)，在其非共享项目中发现中性刺激在社会传染效应量上的绝对优势($ps<0.05$)。在部分共享的三类情绪效价项目中均发现个人导向压力组在社会传染效应量上的绝对优势($ps<0.001$)，但仅在非共享的积极项目中发现个人导向压力组在社会传染效应量上的绝对优势($ps<0.001$)。以上结果说明压力类型和刺激的情绪性交互影响社会传染效应。

为了横向比较受压力影响下在两种记忆提取任务即项目回忆和来源记忆中的社会传染效应程度，本研究类比采用 Choi 等人（2017）研究中使用的社会传染效应率（Contagion Ratio）对项目记忆和来源记忆中的社会传染效应错误进行量化，不同组的项目记忆和来源记忆的社会传染效应率如图 3-17 所示。3（组别：目标导向压力组，个人导向压力组，无压力组）×2（记忆任务：项目回忆，来源记忆）的重复测量 ANOVA。结果发现，组别的主效应不显著($p=0.337$)。记忆任务的主效应显著，$F(1, 59)=7.421$，$p=0.013$，$\varepsilon=1.000$，$\eta_p^2=0.271$，简单效应分析发现项目回忆（$M=0.734$，$SE=0.031$）比来源记忆（$M=0.697$，$SE=0.035$）的社会传染效应率显著较高，$p=0.013$，$MD=0.037$，95% CI [0.009，0.065]。两者交互作用不显著($p=0.223$)。以上结果表明，总体而言在社会压力下个体项目记忆的社会传染效应更显著。

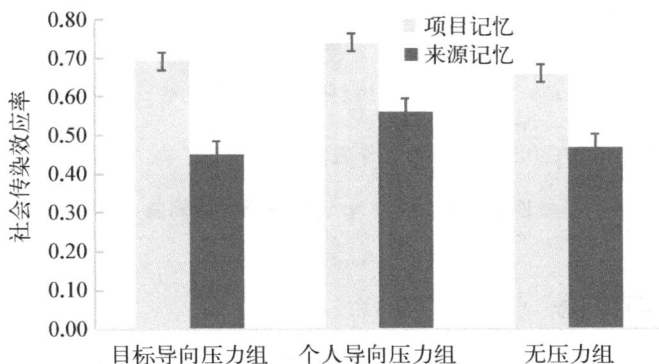

图 3-17　实验 3b 不同组项目记忆和来源记忆的社会传染效应率

（5）来源监测偏差分析

3（组别：目标导向压力组，个人导向压力组，无压力组）×3（项目类型：社会传染项目，新项目）×3（情绪效价：积极，中性，消极）×2（来源类型：宋体，华文行楷）的重复测量 ANOVA。来源监测偏差测试的结果如图 3-18 所示，揭示组别的主效应显著，$F(2, 118) = 1.402, p = 0.039, \varepsilon = 1.000, \eta_p^2 = 0.782$，被试在无压力组的来源监测偏差（$M = 0.749, SE = 0.043$）显著低于个人导向压力组（$M = 0.989, SE = 0.031$）和目标导向组（$M = 0.963, SE = 0.012$）的记忆来源监测偏差，$p = 0.013, MD = 0.031, 95\% \text{CI} [0.006, 0.069]$ 和 $p = 0.001, MD = 0.031, 95\% \text{CI} [0.012, 0.081]$，两种压力组在来源监测偏差上没有显著差异（$p = 0.453$）。此外，项目类型的主效应显著，$F(1, 59) = 2.062, p = 0.038, \varepsilon = 1.000, \eta_p^2 = 0.897$，和新项目（$M = 0.739, SE = 0.023$）相比，被试表现出对社会传染项目（$M = 1.055, SE = 0.013$）更多的来源监测偏差，$p = 0.038, MD = 0.073, 95\% \text{CI} [0.023, 1.012]$。来源类型主效应显著，$F(1, 59) = 4.262, p = 0.026, \varepsilon = 1.000, \eta_p^2 = 0.762$，表现为宋体（$M = 0.926, SE = 0.013$）的来源监测偏差显著高于华文行楷项目（$M = 0.868, SE = 0.011$），$p = 0.026, MD = 0.056, 95\% \text{CI} [0.022, 0.087]$。未发现任何交互作用（$ps > 0.05$）。

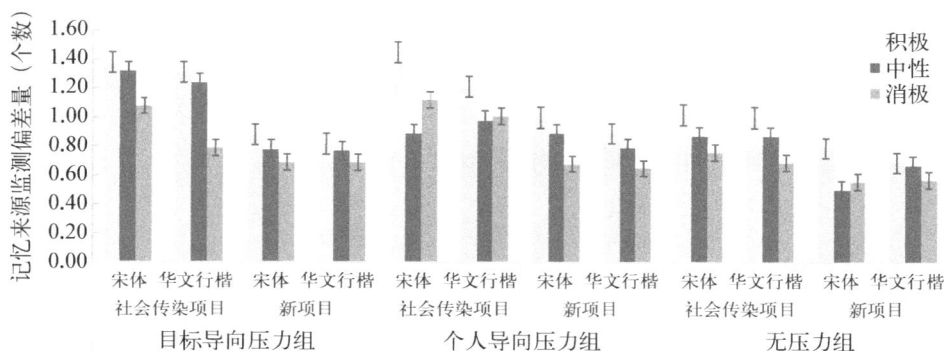

图 3-18　实验 3b 记忆来源监测偏差

3. 讨论与结论

本部分为了探究不同类型的社会压力对社会合作后个体情绪记忆的影响和归因，和研究 3a 类似，研究 3b 通过对被试在合作和个人回忆任务时施加"表现出能力"或"聚焦和任务有关的目标"的指导语情境，对被试造成不同类型的社会压力感（个人导向压力或目标导向压力），正如假设的那样，经历个人导向压力的被试在最后的个人回忆测试中回忆起更多合作同伴产生的错误，并出现更多的记忆来源监测偏差，目标导向压力下的被试在回忆任务上更成功，因为他们回忆起更少的合作同伴回忆的错误记忆，并且平均而言比经历个人导向压力或处于控制条件的被试更少地出现来源监测偏差。这些发现表明，压力可以差异化地影响社会传染效应，增加或减少人们对合作同伴不准确贡献的回忆。

（1）不同社会压力类型和刺激的情绪性对个体情绪刺激情景记忆社会传染效应的影响存在差异性

首先，不同社会压力类型对个体情景记忆社会传染效应的影响存在差异，表现在个人导向压力类型的个体情景记忆社会传染效应最为显著。为了实例化压力，本实验通过向两种压力条件下的被试提供表现证据和营造"和南京大学相比，浙江大学的学生表现更差"的虚拟压力情境，加之对实验过程的全程摄像监控表现的压力，激励个被试在合作回忆阶段和个体单独回忆阶段完成回忆任务形成"达成记忆任务"或"表现出能力"的压力，从个体导向压力类型组的被试更多产生社会传染错误记忆的结果来看，说明个人导向压力条件下关注绩效和能力的担忧，将个体注意力从和任务相关的任务（如来源监测和评估）中撤离出来。相反地，目标导向的压力表达了避免受同伴提供的不准确信息的要求，如此明确和任务相关的目标帮助被试通过监控信息的来源和准确性以减少受社会传染效应的影响，因此在个人单独回忆中更不容易产生来源监测错误。本实验再次证明压力可以对记忆社会传染效应产生促进或抑制的作用取决于任务目标。

其次，刺激的情绪性对情景记忆两分支记忆社会传染效应的影响存在差异性。表现在项目记忆任务下和中性刺激相比，个体对积极刺激的社会传染效应最为显著，而在来源记忆任务下积极比消极刺激更易受同伴编码过的信息的负面影响，但在项目记忆和来源记忆中都比较稳定地体现出同伴提供的积极信息易被唤醒并"传染"的竞争偏好（Mather，2007；Mather & Sutherland，2011）。至此，假设 6.1 和 6.2 得到了支持，并且实验 1b 发现情绪诱发的社会传染效应得到部分验证，和实验 1b 中同时发现积极和消极刺激带来的社会传染效应的不同之处在于，本实验只发现了积极情绪刺激在社会传染效应上的优势，且本实验通过对合作记忆正确回忆量的监测发现，中性刺激的正确回忆量更突出的结果和实验 2b 中发现积极刺激更容易出现记忆来源监测偏差的结论也是一致的。

本部分结论可以尝试用解释刺激的情绪性如何对情景记忆产生影响的理论框架之一——客体捆绑理论对刺激的情绪性对情给予解释（Mather，2007），该理论认为刺激的情绪性对项目和外源性来源记忆会产生负面影响，本实验中被试表现出对合作同伴外源性来源记忆（即记忆来源监测测试）的损害，所以更加依赖外部资源作为记忆提取策略，从而更加信赖同伴回忆信息产生"剽窃"记忆。而项目记忆和来源记忆中情绪性刺激的损害性方向不同则再次验证说明个体对项目记忆和来源记忆的心理加工机制存在差异性的双重加工理论模型。

最后，压力类型和刺激情绪性共同对情景记忆社会传染效应产生差异性影响，表现在个人导向压力条件下的被试更容易产生情绪记忆的社会传染效应。在项目回忆和来源记忆任务中均发现压力类型和情绪效价存在显著交互作用，但表现形式在两种记忆任务中略有不同，在项目记忆任务下的积极刺激中个人导向压力的社会传染效应最为显著，而在中性和消极刺激中个人导向压力的社会传染效应显著高于目标导向压力组。在来源提取任务下的积极和中性刺激中个人导向压力的社会传染效应最为显著，无压力组被试表现出中性刺激比积极刺激更强的社会传染效应敏感性。可以看出，个体导向压力组被试通常对积极刺激保持更多的社会传染的敏感度，这也许和个体在合作记忆阶段和同伴共同提取的积极刺激带来的较高唤醒度有关，个体将积极情绪和同伴进行了策略关联，使得个体在记忆来源监测阶段对积极刺激具有更强的唤醒竞争偏好，但导致较大的"剽窃"同伴记忆的风险。

（2）不同社会压力类型对个体情绪刺激记忆监测偏差存在差异性影响

经历个人导向压力的被试会比在目标导向压力和无压力条件下的被试表现出更差的对情绪刺激的来源监测能力，验证了假设 6.3。在感受到的压力方面两组压力条件下的被试都提供了显著差异的自评分，说明两组在关于南京大学和浙江大学学生之间差异的信念方面存在差异，这与预期的压力条件操纵初衷也是一致的，本实验指导语的警示作用影响了被试对记忆来源监测的准确性，在对不同组别被试的错误记忆产生的来源中可以看出，和其他错误记忆相比，被试对同伴提供的错误信息都给予了更多的关注，但是目标导向压力下的被试接受了和社会传染效应相关的任务提示指导语，这在一定程度上可以帮助被试提高对回忆刺激的敏感度和编码者来源监测标准，而个人导向压力条件下的被试则表现出对回忆绩效的担忧，担心表现不佳的压力感会影响被试对刺激编码者的来源判断。

因此可以尝试从不同组别被试的注意力和表现不同对以上结论进行解释。尽管在实验操作中的两种压力条件下的被试在抵抗同伴提供的不准确信息方面都表现出了相似的关注且压力无差别，但这并不意味着这些被试的注意力和表现都是无差异的。注意控制理论可以用来说明压力如何引导注意力和表现的（Eysenck et al.，2007），来源准确性监控是目标导向的过程，需要足够的资源和动机才能实施，而压力有可能破坏这些活动，出现社会传染效应的现象就是因为有因素干扰个体的注意力从而导致更少的注意力用于监测合作同伴的反应。然而，压力有时也会导致个体实现目标的动机增加（Aronson，2002；Gardner，2012），比如当充满压力的情况伴随着具体的、与任务相关的成功执行的说明时，它就可以支持将注意力分配给相关过程和实践（Coullet et al.，2001；Fisher & Ford，1998；Hofmann，1993；Kanfer，1996），与目标导向操作相关联的具体目标也可以帮助人们专注于手头的任务，使其看起来更容易实现（Gollwitzer & Sheeran，2006）。在某些情况下，目标导向的压力甚至可能激励个人参与他们可能不会尝试的行为。而更多引导个体将目标聚焦在个人表现和自我效能感的发挥上，就容易造成个体注意力从任务上转移到自身，只为达到更好的自我表现绩效，因而会减少对外在信息源减少监控和评估，反而会出现越是想要自我表现而事与愿违的后果。

除以上主要结果之外，本实验还发现以下结果：① 社会传染效应的大小受项目类型影响，即个体更容易提取其他两个同伴在合作记忆阶段中提取的共同编码的记忆内容，这点也验证以往研究的结论和本研究其他实验的结果（Abel & Bäuml，2020；Andrews & Rapp，2014；Roediger，2001）。② 社会传染效应量的大小受字体来源类型调节，即宋体刺激的社会传染效应量显著高于华文行楷字体。

（三）小　　结

第一，在单纯的中性情绪效价刺激实验中，不同社会压力类型均对个体情景两分支记忆社会传染效应存在差异影响，个人导向压力组被试更容易产生社会传染效应，且项目记忆在社会传染效应上的优势不受社会压力类型的调节。

第二，不同压力类型对个体记忆监测正确性和偏差存在差异性影响，对于不管单纯的中性刺激还是含有三类情绪效价刺激,经历个人导向压力的被试会比在目标导向压力和无压力条件下的被试记忆来源监测正确性更差,产生的记忆来源监测偏差更多。

第三,不同压力类型对个体情绪刺激情景记忆社会传染效应的影响存在差异性,表现出积极刺激在社会传染效应上的倾向性,个体导向压力类型和积极刺激对个体情景记忆社会传染效应更为敏感,且刺激的情绪性对项目记忆和来源记忆社会传染效应的影响存在差异性,验证了双重加工理论模型。

第四,压力类型和刺激情绪性交互影响情景记忆两分支记忆社会传染效应,且两者存在差异性。在项目记忆任务下的积极刺激中个人导向压力的社会传染效应最显著,而在中性和消极刺激中个人导向压力的社会传染效应显著高于目标导向压力组;在来源提取任务下的积极和中性刺激中个人导向压力的社会传染效应最为显著,无压力组被试表现出中性刺激比积极刺激更强的社会传染效应敏感性。

第四部分：社会竞争对情景记忆社会传染效应的影响研究

　　通过第一部分，发现了社会合作对个体合作后的记忆会造成消极影响即产生社会传染效应，初步证实了社会互动对社会传染效应产生影响。然而截至目前，绝大多数和记忆社会传染效应的相关研究证据都聚焦在了社会合作记忆领域。虽然已有研究者提出了关于竞争的社会比较模型理论（Garcia et al.，2013)，却极少有研究关注竞争这一与合作同等重要的社会互动形式对记忆的影响，更别说不管在研究中还是现实情境中不单单有纯粹的合作和竞争形式，还会有合作和竞争混合的形式（Bouncken et al.，2015；Gnyawali ＆ Park，2009)，比如，在合作基础上的竞争形式，心理学领域的相关研究对合作-竞争混合模式的探讨也是少之又少。虽然当前已有少量的研究证实了社会竞争对记忆存在影响（Liu et al.，2021；Park et al.，2016)，但正如前言所述，当前竞争实验研究中普遍对社会竞争的操作还存在许多不足，比如，以往的竞争研究大多采用人机竞争、或"虚拟竞争者"的操作，缺乏模拟现实竞争情境中面对面真实的竞争情境，更别说体现竞争特征的奖惩操作及指导语操作，而真实直接的竞争互动交流才能有利于体现绩效的差异。更为重要的是，当前的研究都无法回答竞争对情景记忆的两个分支记忆类型的影响有无差异以及存在何种差异，更无法回答竞争对情景记忆两分支记忆类型的社会传染效应有无影响以及存在何种差异影响。综上所述，当前研究还极其匮乏从和社会合作同等重要的另一社会互动形式——社会竞争的角度探讨对情景记忆及其社会传染效应的影响证据，匮乏从社会竞争的角度支持双重加工理论或单一加工理论模型的研究证据。

　　综上所述，第四部分依旧在两个实验中分别采用单纯的中性刺激（实验4a)、情绪刺激（积极、中性和消极）（实验4b)两种刺激材料，并在其中依据竞争的社会比较模型中所指出的情境因素（Garcia et al.，2013)，对竞争情境进行分类的操作。第四部分重点关注三项研究问题：① 是否有竞争对情境记忆两分支记忆的社会传染效应存在影响？② 有无竞争及竞争形式对情境记忆两分支记忆的社会传染效应的影响是否存在差异性？支持单一或双重加工理论模型？③ 单纯竞争以及合作-竞争混合的竞争形式对情境记忆社会传染效应的影响是否存在差异性？④ 来源监测框架理论模型是否可以在社会竞争情境中取得更加广泛的社会互动情境应用上的实验研究支撑？

（一）实验 4a：社会竞争对中性刺激的情景记忆社会传染效应的影响研究

实验 4a 的目的是将社会互动情境从社会合作扩展到竞争和不同竞争形式的社会互动情境中，以考察在两种情景记忆分支提取任务下的社会传染效应是否存在差异性。根据社会比较理论模型中提及到的与标准的接近程度、奖励结构这两项重要情境因素（Suls & Wheeler，2000；Tesser，1988），借鉴先前研究（李旻烨，2022），实验 4a 通过对被试施加不竞争或竞争、在合作基础上的竞争（即合作-竞争）的操作，在不同的标准上设置相应的奖励，将被试分为名义组、竞争组和合作-竞争组三种组间条件中，从而探讨有无竞争及何种竞争形式对情景记忆社会传染效应是否形成差异性的影响。

实验 4a 模仿前人在合作记忆中关于回忆提取阶段的设计（Andrews-Todd et al.，2021），依旧将记忆提取测试分为两轮回忆提取阶段，即第一轮回忆阶段和个体单独回忆两个阶段，两个回忆阶段均采用项目回忆任务范式中常见的序列反应范式来进行包括情景记忆的两个记忆提取任务（Nie et al.，2023）。本部分关注两个测试阶段中竞争以及何种竞争对项目记忆和来源记忆产生的积极和消极作用，并重点关注其中的社会传染效应。下文介绍实验 4a 的具体实验假设。

首先，在第一轮回忆阶段正确记忆上，实验 4a 的假设 7.1 期待发现竞争导致正确回忆量的减少，出现和类似合作抑制的竞争抑制。如果竞争对情景记忆两分支记忆的正确回忆量的影响存在差异，则支持双重加工理论模型；反之，支持单一加工理论模型。这样预测的依据是由于竞争情境下不存在合作情境中自由的讨论和相互影响过程，因此竞争可能不会导致正确项目回忆量的减少，即不存在项目记忆中的竞争抑制效应。于此同时，根据社会比较理论模型，预测竞争会导致正确来源记忆的抑制效应。综合以上两方面,假设7.2预测是否竞争对正确项目回忆量中不造成差异影响,但对正确来源记忆造成差异影响,且期待两个竞争组之间存在差异。具体来说,竞争组表现出更强的竞争抑制。总之,如果竞争仅在来源记忆任务上起负面作用,证据可支持双重加工理论模型,反之,单一加工理论模型可以取得来自竞争情境角度的实证研究支撑。

其次,在第一轮回忆阶段的错误记忆上,假设7.3期待和合作条件下发现的错误修剪效应一样,竞争组的错误项目记忆回忆量显著低于名义组。同时,预测竞争在项目记忆错误修剪效应中不存在差异性影响,即竞争组和合作-竞争组的错误项目记忆量无显著差异;而是否竞争对错误来源记忆存在差异影响,具体来说,竞争组表现出更强的错误修剪效应。总之,如果竞争仅表现出对错误来源记忆的影响,证据可支持双重加工理论模型,反之,单一加工理论模型可以取得竞争情境角度的实证研究支撑。

再次,在个体单独回忆阶段正确记忆上,和发现合作后的优势效应类似,假设7.4预测竞争持续性地对情景记忆量分支记忆的差异性影响具有时间上的持续性,存在竞争后优势效应。具体来说,即竞争组的项目正确记忆回忆量高于名义组,且项目正确记忆的回忆量显著高于正确来源记忆回忆量,支持双重加工理论模型,反之,则支持单一加工理论模型。竞争形式对项目记忆竞争后优势效应的差异性影响可能不存在,但对来源记忆的竞争后优势效应的差异性影响可能存在,即竞争组的项目正确记忆量和合作-竞争组没有显著差异,但竞争组的正确来源记忆量相较于合作-竞争组显著减少。结合这两方面,实验4a期待在竞争后的个人情景记忆阶段获取竞争竞争后优势效应的证据,并期待为双重加工理论模型提供社会竞争情境应用上更为丰富的实证研究支撑。

最后,在个体单独回忆阶段的错误记忆上,假设7.5预测竞争组会更加表现出关注和"剽窃"对手的记忆成果,竞争对手更有可能有强烈的动机去关注甚至"拿走"竞争对手的资源,因此对资源的正确性可能就会疏于监测,从而更可能表现出社会传染效应,即和名义组相比,竞争组的社会传染回忆量更多。在竞争对情景记忆两分支记忆社会传染效应的影响上我们期待在项目记忆社会传染效应上不存在竞争组别之间的显著性差异,即竞争组和合作-竞争组的项目记忆社会传染回忆量不存在显著差异,但在来源记忆上存在竞争组别之间的显著性差异,即相较于合作-竞争组,竞争组的来源记忆社会传染回忆量更少,期待在合作后的个人情景记忆阶段获取竞争调节社会传染效应的证据,并期待为双重加工理论模型提供社会竞争情境应用上更为丰富的实证研究支撑。

1. 方法

（1）被试

实验 4a 共招募包括 108 名大学生作为被试（55 男，53 女），平均年龄为 18.58 ± 0.74 岁。所有被试的筛选条件和之前的研究一致。分配到不同竞争形式的被试还可根据实验标准以及被试自身表现获取礼物或适量报酬。实验程序由浙江大学伦理委员会批准。

根据实验设计，参照合作记忆研究中的被试分组操作（Ke et al.，2017；Yu & Wu，2015）及竞争的研究中的被试分组操作方法（Liu et al.，2021；李旻烨，2022），在第一轮回忆阶段中，36 名被试共组成 12 组名义组，所有人独自完成两轮个人单独回忆任务；另外 36 名共组成 12 组竞争组，剩下的 36 名共组成 12 组合作-竞争组，竞争组和合作-竞争组以不同竞争的形式和相应的指导语下分别完成第一轮回忆阶段的所有记忆任务和之后的个人单独记忆任务。同样地，每一位被试仅被安排在任意一种被试条件组下，且任意一组内的三名被试互不相识。因此，简单地说，名义组即完成两轮个人单独回忆任务的被试组，竞争组为完成竞争回忆-个体单独回忆任务的被试组，合作-竞争组为完成合作基础上的竞争回忆-个体单独回忆任务的被试组。

同样地，实验前使用 MorePower 6.0.4 软件（Faul et al.，2009）计算被试量，本实验在每组中至少需要 32 名被试。本实验所具备的每组 36 名被试的样本量是符合开展实验要求的。

（2）实验设计

实验 4a 采用 3（组别：名义组，竞争组，合作-竞争组）×3（词汇类型：共享，部分共享，非共享）×2（来源类型：宋体，华文行楷）×2（记忆任务：项目回忆，来源记忆）的混合实验设计。其中，只有组别为被试间变量，其余均为被试内变量。

（3）实验材料

实验 4a 依旧使用了本系列研究中的实验 2a 和 3a 使用的双字中性效价词汇为实验材料，其中主要有三方面的理由。第一，通过第一部分实验发现材料数量较多，在一定程度上影响了记忆绩效。所以第二部分至第四部分均采用优化后的实验材料数量。第二，实验 4a 期待采用和前文相同性质实验材料的合作视角（研究一）相对比，聚焦社会竞争情境下情景记忆社会传染效应这一问题，并期待在个人、合作、竞争层面上形成跨研究间的对照。第三，为了进一步区分竞争和第三部分中压力类型对社会传染效应的影响，故而采用和第三部分中所使用的实验材料，也更有利于研究间的对照。

因此，作为实验材料的 165 个双字词刺激仅在个人单独编码阶段出现，实验材料共分为 5 个 block，每个 block 包含 24 个项目（6 个共享项目，18 个部分共享项目，18 个非共享项目）（详见表 1-1）。

（4）实验流程

为了考察竞争是否能够在第一轮回忆阶段及其后的个体单独回忆阶段项目回忆和来源记忆中的正确记忆和错误记忆表现起到调节作用，实验 4a 同样将实验材料分为 5 个 block 中，每个 block 均包括 1 个编码阶段、2 个干扰任务、2 个记忆测验阶段，且在每个记忆测试阶段都包含项目回忆和来源记忆两个记忆提取任务（每个 block 实验程序见图 4-1）。下文将以 1 个 block 为例，详细介绍各个阶段的操作。

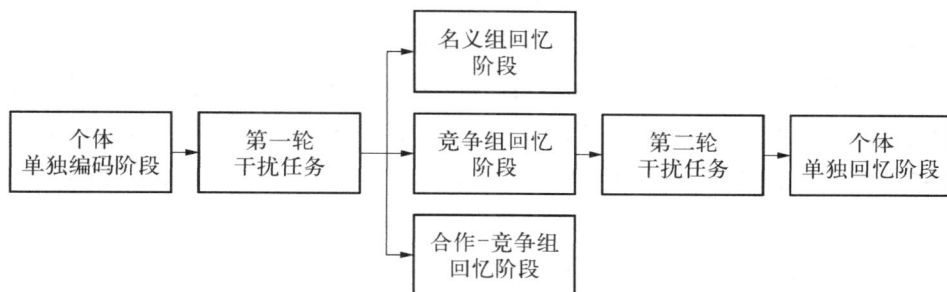

图 4-1　实验 4a 实验流程示意图（以 1 个 block 为例）

个体单独编码阶段。和之前实验一样，所以被试均同时单独完成学习材料的编码任务，并要求被试尽可能地记住屏幕所呈现的词汇及其字体类型。待记忆项目的显示由 E-prime 软件 v3. 实现，并在监视器上的黑色背景下显示。这些字是用白色显示的，其中一半是宋体，另一半是华文行楷。这两种类型的词汇都以 80 的字体大小显示。所有词汇都显示在联想电脑显示器上，屏幕分辨率为 1 024×768 像素，刷新率为 100 Hz。要求被试快速准确地记忆和按键。食指和右手拇指同时按键，手指的分配在被试之间相互平衡。

第一轮干扰任务阶段。和实验 1a 中的操作一致，所有被试在 1 分钟内完成简单数学运算任务。

测试阶段。为适应项目回忆任务需求，测验阶段在序列反应范式之下进行。如图 4-1 所示，测验阶段分为第一轮回忆阶段（有无竞争或不同形式竞争回忆阶段）、休息阶段、个体单独回忆三个阶段。

第一轮回忆阶段。按照主试的引导，竞争组和合作-竞争组的 3 名被试面对面坐在主试面前，组员之间彼此可以看到，并且可以听到回忆提取的内容以充分营造竞争的氛围。主试首先向竞争组和合作-竞争组的所有成员介绍竞争的规则和奖励分配机制，并强调每人可通过各自的表现在实验结束后获得相应的现金奖励额度。竞争组由于是纯粹的竞争方式，所以采用的是无基线奖励的形式，即每组内正确提取数量最多的被试即为获胜方，获胜方可获得 40 元的获胜报酬。合作-竞争组的设置是在组内成员合作达成一定数量的提取目标基础上，组内正确提取数量最多的被试即为获胜方，因此合作-竞争组设置了合作目标达成后的基线回忆水平和相应的奖励金额以及胜利方也可额外获得 40 元的获胜报酬。合作-竞争组基线回忆水平的设置是根据大量数据产生的以往被试记忆表现的平均水准确定。合作-竞争组的具体奖励分配方案是：如果该组的记忆提取合集数量超过了预设的基线水平，则 3 名被试可平分 30 元的基线报酬，此外最终的获胜方还可获得额外的 10 元获胜报酬；如果该组的记忆提取合集数量未能达到基线水平，只有胜利方获得 20 元的获胜报酬，输方仅能得到参与实验的礼物报酬。实验结束后，主试当场立即公布两类竞争组内三名被试的比分，并说明合集提取数量是否达到基线水平。合作-竞争组的基线水平由主试预先设置的，为"去除冗余项后，该组正确回忆的项目（即词汇内容）与来源（即字体类型）同时正确的回忆量达到 20 个"，但为了防止被试达到基线水平后松懈，均未提前告知基线水平和奖励额度。

第一轮回忆阶段限时 5 分钟，主试解释完竞争规则和奖励分配方案，并确认过所有被试清晰明了实验规则后正式开始实验计时。由（合作—）竞争组其中一名被试优先作答，为了尽可能的做到回答机会上的均等，营造竞争的氛围，小组内每名被试的优先作答的顺序在每轮开始作答中做到平衡，而且每名被试每次只能说出回忆出来的 1 个词汇及其对应的字体类型。如果每名被试在 5 秒内未作答，则由下一名被试继续作答。任何一名被试在作答期间不得被打断，如果 3 名被试在连续 3 次 5 秒内无任何作答，且总回忆耗时在 4 分钟之内，主试鼓励小组暂停输出，并给予所有成员 10 秒的思考时间，期间被试只能独自思考回忆。10 秒计时结束后继续由轮到作答的被试开始作答，重复之前的规则，直至 5 分钟计时结束停止小组作答。对于名义组被试来说，操作方式和实验 1a 中合作回忆阶段的名义组一致，即要求每人单独完成对所学刺激的项目回忆和来源记忆的提取任务即可。但为了尽可能地和本实验中其他两组的实验控制相匹配，本实验中的名义组被试如果此轮记忆测试阶段的正确回忆量能达到和合作-竞争组一样提前设定好的基线水平，即可得到 40 元基线报酬。

第一轮回忆阶段结束后进入第二轮干扰阶段，持续 3 分钟，所有被试均在自己原本的实验室房间中休息，期间不能互相交流，以免造成干扰。

在个体单独回忆阶段中，和合作情境中的个人单独回忆阶段类似，所有组别的被试均只需单独完成所有测验任务即可，尽可能又多又准地回忆并写下最初自己编码的项目及其字体类型，时间限制为 3 分钟。至此，1block 的实验流程结束，小组内的被试休息 2 分钟后即可同步开始下一个 block 的实验流程。

2. 数据分析与结果

实验 4a 所使用的数据分析方法和参数设置和实验 1a 保持一致。此外，根据此实验依旧关注社会传染效应的研究重点，并和研究一实验所采用的条件一致，即在合作和竞争条件之间进行比较。同时实验 4a 还重点关注竞争对个体两子类情景记忆社会传染效应的影响作用。数据分析将在两个测试阶段中各自包括的项目回忆和来源记忆中进行。对于名义组、竞争组和合作-竞争组来说，项目回忆的数据分析均关注正确回忆的项目数量即可，来源记忆的数据分析关注 CSIM(Kuhlmann et al. , 2016)。此外，关注情景记忆错误回忆量及社会传染数据。

（1）第一轮回忆阶段数据分析与结果

为了考察竞争如何影响和作用于情景记忆，先对第一轮回忆阶段项目记忆正确量进行了 3（组别：名义组，竞争组，合作-竞争组）×3（词汇类型：共享，部分共享，非共享）×2（来源类型：宋体，华文行楷）的重复测量 ANOVA（见图 4-2）。结果显示，组别的主效应显著，$F(2, 22) = 6.241$，$p = 0.019$，$\varepsilon = 0.960$，$\eta_p^2 = 0.362$，简单效应分析发现名义组（$M = 15.847$，$SE = 1.247$）的正确项目记忆显著高于竞争组（$M = 12.750$，$SE = 0.442$），$p = 0.045$，$MD = 3.097$，95% CI [0.065, 6.130]，报告了显著的竞争抑制两类竞争组的正确项目记忆量无显著差异（$p = 1.000$）。来源类型的主效应不显著（$p = 0.213$）。项目类型的主效应显著，$F(2, 22) = 335.395$，$p < 0.001$，$\varepsilon = 0.937$，$\eta_p^2 = 0.968$，表现为和共享

$(M=10.139，SE=0.416)$和非共享项目$(M=9.708，SE=0.540)$相比，部分共享项目$(M=20.764,SE=0.751)$的正确项目回忆量显著较高，$p<0.001$，$MD=10.625,95\%$CI$[9.140，12.110]$和 $p<0.001$，$MD=11.056,95\%$CI$[9.649，12.462]$，共享和非共享项目之间的正确项目记忆量无显著差异$(p=1.000)$。

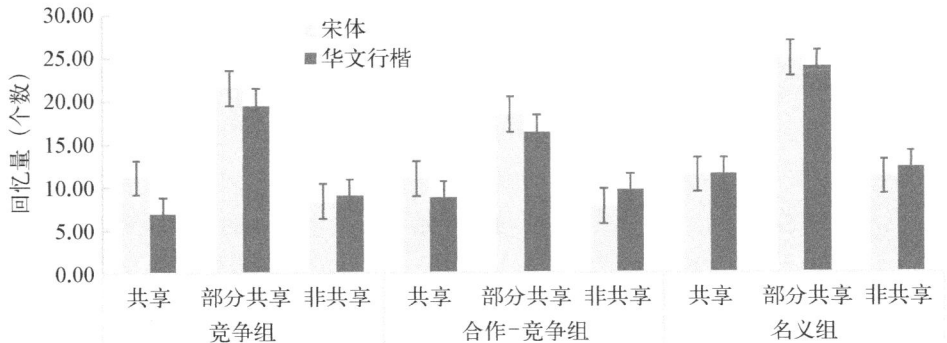

图 4-2　实验 4a 第一轮回忆阶段正确项目回忆量

组别和项目类型的交互作用显著$(p=0.011)$。对此交互作用的简单效应分析表明在项目类型的共享项目水平上，名义组的正确项目回忆量显著高于竞争组$(p=0.008)$；在部分共享水平上，名义组的正确项目回忆量显著高于合作-竞争组$(p=0.016)$，且竞争组的正确项目回忆量显著高于合作-竞争组$(p=0.032)$；在非共享项目水平上，仅发现名义组的正确项目回忆量显著高于合作-竞争组$(p=0.038)$。在三种组别水平上，均发现部分共享项目的正确项目回忆量显著高于共享和非共享项目$(ps<0.001)$。

虽然来源类型的主效应不显著，但来源类型和项目类型的交互作用显著$(p=0.011)$。简单效应分析发现在两种来源类型水平上均发现部分共享项目的正确项目回忆量显著高于共享和非共享项目$(ps<0.001)$，且在宋体来源水平上发现共享项目的正确项目回忆量显著高于非共享项目$(p=0.002)$。仅在项目类型的共享水平上发现宋体项目的正确回忆量显著高于华文行楷项目$(p=0.005)$。

为了在来源记忆中考察同样的问题，同样的重复测量 ANOVA 也用于来源记忆的 CSIM 中(见图 4-3)。结果发现，组别的主效应显著，$F(2,22)=7.744$，$p=0.004$，$\varepsilon=0.926$，$\eta_p^2=0.413$，事后成对比较显示，合作-竞争组$(M=$

0.813，$SE=0.021$)在 CSIM 上的表现显著好于名义组($M=0.656$，$SE=$
0.031)，$p=0.003$，$MD=0.157$，95％CI [0.057，0.257]，报告了竞争促进，竞
争组($M=0.779$，$SE=0.030$)在 CSIM 上的表现边缘显著好于名义组($p=$
0.055)，也体现了竞争促进。来源类型的主效应显著，$F(1, 11)=12.888$，$p=$
0.004，$\varepsilon=1.000$，$\eta_p^2=0.539$，简单效应显示宋体($M=0.798$，$SE=0.016$)在
CSIM 上的表现显著好于华文行楷($M=0.701$，$SE=0.023$)，$p=0.004$，$MD=$
0.098，95％CI [0.038，0.158]。虽然未发现项目类型的主效应($p=0.074$)，
但是发现来源类型和项目类型之间的交互作用显著($p=0.050$)，两者的简单
效应分析得出在宋体来源类型水平上，共享项目在 CSIM 上的表现显著好于
非共享项目($p=0.013$)；在华文行楷来源类型水平上，共享项目在 CSIM 上的
表现显著好于部分共享项目($p=0.011$)。在共享和部分共享的项目水平上，
发现宋体来源项目在 CSIM 上的表现显著好于华文行楷项目($p=0.010$ 和
$p=0.007$)。

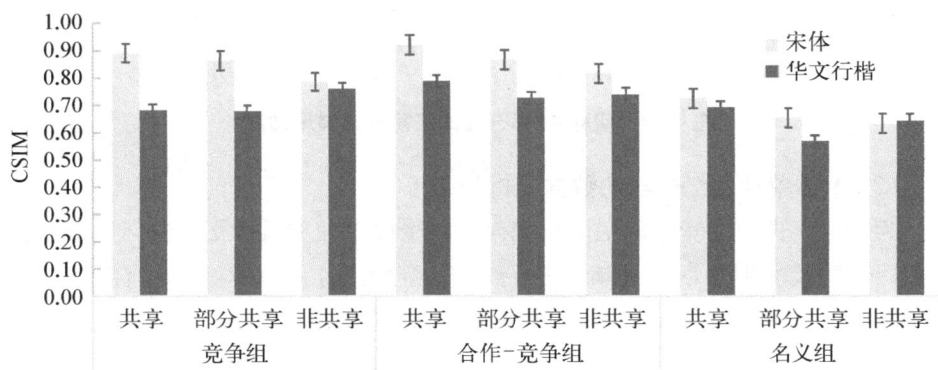

图 4-3　实验 4a 第一轮回忆阶段来源记忆的 CSIM

此外，为了检验竞争是否和合作产生的错误修剪效应类似的积极作用，对第
一轮回忆阶段的错误回忆量进行分析(如图 4-4 所示)，对错误回忆量进行 3(组
别：名义组，竞争组，合作-竞争组)×2(回忆任务：项目回忆，来源记忆)的重复
测量 ANOVA 显示，组别的主效应显著，$F(2, 22)=13.927$，$p=0.001$，$\varepsilon=$
0.926，$\eta_p^2=0.559$，表现为名义组($M=21.417$，$SE=1.719$)显著高于竞争组
($M=11.708$，$SE=1.040$)和合作-竞争组($M=12.667$，$SE=0.928$)的错误回
忆量，$p=0.003$，$MD=9.708$，95％CI [3.529，15.887]和 $p=0.012$，$MD=$

8.750，95％CI [1.918，15.582]，表明显著的竞争带来的错误修剪效应。回忆任务的主效应显著，$F(1,11)=18.637$，$p=0.001$，$\varepsilon=1.000$，$\eta_p^2=0.629$，表现来源记忆（$M=17.639$，$SE=0.884$）显著高于项目回忆任务（$M=12.889$，$SE=0.589$）的错误回忆量，$p=0.001$，$MD=4.750$，95％CI [2.328，7.172]。两因素的交互作用不显著（$p=0.441$）。

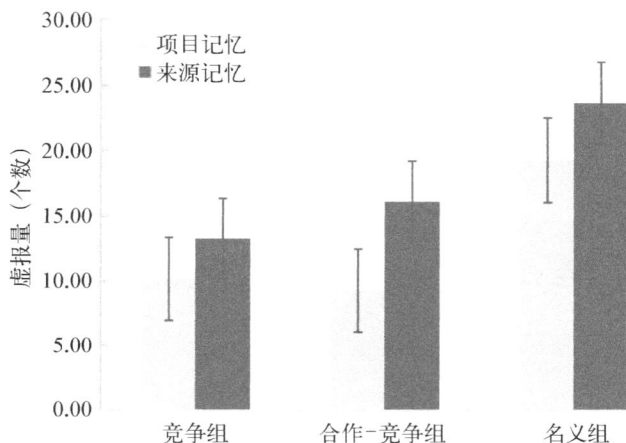

图 4-4　实验 4a 第一轮回忆阶段错误记忆量

（2）个体单独回忆阶段的数据分析与结果

为了考察先前的竞争回忆测试如何影响个体单独项目回忆，同样地，对个体单独回忆阶段的项目回忆正确量进行了 3（组别：名义组，竞争组，合作-竞争组）×3（词汇类型：共享，部分共享，非共享）×2（来源类型：宋体，华文行楷）的重复测量 ANOVA（见图 4-5）。结果发现，组别的主效应显著，$F(2,70)=11.856$，$p<0.001$，$\varepsilon=0.944$，$\eta_p^2=0.253$，表现为竞争组（$M=7.949$，$SE=0.284$）的正确项目记忆显著高于合作-竞争组（$M=5.792$，$SE=0.275$）和名义组（$M=6.264$，$SE=0.365$），$p<0.001$，$MD=2.157$，95％CI [1.027，3.288] 和 $p=0.001$，$MD=1.685$，95％CI [0.616，2.754]，报告了显著的竞争持续积极影响，合作-竞争组和名义组的正确项目记忆量无显著差异（$p=1.000$）。来源类型的主效应显著，$F(1,35)=11.105$，$p=0.002$，$\varepsilon=1.000$，$\eta_p^2=0.241$，表现为宋体（$M=7.238$，$SE=0.237$）的正确项目回忆量显著高于华文行楷（$M=6.099$，$SE=0.224$），$p=0.002$，$MD=1.139$，95％CI [0.445，1.833]。项目类型的主效应显著，$F(2,70)=439.245$，$p<0.001$，$\varepsilon=0.951$，$\eta_p^2=0.926$。多

重分析发现和共享($M=6.671$，$SE=0.166$)和非共享项目($M=3.593$，$SE=0.161$)相比，部分共享项目($M=9.741$，$SE=0.249$)的正确项目回忆量显著较高，$p<0.001$，$MD=3.069$，95%CI[2.541，3.598]和$p<0.001$，$MD=6.148$，95%CI[5.581，6.715]，且共享项目的正确项目回忆量显著高于非共享项目，$p<0.001$，$MD=3.079$，95%CI[2.615，3.542]。

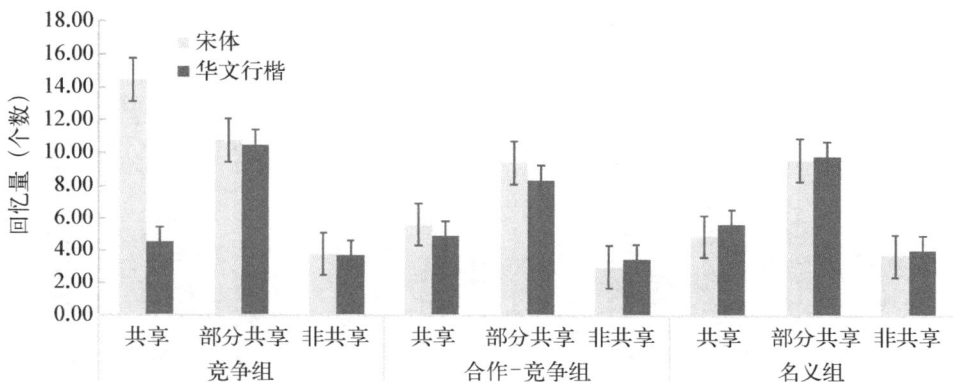

图 4-5　实验 4a 个体单独回忆阶段正确项目回忆量

　　结果发现任何两元和三元交互作用均显著($ps<0.001$)，为了考察竞争对个体记忆的持续性影响，对三方交互的简单效应分析在组间的差异进行报告。对于来源类型来说，只有在宋体的共享项目类型变量水平中，竞争组的正确项目回忆量显著高于合作-竞争组和名义组($ps<0.001$)；在华文行楷的部分共享变量水平上，竞争组的正确项目回忆量显著高于合作-竞争组($p=0.042$)。结果显示，在个体单独回忆阶段中，依然体现竞争对项目记忆起到部分持续影响作用。

　　为了考察竞争如何在个体单独来源记忆中如何起到影响，同样的重复测量ANOVA 也用于个体单独回忆阶段的来源记忆的 CSIM 中(见图 4-6)。结果发现，组别的主效应显著，$F(2,70)=3.498$，$p=0.038$，$\varepsilon=0.944$，$\eta_p^2=0.910$，表现为竞争组($M=0.707$，$SE=0.031$)的 CSIM 值显著高于名义组($M=0.585$，$SE=0.038$)，$p=0.027$，$MD=0.122$，95%CI[0.011，0.233]，体现显著的竞争持续积极影响。来源类型的主效应显著，$F(1,35)=14.596$，$p=0.001$，$\varepsilon=1.000$，$\eta_p^2=0.294$，表现为华文行楷($M=0.604$，$SE=0.021$)的CSIM 值显著高于宋体($M=0.604$，$SE=0.021$)，$p=0.001$，$MD=0.067$，95%CI[0.031，0.102]。项目类型的主效应不显著($p=0.774$)。组别和来源

类型的交互作用显著($p=0.016$)。三元交互作用也显著($p=0.039$)。为了考察竞争对个体记忆的持续性影响，因此对三方交互的简单效应分析在组间的差异进行报告。对于来源类型来说，在宋体的共享和非共享项目类型变量水平中，均发现竞争组的正确项目回忆量显著高于合作-竞争组和名义组($ps<0.05$)。结果显示，在个体单独回忆阶段中，依然体现竞争对来源记忆起到部分持续影响作用。

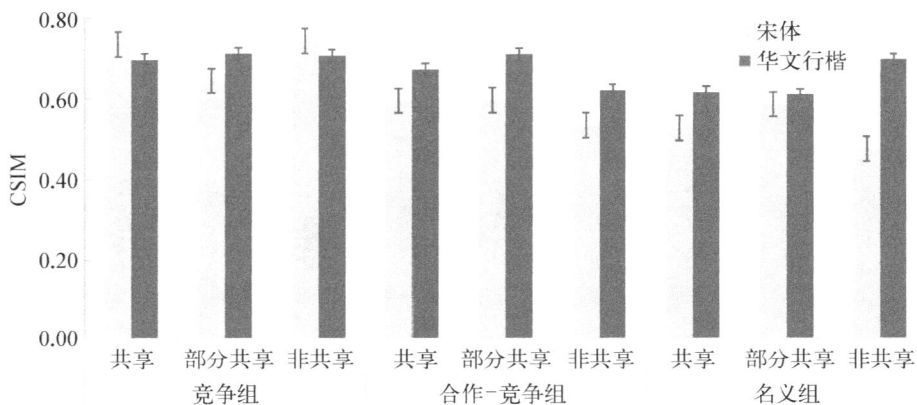

图 4-6　实验 4a 个体单独回忆阶段来源记忆的 CSIM

此外，为了检验竞争是否对竞争后个体单独项目回忆和来源记忆任务中的错误回忆产生影响，对个体单独回忆阶段的错误回忆量进行分析(见图 4-7)，对错误回忆量进行 3(组别：名义组，竞争组，合作-竞争组)×2(回忆任务：项目

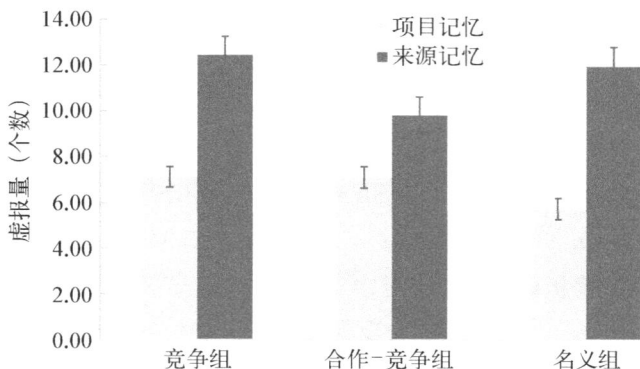

图 4-7　实验 4a 个体单独回忆阶段错误回忆量

回忆，来源记忆)的重复测量 ANOVA 显示，组别的主效应不显著($p=0.310$)。回忆任务的主效应显著，$F(1, 35)=59.745$，$p<0.001$，$\varepsilon=1.000$，$\eta_p^2=0.631$，表现来源记忆($M=11.398$，$SE=0.570$)显著高于项目回忆任务($M=6.639$，$SE=0.442$)的错误回忆量，$p<0.001$，$MD=4.759$，95%CI[3.509，6.009]。两因素的交互作用不显著($p=0.210$)。

(3) 社会竞争影响下的个体情景记忆社会传染效应

其一，为比较不同组别和提取任务对社会传染效应的影响，对社会传染回忆量进行组别 3(组别：名义组，竞争组，合作-竞争组)×2(回忆任务：项目回忆，来源记忆)的重复测量 ANOVA，结果(见图 4-8)显示组别的主效应显著，$F(2, 70)=6.243$，$p=0.010$，$\varepsilon=0.952$，$\eta_p^2=0.151$，表现为竞争组($M=2.861$，$SE=0.687$)显著高于名义组($M=0.681$，$SE=0.144$)的社会传染效应量，$p=0.009$，$MD=2.181$，95%CI[0.466，3.895]。结果表明，社会竞争会引起显著的情景记忆社会传染效应。回忆任务的主效应显著，$F(1, 35)=42.409$，$p<0.001$，$\varepsilon=1.000$，$\eta_p^2=0.548$，表现为项目回忆($M=2.130$，$SE=0.279$)显著高于来源记忆任务($M=1.157$，$SE=0.216$)的社会传染效应量，$p<0.001$，$MD=0.972$，95%CI[0.669，1.275]。两因素交互作用显著($p=0.009$)。简单效应分析进一步显示，在项目回忆任务条件下竞争组显著高于合作-竞争组和名义组的社会传染效应量($p=0.047$ 和 $p=0.001$)，且合作-竞争组的社会传染效应量显著高于名义组($p=0.026$)；在来源记忆任务条件下只表现出竞争组显著高于名义组的社会传染效应量($p=0.014$)。在三种组别条件下，均显示出项目记忆显著高于来源记忆的社会传染效应量($ps<0.001$)。

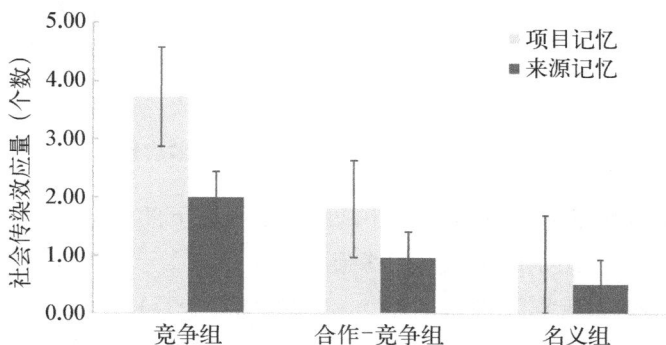

图 4-8　实验 4a 不同记忆任务下的社会传染效应量

其二,分析各因素水平对社会传染效应的影响。由于名义组不涉及社会互动,理论上不产生社会传染效应量,因此只针对性地分析不同竞争形式在不同回忆任务下各因素水平的社会传染效应量。对项目回忆社会传染效应量进行组别2(组别：竞争组,合作-竞争组)×2(项目类型：部分共享,非共享)×2(来源类型：宋体,华文行楷)的重复测量 ANOVA,合作组中各因素水平项目记忆的社会传染回忆量如图 4-9 所示,结果显示组别的主效应显著,$F(1, 35)=4.251$,$p=0.047, \varepsilon=1.000$, $\eta_p^2=0.108$,表现为竞争组($M=0.931, SE=0.205$)显著高于合作-竞争组($M=0.451, SE=0.081$)的社会传染效应量,$p=0.047$,$MD=0.479, 95\% \text{CI}\ [0.007, 0.951]$。来源类型的主效应显著,$F(1, 35)=6.118, p=0.018, \varepsilon=1.000$, $\eta_p^2=0.149$,表现为宋体项目($M=0.792, SE=0.103$)的社会传染效应量显著高于华文行楷项目($M=0.590, SE=0.119$),$p=0.018, MD=0.201, 95\% \text{CI}\ [0.036, 0.367]$。项目类型的主效应显著,$F(1, 35)=9.315, p=0.004$, $\eta_p^2=0.210$,表现为部分共享项目($M=0.792, SE=0.103$)显著高于非共享项目($M=0.590, SE=0.119$)的社会传染效应量,$p=0.004, MD=0.201, 95\% \text{CI}\ [0.036, 0.367]$。任何二元或三元交互作用均不显著($ps>0.05$)。

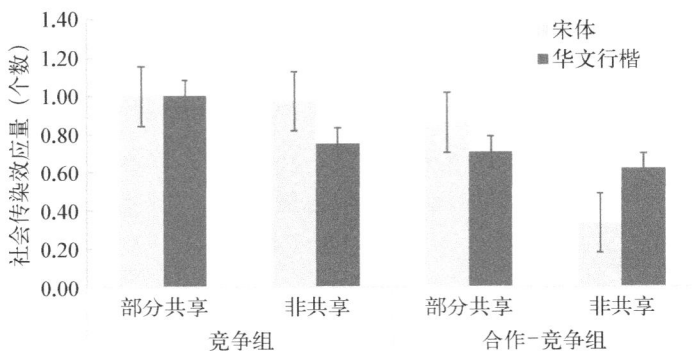

图 4-9   实验 4a 项目回忆社会传染效应量

同样的重复测量 ANOVA 也用于来源记忆任务下的社会传染效应量(见图4-10)。结果发现,组别的主效应边缘显著,$F(1, 35)=3.981, p=0.054, \varepsilon=1.000$, $\eta_p^2=0.102$,表现为竞争组($M=0.681, SE=0.151$)边缘显著高于合作-竞争组($M=0.340, SE=0.062$)的社会传染效应量,$p=0.054, MD=0.340$,$\varepsilon=1.000, 95\% \text{CI}\ [0.006, 0.686]$。来源类型的主效应不显著($p=0.121$)。项

目类型的主效应显著，$F(1, 35) = 7.630, p = 0.009, \varepsilon = 1.000, \eta_p^2 = 0.179$，表现为部分共享项目（$M = 0.597, SE = 0.089$）显著高于非共享项目（$M = 0.424, SE = 0.077$）的社会传染效应量，$p = 0.009, MD = 0.174, \varepsilon = 1.000, 95\%\text{CI}$ [0.046, 0.301]。任何二元或三元交互作用均不显著（$ps > 0.05$）。

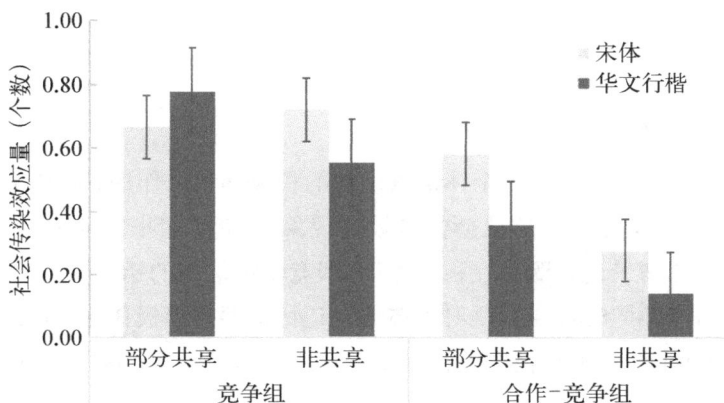

图 4 - 10　实验 4a 来源记忆社会传染效应量

使用的社会传染效应率（Contagion Ratio）对项目记忆和来源记忆中的社会传染效应错误进行量化比较，对社会传染效应率进行 2（组别：竞争组，合作-竞争组）×2（记忆任务：项目记忆，来源记忆）重复测量 ANOVA，不同竞争组的项目记忆和来源记忆的社会传染效应率如图 4 - 11 所示。结果显示，组别的主效应显著，$F(1, 35) = 5.213, p < 0.001, \varepsilon = 1.000, \eta_p^2 = 0.234$，表现为竞争组（$M = 0.273, SE = 0.077$）的社会传染效应率显著高于合作-竞争组（$M = $

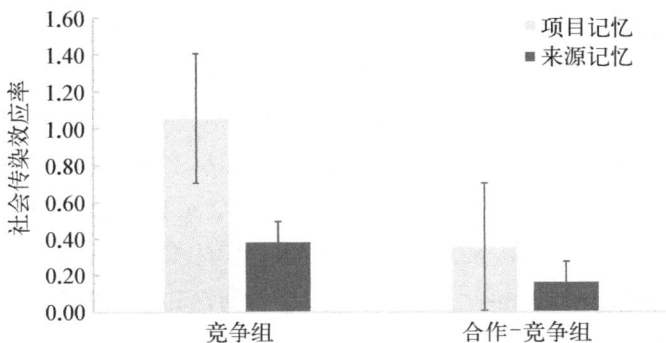

图 4 - 11　实验 4a 不同记忆任务下的社会传染效应率

$0.273, SE=0.077)$，$p<0.001$，$MD=1.407$，$95\%CI\,[1.278, 3.402]$。记忆任务的主效应显著，$F(1, 35)=5.213$，$p=0.029$，$\varepsilon=1.000$，$\eta_p^2=0.130$，表现为项目记忆$(M=0.705, SE=0.261)$显著高于来源记忆$(M=0.273, SE=0.077)$的社会传染效应率，$p=0.029$，$MD=0.431$，$95\%CI\,[0.048, 0.814]$。两因素的交互作用不显著$(p=0.236)$。以上结果表明两种记忆提取任务下社会传染效应存在显著差异。

3. 讨论与结论

实验4a旨在考察竞争对个体情景记忆的积极和消极作用，并重点考察竞争情境下个体情景记忆产生的社会传染效应现象。结果表明，社会竞争同社会合作一样，对个体情景记忆既存在积极作用，即竞争记忆中的错误修剪效应和竞争后优势效应，与此同时社会竞争对个体情景记忆也存在消极作用，即项目记忆中的竞争抑制和个体单独记忆中的社会传染效应。在情景记忆两种子集回忆任务下社会竞争对个体记忆均产生社会传染效应影响，且两种记忆任务下的社会传染效应存在显著差异。下面就不同回忆阶段中合作带来的积极作用和消极作用表现及其理论解释进行详细讨论。

（1）社会竞争对情景记忆的差异性影响：项目记忆的竞争抑制和来源记忆的竞争促进

竞争对正确项目回忆量的影响和正确来源回忆量的影响存在差异，具体表现为第一轮回忆阶段中项目记忆的竞争抑制，即竞争组的正确项目回忆量显著低于名义组，来源记忆的竞争促进表现在不管是何种竞争形式下的正确来源CSIM值显著高于名义组。社会竞争对情景记忆两子集记忆的差异性影响验证了双重加工理论模型，支持了假设7.1，对以上结果的可能猜测是由于处于竞争给个体带来更多的紧张和压力，导致其更多地采用标准严格的监测和提取策略，而且在竞争提取时存在对手之间的相互心理博弈，个从而导致个体无法在自身最习惯、最优的提取策略下进行项目提取（Beilock & Carr，2005；DiMenichi & Tricomi，2015；Gimmig et al.，2006；Liu et al.，2021）。进一步来说，竞争在项目记忆和来源记忆正确记忆量中存在差异化影响，即竞争导致的项目抑制和来源促进，这和假设7.2相符。竞争影响了项目回忆和来源提取的记忆绩效，表示有无基线奖励还是有一定的差异，在有基线水平奖励的合作-竞争组下来源记忆绩效得以提升。

（2）社会竞争对情景记忆存在差异化的积极影响：错误修剪效应和竞争后优势效应

本实验发现和合作条件下发现的错误修剪效应一样，不管是单纯竞争组还是合作-竞争混合组其错误记忆回忆量显著低于名义组，但在竞争类型对错误修剪效应影响的调节作用上，未发现竞争形式在项目记忆错误修剪效应中存在的差异性作用，即竞争组和合作-竞争组的错误项目记忆量无显著差异，只体现记忆任务在错误记忆上的差异性，即来源记忆有更强的错误修剪效应。证据可支持双重加工理论模型，至此，支持了假设 7.3。另外，在个体单独回忆阶段正确记忆上，发现竞争对项目记忆和来源记忆的差异性影响具有时间维度上的持续性，存在和合作后优势效应类似的竞争后优势效应。具体表现在竞争组的项目正确记忆回忆量高于名义组，且竞争组的项目正确记忆的回忆量显著高于合作-竞争组的项目正确记忆回忆量，竞争对项目记忆正确回忆量的差异化影响并没有在来源记忆中监测到，在来源正确记忆中仅发现竞争组比名义组的相对优势。这种竞争对项目记忆和来源记忆的差异化影响证明双重加工理论模型。本结论符合假设 7.4，本实验中竞争持续促进竞争后的个体记忆绩效的证据为双重加工理论模型在社会竞争情境中的应用提供了更为丰富的证据支持。

这种竞争增强效应也可以尝试用重复曝光效应来解释，即通过竞争回忆使单个竞争成员重新接触到它们在个体单独回忆时可能会忘记的信息。本研究采用的是不同程度重叠度的刺激材料，进一步证明增强效应不仅限于最初只由小组成员共同分享的信息，对于竞争成员最初编码的部分共享项目，则至少其中一位可能在竞争回忆阶段成功提取它，由于第一轮回忆阶段三名被试能相互听到彼此回忆的内容，从而为其他可能已经忘记它的竞争成员提供了重新接触的机会。相反，对于最初只由一个竞争成员学习的非共享项目，并未被记住，那么这种失误无法通过从未编码过该项目的其他竞争成员的提取进行纠正。因此，对于部分共享和非共享项目竞争应该提供很少的机会重新接触它们，并且竞争后的促进作用会减少甚至消失。

（3）社会竞争对情景记忆社会传染效应存在差异化影响

最后，在个体单独回忆阶段的错误记忆上，和缺乏真实社会竞争的名义组相比，经历过竞争的个体会在竞争后的个体单独记忆中出现社会传染错误，竞争组会更加表现出关注和"剽窃"对手的记忆成果，竞争对手更有可能有强烈的动机去关注甚至"拿走"竞争对手的资源，因此对资源的正确性可能就会疏于监测，从而更可能表现出社会传染效应。即和名义组相比，竞争组的项目记忆社会传染回忆量更多，竞争组和合作-竞争组之间的社会传染效应量不存在差异；而在来源记忆中发现竞争组的社会传染效应量显著高于合作-竞争组，也就是说不同竞争形式对项目记忆和来源记忆任务下社会传染效应的影响存在差异，验证了假设 7.5，再次为双重加工理论模型在社会竞争情境应用上提供更丰富的实证研究支撑。

（二）实验 4b：社会竞争对情绪刺激的情景记忆社会传染效应的影响研究

　　实验 4b 目的在实验 4a 已证明竞争对情景记忆社会传染效应造成影响的前提下，进一步考察有无竞争及何种竞争形式如何对个体情绪刺激情景记忆社会传染效应产生影响，并重点关注竞争对情景记忆两个子集记忆的社会传染效应的差异性影响。实验 4b 同样包含第一轮回忆阶段和个体单独回忆阶段，其中均包括项目回忆和来源记忆。和实验 4a 更多不同的地方体现在以下两个方面，一方面是实验材料的设置，即将实验材料在原来单纯的中性情绪刺激扩展到积极、中性和消极三种情绪效价；另一方面，为了更好地说明被试对不同情绪效价刺激编码时的注意资源分配差异，在个体单独学习阶段设置了三键反应任务。下文将分别就两个测验阶段所各自包括的项目回忆和来源记忆介绍实验 4b 的具体实验假设。

　　首先，在第一轮回忆阶段正确记忆上，实验 4b 的假设 8.1 期待发现竞争导致正确回忆量的减少，出现类似合作抑制的竞争抑制，即竞争组的情绪词项目正确记忆回忆量低于名义组，若竞争对正确情绪项目回忆量的影响和正确来源回忆量的影响存在差异，支持双重加工理论模型，反之，如果项目正确记忆和来源记忆不存在差异，则支持单一加工理论模型。基于竞争和合作的差异，预测竞争可能不会导致项目记忆中的合作抑制效应。但是，根据社会比较理论模型，可能存在来源记忆中的竞争抑制效应。综合以上两方面，假设 8.2 预测竞争形式对情绪刺激项目记忆竞争抑制效应不造成差异影响，即竞争组和合作-竞争组的情绪刺激项目正确记忆量无显著差异；而来源记忆中存在竞争形式对竞争抑制的差异性影响，且期待两个竞争组之间存在差异。具体来说，竞争组表现出更强的竞争抑制。总之，如果竞争仅在来源记忆任务上记录到对竞争抑制，证据可支持双重加工理论模型。反之，如果竞争对项目记忆和来源记忆均不产生差异性消极影响，那么单一加工理论模型得到来自竞争情境中的实证研究支撑。

其次，在第一轮回忆阶段的错误记忆上，假设 8.3 期待和合作条件下发现的错误修剪效应一样，竞争组的错误情绪刺激项目记忆回忆量显著低于名义组。在竞争类型对错误修剪效应影响上，预测竞争形式在情绪刺激项目记忆错误修剪效应中不存在差异性影响，即竞争组和合作-竞争组的错误项目记忆量无显著差异；而来源记忆中存在竞争形式对错误修剪效应的影响，即期待两个竞争组之间存在差异。具体来说，竞争组表现出更强的错误修剪效应。总之，如果竞争仅存在对错误来源记忆的影响，证据可支持双重加工理论模型，反之，单一加工理论模型可以取得来自竞争角度的证据支持。

再次，在个体单独回忆阶段正确记忆上，假设 8.4 预测竞争对情绪刺激项目记忆和来源记忆的差异性影响持续存在竞争后的个体情景记忆上，存在和合作后优势效应类似的竞争后优势效应。具体来说，即竞争组的项目正确记忆回忆量高于名义组，且情绪刺激项目正确记忆的回忆量显著高于正确来源记忆回忆量，支持双重加工理论模型，反之，如果项目正确记忆和来源记忆不存在差异，则支持单一加工理论模型。竞争形式对情绪刺激项目记忆竞争后优势效应的影响可能不存在，但对来源记忆的竞争后优势效应影响的差异性可能存在，即竞争组的项目正确记忆量和合作-竞争组没有显著差异，但竞争组的正确来源记忆量相较于合作-竞争组显著减少。结合这两方面，实验 4a 期待在竞争后的个人情景记忆阶段的竞争后优势效应的证据，并期待双重加工理论模型得到来自竞争情境中的实证研究支撑。

最后，在个体单独回忆阶段的错误记忆上，假设 8.5 预测竞争组会更加表现出关注和"剽窃"对手的记忆成果，竞争对手更有可能有强烈的动机去关注甚至"拿走"竞争对手的资源，因此对资源的正确性可能就会疏于监测，从而更可能表现出社会传染效应。即和名义组相比，竞争组的社会传染回忆量更多。在竞争对情景记忆中社会传染效应影响差异性上我们期待在情绪刺激项目记忆社会传染效应上不存在竞争组别之间的显著性差异，即竞争组和合作-竞争组的项目记忆社会传染回忆量不存在显著差异，但在来源记忆上存在竞争组别之间的显著性差异，即相比较合作-竞争组，竞争组的来源记忆社会传染回忆量更少，期待在社会互动后的个人情景记忆阶段获取竞争形式差异性影响社会传染效应的证据,并期待为双重加工理论模型提供社会竞争情境应用上更为丰富的实证研究支撑。鉴于以往大多研究均发现刺激情绪效价对项目记忆和来源记忆的影响存在不同,本实验假设 8.6 期待发现刺激情绪性在竞争后的个体情景记忆社会传染效应上的优越性,以及发现竞争对情绪刺激社会传染效应在项目回忆和来源记忆两大任务中存在差异性,期待为双重加工理论模型提供社会竞争情境下情绪情景记忆社会传染效应的证据支持。

1. 方法

（1）被试

实验 4b 共有 108 名大学生被试(50 男,58 女),实验 4b 在被试招募和分组、阶段划分、人数分配及组名命名方式上的操作都与实验 4a 一致,分别构成 12 组名义组、竞争组和合作-竞争组。

实验前使用 G * Power 3.1 软件(Faul et al.,2009)进行计算来确保样本量合适并具有统计效力。结果表明,本实验在每组中至少需要 18 名被试。由此可见,本实验所具备的每组 32 名被试的样本量是充足的。

（2）实验设计

实验 4b 采用 3(组别：名义组,竞争组,合作-竞争组)×3(词汇类型：共享,部分共享,非共享)×2(来源类型：宋体,华文行楷)×3(情绪效价：积极,中性,消极)×2(记忆任务：项目回忆,来源记忆)的混合实验设计。其中,组别为被试间变量,其余均为被试内变量。依旧将被试分为名义组、竞争组和合作-竞争组,对于"来源类型"和"情绪效价"的定义与第一部分的各项实验及实验 4a 一致。

（3）实验材料

为最大程度上控制因为材料不同可能导致的系列实验误差,以及为了纵向比较实验结果,本实验依旧从 ANEW(英语词汇情感规范)列表(Bradley & Lang,1999)中选出 165 个情绪词汇作为正式实验的刺激,每种情绪效价(积极、中性和消极)总共有 55 个词汇。这些词汇的数量比以前的研究材料中的要多,情绪效价和唤醒评分是按照 Berger 等人(2016)的方法确定的,且所有英文词汇都被翻译成汉语的双字词(Nie & Jiang,2021；Zhou et al.,2020)。在情绪效价方面,积极、中性和消极项目之间均存在显著差异,积极项目($M = 6.109$,$SD = 0.718$)远高于中性刺激($M = 4.334$,$SD = 0.495$)和消极项目($M = 2.417$,$SD = 0.731$),$t(162) = 18.165$,$p < 0.001$,$Cohen's\ d = 2.068$ 和

$t(162)=37.471, p<0.001, Cohen's\ d=4.021$，中性词高于消极词，$t(162)=21.181, p<0.001, Cohen's\ d=2.381$。考虑到唤醒得分，消极词（$M=6.081$，$SD=1.219$）远高于积极词（$M=5.476$，$SD=0.923$）和中性词（$M=4.517$，$SD=1.632$），$t(162)=2.251, p=0.019, Cohen's\ d=0.236$ 和 $t(162)=12.081, p<0.001, Cohen's\ d=1.377$；积极词也高于中性词，$t(162)=12.089, p<0.001, Cohen's\ d=1.307$。为了减轻记忆负荷，减少被试的疲劳感，避免不同刺激的干扰，如先前的研究（Nie et al.，2019；Nie & Jiang，2021），个体单独编码阶段被分为 5 个不同的 block，每个 block 有 42 个词汇，这些词汇的项目类型设置和实验 1a 是一致的，且每名被试编码 18 个项目，包括每个 block 中的 6 个共享项目、6 个部分共享项目和 6 个非共享项目，每组被试学习的项目数量见表 1-2。除了正式的词汇外，还有 36 个词汇作为练习试验，实验材料还包括每个研究 block 的合作或单独回忆表、video 相机和调查问卷。

（4）实验流程

在实验 4a 的基础上，并基于预实验和前人合作情境下使用修正后的社会传染效应类似研究（Abel & Bäuml，2020；Choi et al.，2017），实验 4b 同样包含 5 个完整的 block，且每个 block 都包含 1 个学习阶段和 2 个测验阶段（即第一轮回忆阶段、个体单独回忆阶段），其中均各自包括情景记忆 2 个记忆提取任务。除了个体单独编码阶段的操作外，实验 4b 对于竞争的操作与实验 4a 类似，下面就各个阶段及竞争操作和规则对实验流程进行介绍。

个体单独编码阶段。被试的操作指导语内容和实验 1b、2b 和 3b 相似，被试被告知他们将学习一些两字汉语词汇，他们的任务是记住屏幕显示的词汇及其相关的来源类型（宋体或华文行楷），每组的三名被试分别被告知被试还被要求按下三个不同的按键来表示每个词汇的情绪效价："F"表示积极，"SPACE"表示中性，"J"表示消极。每个项目呈现 3 500 ms，其中包括在屏幕中心显示 1 000 ms 的"+"的注视交叉，以集中被试的注意力，随后通过伪随机形式呈现不同情绪效价的词汇，词汇在屏幕中心出现 1 500 ms，随后是 1 000 ms 的 ISI（刺激间隔）。这些项目以伪随机序列显示，以确保连续显示的情绪效价或唤醒水平相同的项目不超过三个。

第一轮干扰任务阶段。为了转移被试的注意力，防止项目转移到长期记忆中，所有被试都被要求在 1 分钟内做一些简单的数学任务（例如，$3\times5+2=$____）。1 分钟到时，无论是否全部完成，将立即进入测试阶段。

测试阶段。为适应项目回忆任务需求，测验阶段在序列反应范式之下进行 (Nie & Li，2021)。如图 4 - 1 所示，测验阶段分为有无竞争或不同形式竞争回忆、休息、个体单独回忆三个阶段。

第一轮回忆阶段的操作方式和实验 4a 一致。

第一轮回忆阶段结束后进入第一轮干扰阶段，持续 3 分钟，所有被试均在自己原本的实验室房间中休息，期间不能互相交流，以免造成干扰。

在个体单独回忆阶段中，名义组和竞争组、合作-竞争组被试均独自完成所有测验任务，时间限制为 3 分钟。

2. 数据分析与结果

实验 4b 所使用的数据分析方法、参数设置和前面的研究都保持一致。

（1）学习阶段的数据分析思路和结果

不同情绪刺激在编码阶段的正确率和反应时见表 4 - 1。由于该阶段的任务是由每一位被试单独完成的，因此不考虑组别因素。对正确率进行单因素方差分析显示，项目情绪效价（3 水平：积极，中性，消极）的效应显著，$F(2, 162) = 8.081, p < 0.001, \varepsilon = 0.979, \eta_p^2 = 0.162$，表现为积极项目显著低于消极和中性刺激的正确率（$ps < 0.001$）。对反应时进行同样方差分析的结果显示，项目情绪效价的效应不显著（$p = 0.589$）。上述结果表明情绪效价对项目判断准确性具有调节作用。

表 4 - 1   实验 4b 编码阶段不同情绪刺激正确率和反应时（M±SE）

项　　目	正　确　率	反应时（ms）
积极项目	0.771±0.031	866±18
中性项目	0.837±0.030	865±17
消极项目	0.865±0.033	854±16

（2）第一轮回忆阶段数据分析与结果

为了考察竞争如何影响和作用于情景记忆，先对第一轮回忆阶段项目记忆正确量进行了 3（组别：名义组，竞争组，合作-竞争组）×3（词汇类型：共享，部分共享，非共享）×2（来源类型：宋体，华文行楷）×3（情绪效价：积极，中性，消极)的重复测量 ANOVA(见图 4-12)。结果显示,组别的主效应显著,$F(2,22)=17.752$，$p<0.001$，$\varepsilon=0.790$，$\eta_p^2=0.617$，简单效应分析发现名义组($M=4.708$，$SE=0.165$)和竞争组($M=4.532$，$SE=0.138$)的正确项目记忆均显著高于合作-竞争组($M=3.532$，$SE=0.140$)，$p=0.002$，$MD=1.176$，$95\%CI$ [0.463，1.889]和 $p<0.001$，$MD=1.000$，$95\%CI$ [0.565，1.435]，报告了显著的竞争抑制,名义组和竞争组的正确项目记忆量无显著差异($p=1.000$)。来源类型的主效应显著,$F(1,11)=5.989$，$p=0.032$，$\varepsilon=1.000$，$\eta_p^2=0.353$，表现为宋体($M=4.627$，$SE=0.136$)的正确项目回忆量显著高于华文行楷($M=3.889$，$SE=0.201$)，$p=0.032$，$MD=0.738$，$95\%CI$ [0.074，1.401]。类型的主效应显著 $F(2,22)=17.752$，$p<0.001$，$\varepsilon=0.790$，$\eta_p^2=0.611$，多重分析发现和共享($M=3.815$，$SE=0.187$)和非共享项目($M=3.773$，$SE=0.218$)相比,部分共享项目($M=5.185$，$SE=0.113$)的正确项目回忆量显著较高,$p<0.001$，$MD=1.370$，$95\%CI$ [0.844，1.897]和 $p=0.001$，$MD=1.412$，$95\%CI$ [0.667，2.157]，共享和非共享项目之间的正确项目记忆量无显著差异($p=1.000$)。

虽然情绪效价的主效应不显著($p=0.563$),但组别、来源和情绪效价的三元交互作用显著($p=0.036$),对此交互作用进行简单效应分析后发现在合作-竞争组的宋体来源类型变量上,中性刺激的正确回忆量显著高于消极项目($p=0.002$),在合作-竞争组的华文行楷来源类型变量上,消极项目的正确回忆量显著高于积极项目($p=0.016$)。其他交互作用均不显著($ps>0.05$)。

为了在来源记忆中考察同样的问题,同样的重复测量 ANOVA 也用于来源记忆的 CSIM 中(见图 4-13)。结果发现,组别的主效应显著,$F(2,22)=4.582$，$p=0.023$，$\varepsilon=0.978$，$\eta_p^2=0.294$，事后成对比较显示,竞争组($M=0.745$，$SE=0.035$)和合作-竞争组($M=0.747$，$SE=0.041$)在 CSIM 上的表现显著好于名义组($M=0.631$，$SE=0.030$)，$p=0.018$，$MD=0.113$，$95\%CI$ [0.012，0.238]和 $p=0.016$，$MD=0.116$，$95\%CI$ [0.014，0.246]，体现了竞争促进。来源类型的主效应显著,$F(1,11)=7.285$，$p=0.021$，$\varepsilon=1.000$，$\eta_p^2=0.398$，简单效应显示宋体($M=0.731$，$SE=0.024$)在 CSIM 上的表现显著好于华文行楷($M=0.684$，$SE=0.028$)，$p=0.021$，$MD=0.047$，$95\%CI$ [0.009，0.085]。项目类型的主效应边缘显著,$F(2,22)=3.315$，$p=0.056$，$\varepsilon=0.987$，$\eta_p^2=0.232$，表现为共享项目($M=0.737$，$SE=0.027$)在 CSIM 上的表现边缘

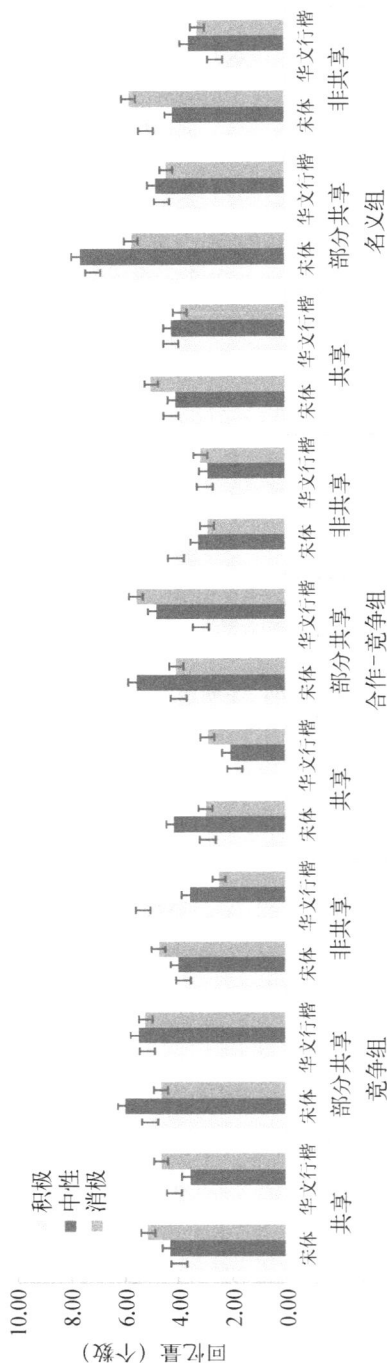

图 4 - 12　实验 4b 第一轮回忆阶段正确项目回忆量

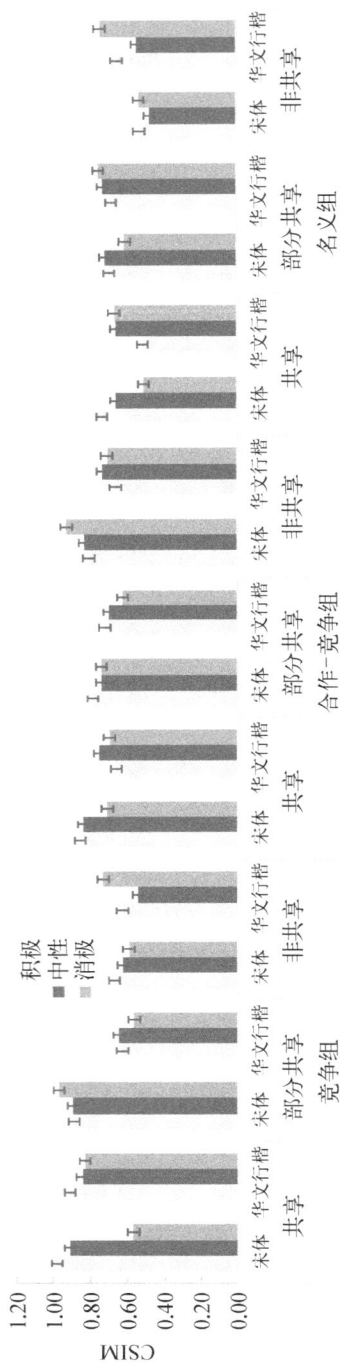

图 4 - 13　实验 4b 第一轮回忆阶段来源记忆 CSIM

显著好于非共享项目（$M=0.661$，$SE=0.031$）（$p=0.058$）。情绪效价的主效应依然不显著（$p=0.623$）。组别和项目类型的二元交互作用显著（$p=0.039$），且组别、来源类型和项目类型之间的三元交互作用显著（$p=0.016$），在竞争组的部分共享变量水平上，宋体在 CSIM 上的表现显著高于华文行楷（$p=0.005$），而在名义组的非共享变量水平上，华文行楷在 CSIM 上的表现显著高于宋体（$p=0.043$）。

此外，为了检验竞争是否和合作产生的错误修剪效应类似的积极作用，对第一轮回忆阶段的错误回忆量进行分析（如图 4-14 所示），对错误回忆量进行 3（组别：名义组，竞争组，合作-竞争组）×2（回忆任务：项目回忆，来源记忆）的重复测量 ANOVA 显示，组别的主效应显著，$F(2, 22)=13.138$，$p=0.002$，$\varepsilon=0.992$，$\eta_p^2=0.544$，表现为名义组（$M=20.083$，$SE=1.880$）和竞争组（$M=14.708$，$SE=0.940$）都显著高于合作-竞争组（$M=10.917$，$SE=0.790$）的错误回忆量，$p=0.002$，$MD=9.167$，$95\%CI$ [3.585，14.749] 和 $p=0.002$，$MD=3.792$，$95\%CI$ [1.532，6.051]，记录到显著的竞争带来的错误修剪效应。回忆任务的主效应显著，$F(1, 11)=22.430$，$p=0.001$，$\varepsilon=1.000$，$\eta_p^2=0.671$，表现来源记忆（$M=17.889$，$SE=0.801$）显著高于项目回忆任务（$M=12.583$，$SE=1.093$）的错误回忆量，$p=0.001$，$MD=5.306$，$95\%CI$ [2.840，7.771]。两因素的交互作用不显著（$p=0.967$）。

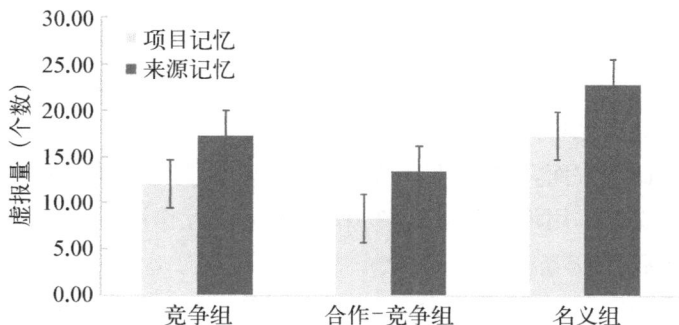

图 4-14　实验 4b 第一轮回忆阶段错误记忆量

（3）个体单独回忆阶段的数据分析与结果

为了考察竞争如何影响个体单独项目回忆，以及竞争如何在其中起到持续影响，同样地，我们对个体单独回忆阶段的项目回忆正确量进行了 3（组别：名义组,竞争组,合作-竞争组)×3(词汇类型：共享,部分共享,非共享)×2(来源类型：宋体,华文行楷)×3(情绪效价：积极,中性,消极)的重复测量 ANOVA(见图 4-15)。结果发现,组别的主效应显著,$F(2, 70)=25.009$,$p<0.001$,$\varepsilon=0.874$,$\eta_p^2=0.417$,表现为竞争组($M=2.238$,$SE=0.061$)的正确项目记忆显著高于合作-竞争组($M=1.565$,$SE=0.090$)和名义组($M=1.319$,$SE=0.115$),$p<0.001$,$MD=0.673$,95%CI $[0.378, 0.968]$和$p<0.001$,$MD=0.918$,95%CI $[0.604, 1.232]$,报告了显著的竞争持续积极影响,合作-竞争组和名义组的正确项目记忆量无显著差异($p=0.386$)。来源类型的主效应显著,$F(1, 35)=12.297$,$p=0.001$,$\varepsilon=1.000$,$\eta_p^2=0.260$,表现为宋体($M=1.863$,$SE=0.061$)的正确项目回忆量显著高于华文行楷($M=1.551$,$SE=0.070$),$p=0.001$,$MD=0.312$,95%CI $[0.131, 0.492]$。项目类型的主效应显著,$F(2, 70)=131.486$,$p<0.001$,$\varepsilon=0.832$,$\eta_p^2=0.791$。多重分析发现和共享($M=1.614$,$SE=0.049$)和非共享项目($M=1.267$,$SE=0.046$)相比,部分共享项目($M=2.241$,$SE=0.078$)的正确项目回忆量显著较高,$p<0.001$,$MD=0.627$,95%CI $[0.457, 0.796]$和$p<0.001$,$MD=0.974$,95%CI $[0.806, 1.142]$,且共享项目的正确项目回忆量显著高于非共享项目,$p<0.001$,$MD=0.347$,95%CI $[0.234, 0.460]$。情绪效价的主效应显著,$F(2, 70)=5.434$,$p=0.008$,$\varepsilon=0.934$,$\eta_p^2=0.134$。多重分析发现和积极($M=1.659$,$SE=0.054$)和消极项目($M=1.645$,$SE=0.063$)相比,中性刺激($M=1.818$,$SE=0.059$)的正确项目回忆量显著较高,$p=0.011$,$MD=0.159$,95%CI $[0.031, 0.287]$和$p=0.016$,$MD=0.173$,95%CI $[0.026, 0.320]$,积极和消极项目的正确回忆量无显著差异($p=1.000$)。

二元交互作用方面,发现组别和项目类型、来源类型和情绪效价、项目类型和情绪效价的交互作用均显著($ps<0.05$)。三元交互作用方面,发现组别、项目类型和情绪效价的交互作用也显著($p<0.001$),来源类型、项目类型和情绪效价的三元交互作用显著($p=0.003$)。由于本实验更多关注情绪效价这一变量的组间差异,因此报告和情绪效价相关的三元交互作用的简单效应分析结果。根据组别、项目类型和情绪效价的交互作用分析来看,在竞争组的部分共享变量中,中性刺激的正确回忆量显著高于积极项目($p=0.036$),而在竞争组非共享变量中,中性刺激的正确回忆量显著高于消极项目($p=0.041$)。在合作-竞争组的共享变量中,中性刺激的正确回忆量显著高于积极项目($ps<0.01$),且消极

项目的正确回忆量显著高于积极项目（$p=0.006$），在合作-竞争组部分共享变量中，中性刺激的正确回忆量显著高于消极项目（$p=0.046$）。在名义组共享变量中，中性刺激的正确回忆量显著高于积极项目（$p=0.010$）。根据来源类型、项目类型和情绪效价的交互作用来看，在宋体来源类型的共享变量中，中性刺激的正确回忆量显著高于积极和消极项目（$ps<0.001$），在宋体来源类型的部分共享变量中，积极和中性刺激的正确回忆量显著高于消极项目（$ps<0.001$），在宋体来源类型的非共享变量中，积极项目的正确回忆量显著高于消极项目（$p=0.023$）。在华文行楷来源类型的共享变量中，消极项目的正确回忆量显著高于积极项目（$p=0.032$）。

为了考察竞争如何在个体单独来源记忆中如何起到影响，同样的重复测量 ANOVA 也用于个体单独回忆阶段的来源记忆的 CSIM 中（见图 4-16）。结果发现，组别的主效应显著，$F(2, 70)=45.345$，$p<0.001$，$\varepsilon=0.836$，$\eta_p^2=0.564$，表现为竞争组（$M=0.794$，$SE=0.011$）的 CSIM 值显著高于合作-竞争组（$M=0.606$，$SE=0.025$）和名义组（$M=0.490$，$SE=0.027$），$p<0.001$，$MD=0.188$，95% CI $[0.121, 0.255]$ 和 $p<0.001$，$MD=0.304$，95% CI $[0.227, 0.380]$，报告了显著的竞争持续积极影响，且合作-竞争组的 CSIM 值显著高于名义组，$p=0.014$，$MD=0.116$，95%CI $[0.019, 0.212]$。来源类型的主效应显著，$F(1, 35)=10.677$，$p=0.002$，$\varepsilon=1.000$，$\eta_p^2=0.234$，表现为宋体（$M=0.651$，$SE=0.013$）的 CSIM 值显著高于华文行楷（$M=0.608$，$SE=0.015$），$p=0.002$，$MD=0.043$，95%CI $[0.016, 0.070]$。项目类型的主效应显著，$F(2, 70)=4.816$，$p=0.012$，$\varepsilon=0.947$，$\eta_p^2=0.121$，表现部分分享（$M=0.659$，$SE=0.016$）的 CSIM 值显著高于非共享项目（$M=0.597$，$SE=0.016$），$p=0.006$，$MD=0.062$，95%CI $[0.016, 0.108]$。

虽然情绪效价的主效应不显著（$p=0.412$），但组别和情绪效价的交互作用显著（$p=0.006$）。简单效应显示在三种情绪效价项目上，竞争组的 CSIM 值均显著好于合作-竞争组和名义组（$ps<0.001$），但积极项目的合作-竞争组和名义组的 CSIM 值无显著差异（$p=0.310$），中性和消极项目的合作-竞争组 CSIM 值显著好于名义组（$ps<0.05$）。在组别维度上的竞争组中，积极项目的 CSIM 值显著好于中性和消极项目（$ps<0.01$），而在合作-竞争组中，中性和消极项目的 CSIM 值显著好于积极项目（$ps<0.05$），在名义组中未发现不同情绪效价项目在 CSIM 值上的显著差异（$ps>0.05$）。此外，来源类型和情绪效价的交互

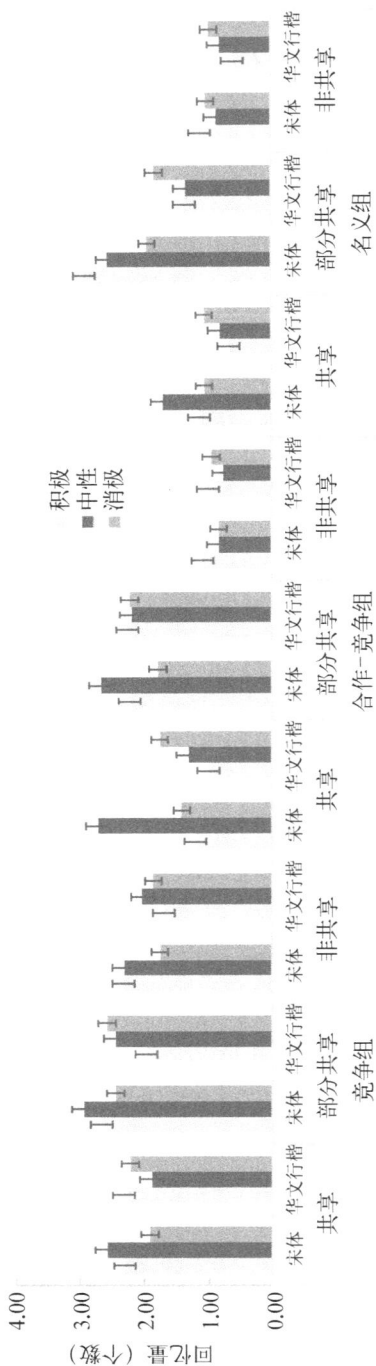

图 4 - 15　实验 4b 个体单独回忆阶段正确项目回忆量

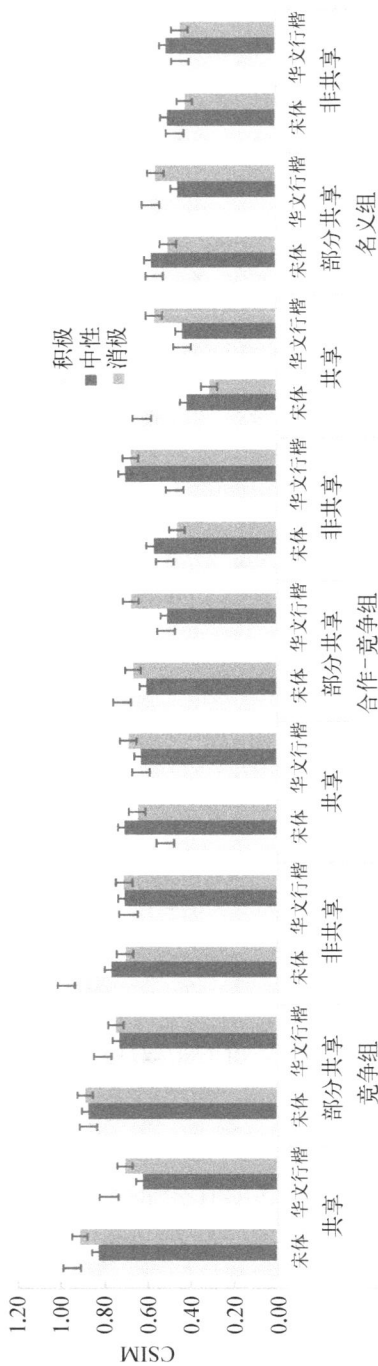

图 4 - 16　实验 4b 个体单独回忆阶段来源记忆 CSIM

作用也显著($p=0.003$)。简单效应显示在宋体来源类型上积极项目的 CSIM 值显著高于消极项目($p=0.013$)，而在华文行楷来源类型上消极项目的 CSIM 值显著高于积极项目($p=0.013$)，消极项目的 CSIM 值边缘好于中性刺激($p=0.054$)。组别和来源类型的交互作用显著($p=0.001$)，具体表现在宋体来源类型上，竞争组的 CSIM 值显著好于合作-竞争组和名义组($ps<0.001$)，且合作-竞争组的 CSIM 值也显著好于名义组($p=0.004$)。结果显示，在个体单独回忆阶段中，依然体现竞争对来源记忆起到部分持续影响作用。

此外，为了检验竞争是否对竞争后个体单独项目回忆和来源记忆任务中的错误回忆产生影响，对个体单独回忆阶段的错误回忆量进行分析（见图 4-17），对错误回忆量进行 3（组别：名义组，竞争组，合作-竞争组）×2（回忆任务：项目回忆，来源记忆）的重复测量 ANOVA 显示，组别的主效应不显著($p=0.241$)。回忆任务的主效应显著，$F(1,35)=22.732$，$p<0.001$，$\varepsilon=1.000$，$\eta_p^2=0.394$，表现来源记忆($M=8.380$，$SE=0.405$)显著高于项目回忆任务($M=6.046$，$SE=0.367$)的错误回忆量，$p<0.001$，$MD=2.333$，95%CI $[1.340,3.327]$。两因素的交互作用不显著($p=0.799$)。

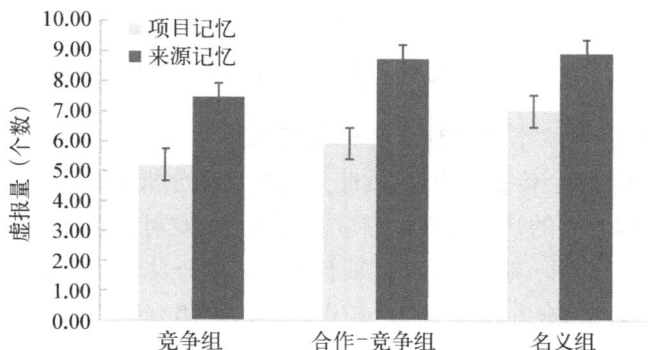

图 4-17　实验 4b 个体单独回忆阶段错误回忆量

（4）社会竞争影响下的个体情景记忆社会传染效应

其一，为了从总体上分析个体单独回忆阶段不同组别在不同记忆任务下产生的社会传染效应，对社会传染效应量进行组别 3（组别：名义组，竞争组，竞争-合作组）×2（记忆任务：项目记忆，来源记忆）的重复测量 ANOVA。（见图 4-18）结果显示，组别的主效应显著，$F(2,70)=3.749$，$p=0.037$，$\varepsilon=0.831$，$\eta_p^2=0.138$，表现为竞争组($M=3.014$，$SE=0.704$)的社会传染效应量显著高于合作-竞争组（$M=1.931$，$SE=0.543$）和名义组（$M=0.875$，$SE=0.232$），$p=0.035$，$MD=1.056$，95％CI $[0.539, 2.650]$和 $p=0.021$，$MD=2.139$，95％CI $[0.262, 4.016]$。记忆任务的主效应显著，$F(1, 35)=35.054$，$p<0.001$，$\varepsilon=1.000$，$\eta_p^2=0.500$，表现为项目记忆（$M=2.380$，$SE=0.322$）的社会传染效应量显著高于来源记忆（$M=1.500$，$SE=0.253$），$p<0.001$，$MD=0.880$，95％CI $[0.578, 1.181]$。两者交互作用显著（$p=0.017$），表现为在两种记忆任务下，均表现为竞争组的社会传染效应量显著高于名义组（$p=0.004$），在三种组别条件下，均体现项目记忆在社会传染效应量上的显著优势（$ps<0.05$）。

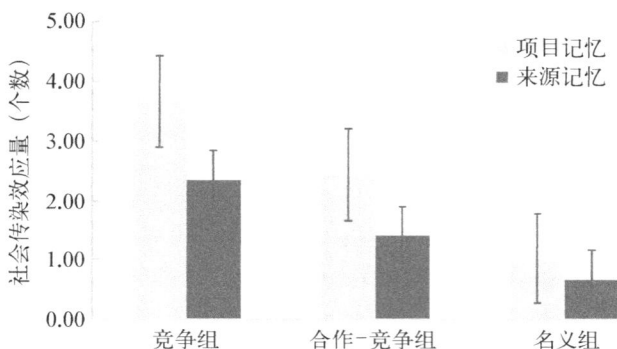

图 4‐18　实验 4b 不同组别下的社会传染效应量

其二，分析各因素水平对社会传染效应的影响，由于名义组不涉及社会互动，理论上不产生社会传染效应量，因此只针对性地分析不同竞争形式在不同回忆任务下各因素水平的社会传染效应量。对项目回忆社会传染效应量进行组别2（组别：竞争组，合作-竞争组）×2（项目类型：部分共享，非共享）×2（来源类型：宋体，华文行楷）×3（情绪效价：积极，中性，消极）的重复测量 ANOVA，合作组中各因素水平项目记忆的社会传染回忆量如图 4‐19 所示，结果显示组别的主效应显著，$F(1, 35)=5.602$，$p=0.024$，$\varepsilon=1.000$，$\eta_p^2=0.138$，表现为竞争组（$M=1.097$，$SE=0.041$）的社会传染效应量显著高于合作-竞争组（$M=0.970$，$SE=0.035$），$p=0.024$，$MD=0.127$，95％CI $[0.018, 0.237]$。来源类型的主效应显著，$F(1, 35)=24.839$，$p<0.001$，$\varepsilon=1.000$，$\eta_p^2=0.415$，表现为宋体项目（$M=1.130$，$SE=0.030$）的社会传染效应量显著高于华文行楷项目（$M=0.938$，$SE=0.037$），$p<0.001$，$MD=0.192$，95％CI $[0.114, 0.270]$。项目类型的主效应显著，$F(1, 35)=13.320$，$p=0.001$，$\varepsilon=1.000$，

$\eta_p^2 = 0.276$，表现为部分共享项目($M=1.118$，$SE=0.040$)显著高于非共享项目($M=0.949$，$SE=0.031$)的社会传染效应量，$p=0.001$，$MD=0.169$，95% CI [0.075，0.263]。情绪效价的主效应显著，$F(2,70)=13.947$，$p<0.001$，$\varepsilon=0.895$，$\eta_p^2=0.285$，表现为积极($M=1.212$，$SE=0.045$)项目显著高于中性($M=0.944$，$SE=0.042$)和消极项目($M=0.967$，$SE=0.043$)的社会传染效应量，$p<0.001$，$MD=0.267$，95%CI [0.138，0.397]和 $p=0.001$，$MD=0.267$，95%CI [0.097，0.437]。

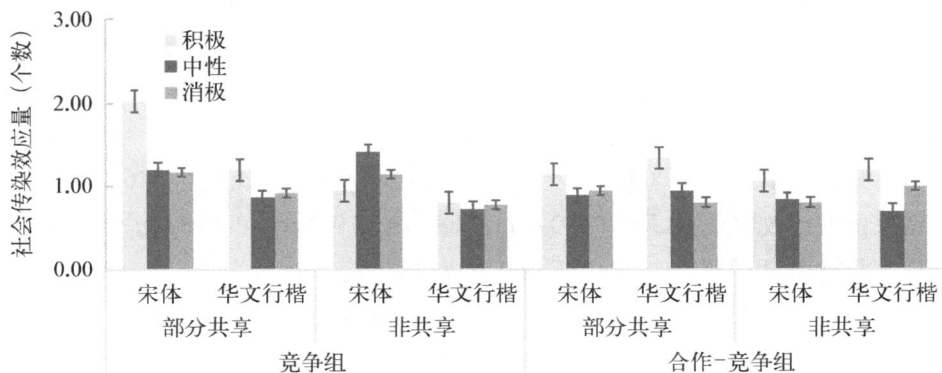

图4-19　实验4b项目回忆社会传染效应量

在交互作用上，组别和来源类型、项目类型和情绪效价的二元交互作用均显著($ps<0.05$)。组别、项目类型和情绪效价的三元交互作用显著($p=0.004$)，来源类型、项目类型和情绪效价之间也存在显著的三元交互作用($p=0.020$)。四因素交互作用亦显著($p=0.016$)。鉴于本实验关注是否有竞争以及何种竞争对不同情绪效价项目社会传染效应的影响，因此仅报告和组别、情绪效价变量相关的简单效应分析结果。在组别、项目类型和情绪效价三元交互作用中，在竞争组和合作-竞争组的部分共享变量、合作-竞争组的非共享变量中，都发现积极项目的社会传染效应量显著高于中性和消极项目($ps<0.001$)，而在竞争组的非共享变量上，未发现任何情绪效价水平在社会传染效应量上的显著差异($ps>0.05$)。同样地，在来源类型、项目类型和情绪效价的三元交互作用中，在宋体和华文行楷的部分共享变量中，都发现积极项目的社会传染效应量显著高于中性和消极项目($ps<0.001$)，且在华文行楷的非共享变量中发现积极项目的社会传染效应量显著高于中性刺激($ps<0.001$)。以上结果可见，竞争对情绪刺激项目

记忆社会传染量起到调节作用。

　　同样的重复测量 ANOVA 也用于来源记忆任务下的社会传染效应量（见图 4‑20）。结果发现，组别的主效应显著，$F(1, 35) = 4.960$，$p = 0.032$，$\varepsilon = 1.000$，$\eta_p^2 = 0.124$，表现为竞争组（$M = 0.681$，$SE = 0.151$）边缘显著高于合作‑竞争组（$M = 0.340$，$SE = 0.062$）的社会传染效应量，$p = 0.054$，$MD = 0.340$，$\varepsilon = 1.000$，95％CI $[0.006, 0.686]$。来源类型的主效应显著，$F(1, 35) = 64.868$，$p < 0.001$，$\varepsilon = 1.000$，$\eta_p^2 = 0.650$，表现为宋体（$M = 0.681$，$SE = 0.151$）显著高于华文行楷（$M = 0.340$，$SE = 0.062$）的社会传染效应量，$p < 0.001$，$MD = 0.340$，$\varepsilon = 1.000$，95％CI $[0.006, 0.686]$。项目类型的主效应显著，$F(1, 35) = 25.626$，$p < 0.001$，$\varepsilon = 1.000$，$\eta_p^2 = 0.423$，表现为部分共享项目（$M = 0.597$，$SE = 0.089$）显著高于非共享项目（$M = 0.424$，$SE = 0.077$）的社会传染效应量，$p = 0.009$，$MD = 0.174$，$\varepsilon = 1.000$，95％CI $[0.046, 0.301]$。情绪效价的主效应显著，$F(2, 70) = 11.688$，$p < 0.001$，$\varepsilon = 0.918$，$\eta_p^2 = 0.250$，表现为积极项目（$M = 0.542$，$SE = 0.034$）显著高于中性（$M = 0.378$，$SE = 0.029$）和消极项目（$M = 0.382$，$SE = 0.040$）的社会传染效应量，$p < 0.001$，$MD = 0.163$，95％CI $[0.078, 0.248]$ 和 $p = 0.002$，$MD = 0.160$，95％CI $[0.050, 0.269]$。

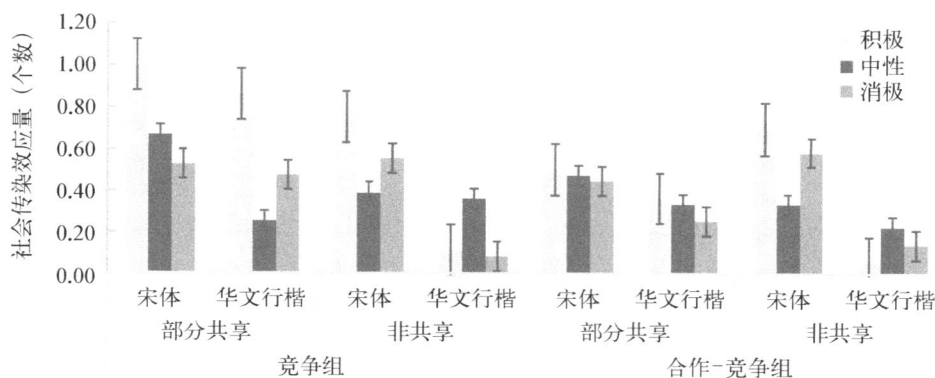

图 4‑20　实验 4b 来源记忆社会传染效应量

　　在交互作用方面，其中组别和项目类型、来源和项目类型的二元交互作用均显著（$p = 0.009$ 和 $p = 0.003$），组别、项目类型和情绪效价的三元交互作用显著（$p = 0.024$），来源、项目类型和情绪效价的三元交互作用也显著（$p = 0.001$）。

同样地，报告和组别、情绪效价变量相关的简单效应分析结果，在组别、项目类型和情绪效价三元交互作用中，在竞争组部分共享变量中发现积极项目的社会传染效应量显著高于中性和消极项目（$ps < 0.001$），在合作-竞争组的非共享变量上发现积极项目的社会传染效应量显著高于中性刺激（$p = 0.033$）。同样地，在来源类型、项目类型和情绪效价的三元交互作用中，在宋体和华文行楷的部分共享变量中，都发现积极项目的社会传染效应量显著高于中性和消极项目（$ps < 0.05$），在宋体的非共享变量中发现积极和消极项目的社会传染效应量显著高于中性刺激（$ps < 0.05$），在华文行楷的非共享变量中发现中性刺激的社会传染效应量显著高于积极和消极项目（$ps < 0.05$）。以上结果可见，竞争对情绪项目记忆社会传染量起到调节作用。

　　同样地，为了横向比较项目记忆和来源记忆中的社会传染效应程度，本研究使用的社会传染效应率（Contagion Ratio）对项目记忆和来源记忆中的社会传染效应错误进行量化。对社会传染效应率进行 2（组别：竞争组，合作-竞争组）×2（记忆任务：项目记忆，来源记忆）重复测量 ANOVA，不同竞争组的项目记忆和来源记忆的社会传染效应率如图 4-21 所示。结果显示，组别的主效应显著，$F(1, 35) = 7.817$，$p = 0.008$，$\varepsilon = 1.000$，$\eta_p^2 = 0.183$，表现为竞争组（$M = 0.622$，$SE = 0.027$）显著高于合作-竞争组（$M = 0.513$，$SE = 0.025$）的社会传染效应率，$p = 0.008$，$MD = 0.110$，$95\%\text{CII}\ [0.030, 0.189]$。记忆任务的主效应显著，$F(1, 35) = 133.467$，$p < 0.001$，$\varepsilon = 1.000$，$\eta_p^2 = 0.792$，表现为项目记忆（$M = 0.712$，$SE = 0.017$）显著高于来源记忆（$M = 0.423$，$SE = 0.025$）的社

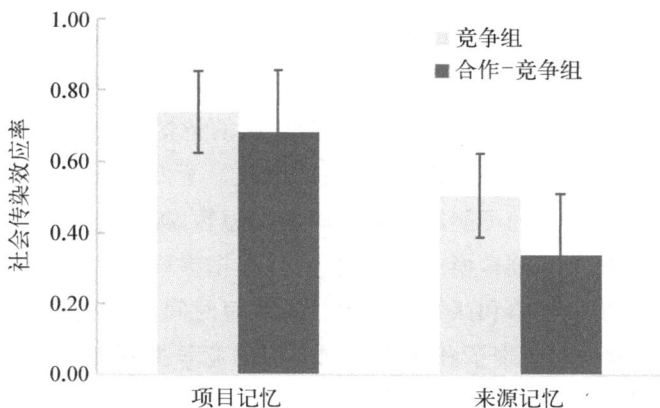

图 4-21　实验 4b 不同记忆任务下的社会传染效应率

会传染效应率，$p<0.001$，$MD=0.288$，95%CI $[0.238,0.339]$。两因素的交互作用边缘显著（$p=0.053$）。简单效应分析发现在来源记忆任务上，发现合作-竞争组显著高于竞争组的社会传染效应率（$p=0.005$），在项目记忆任务上，两者无差异。另外，不管在何种组别条件中均发现项目记忆的社会传染效应率显著高于来源记忆（$ps<0.001$）。以上结果表明，竞争组更容易产生社会传染错误，且两种记忆提取任务下社会传染效应存在显著差异。

3. 讨论与结论

实验4b旨在考察竞争对个体情绪刺激情景记忆的积极和消极作用，并重点考察竞争是否对个体情景记忆产生社会传染效应现象。结果表明，社会竞争同社会合作一样，对个体情景记忆既存在积极作用，即竞争记忆中的错误修剪和竞争后优势效应，与此同时社会竞争对个体情景记忆也存在消极作用，即竞争抑制和社会传染效应。在情景记忆两种子集回忆任务下社会竞争对个体记忆均产生社会传染效应的影响。下面就不同测验阶段中合作带来的积极作用和消极作用表现及其理论解释进行详细讨论。

（1）是否竞争及不同竞争形式对情绪刺激项目正确记忆产生不一致影响

其一，合作混合竞争形式对情绪刺激项目正确记忆存在抑制影响。在第一轮回忆阶段中，名义组的项目正确回忆量最高，其次是竞争组，合作-竞争组最低，且名义组和竞争组的项目正确回忆量无差异，前两者和合作-竞争组的项目正确回忆量存在显著差异，验证了假设8.1和8.2。造成竞争和无竞争组（名义组）的项目记忆绩效无差别的可能原因是本实验采取的竞争三人组，这在一定程度上会削弱竞争行为。研究表明竞争对手的数量（N）是影响竞争行为的重要情境因素之一，且随着竞争者人数的增加竞争行为会减少，这就是社会比较理论的N效应（Garcia et al.，2013）。合作竞争混合组的记忆绩效低于竞争组的结果和沈小芳（2020）研究中发现合作-竞争组的绩效显著低于竞争组一致。抑制合作基础上竞争记忆绩效的可能原因是实验时间短暂，被试较难在以合作角色完成记忆任务的基础上立刻转换成竞争角色，且根据提取策略破坏假说理论个体已经形成的记忆提取策略和认知结构也较难在短时间内顺利转换，因此降低记忆任务绩效水平，从而出现了和合作抑制类似的竞争抑制结果（Bärthel et al.，2017；Nie et al.，2019；Saraiva et al.，2020）。

其二，竞争对经历竞争后的个人情绪刺激项目回忆具有优势影响。在个体单独回忆阶段，经历竞争后的个体体现出项目回忆量的优势，显著高于其他两组被试项目记忆绩效，出现了类似合作后优势效应的竞争后优势效应，验证了假设。根据再曝光效应，个体在自己单独回忆时提取不出来的项目在竞争回忆过程中被竞争组其他成员努力提取出来了，使得这些项目再次曝光在个体面前，个体在这样的过程中再次接触了这些项目的机会，从而促进竞争后的个体记忆，而名义组就不存在这些过程（Maswood et al.，2022；Rajaram & Maswood，2017；Wissman & Rawson，2015）。

（2）竞争对两阶段情绪刺激错误记忆的影响都体现提取任务间的差异性

其一，第一轮回忆阶段和个体单独回忆阶段均表现出更高的来源错误记忆。总的来说，竞争对情景记忆两类子集记忆任务下的错误记忆随时间推移而持续存在修剪效应，出现类似于合作的增强效应之一，即错误修剪（Abel & Bäuml，2017；Bärthel et al.，2017；Blumen et al.，2014）。不管纯粹竞争或合作-竞争混合形式都能帮助成员相互对彼此提取的记忆信息进行矫正和反馈，尤其是对存在分歧或疑问的项目，在这样的机制下，不管是竞争组还是合作-竞争组相较于名义组就会产生更少的错误记忆（Maswood et al.，2022；Nie et al.，2021；Whillock et al.，2020），假设 8.3 得到支持。显著较多的来源错误记忆也验证了双重加工理论模型，相较于项目记忆，来源记忆的提取任务会更难和更慢，因此也更容易产生提取错误。

其二，竞争带来的错误修剪突出体现在第一轮回忆阶段错误记忆中。在第一轮回忆阶段错误记忆中发现组别间差异，即名义组和竞争组显著高于合作-竞争组，而在个体单独回忆阶段并未发现组别间显著差异。此处结论再次验证个体记忆绩效表现和其在纯竞争行为中的坚持的目标导向有关，如个体为了突显自我记忆能力而不顾记忆检索的正确性与否，更容易出现错误记忆；如处于在合作-竞争混合任务中的个体更倾向于合作而非超越竞争者的目标倾向，个体会为了增加合作绩效而更加将注意资源聚焦在信息正确性上。本结果体现了不同竞争形式对错误记忆的存在不同影响。

（3）是否竞争及不同竞争形式对情绪刺激来源正确记忆均产生促进作用

其一，竞争对来源正确记忆中的优势稳定存在两阶段来源记忆中。在第一轮回忆阶段和个体单独回忆阶段中的来源记忆任务中均体现了竞争的优势促进作用。对于竞争组在项目记忆中体现的和名义组无差别结果和来源记忆中体现的促进作用的差异，可用双重加工理论进行解释，情景记忆包含两个独立、本质不同的记忆加工过程，在项目回忆任务中，被试均主要依靠熟悉性过程提取字面痕迹并进行自动化的记忆判断（Caruso et al.，2020；Yonelinas et al.，2010），而来源记忆中被试更多的运用回忆过程，更多的调动了认知资源和更加的依赖提取策略参与提取项目的字体来源类型，由此可见，运用双重加工理论模型依然可以解释同一竞争条件对正确项目记忆和正确来源记忆造成的不同影响。

其二，合作混合竞争形式对来源记忆的优势影响仅存在于第一阶段回忆中。在第一轮回忆阶段，竞争组和在合作基础上的竞争组在来源记忆正确回忆量上不存在显著差异，可能原因是经历不同形式竞争的个体所采用的认知资源和提取时的记忆策略都是类似的（Georgious et al.，2007），比如社会价值取向理论认为个体在竞争情境中会更容易倾向采用竞争性目标导向，即更倾向于与他人进行比较，夸大自身优势以此超过他人（Lu et al.，2013）。在合作-竞争后的个体单独记忆中并没有体现合作和竞争混合情境的优势，表现和前一阶段来源记忆绩效差异的结果也恰巧验证了以往研究中认为在合作-竞争混合任务下，个体内部动机更加复杂，个体间容易产生不一致的需求，因此需要个体灵活地处理冲突信息，表现灵活性增强，因而记忆准确率也会变得更不稳定（Goclowskaet al.，2013）。

（4）来源类型和项目类型对情绪刺激项目回忆和来源记忆的影响一致

其一，宋体来源刺激的正确项目回忆和来源记忆更明显。在无竞争或不同形式竞争回忆阶段宋体字体在正确记忆上的显著优势与前文探索合作对情景记忆的影响中的来源类型的无差异现象不一致，足以显示合作和竞争两种不同社会互动形式对记忆的不同影响，说明合作情境下合作者的目标以合作目标为导向追求一致性和明确性，而处于竞争情境下个体更加追求差异性和个性，表现出对常见字体类型（宋体）的倾向性。在经历合作或竞争后的个体单独回忆阶段中均发现宋体字体在正确记忆中的显著优势体现了不管个体之前经历了何种社会互动，随着记忆慢慢消退，个体表现出对常见字体类型的记忆提取优势。

其二，部分共享项目的正确项目回忆比来源记忆更明显。至此，假设 8.4 得到验证。该研究基于先前关于社会传染的工作，操纵了先前编码的信息的分布（Abel & Bäuml，2020；Choi et al.，2017；Garryet al.，2008）。结果证实，无论记忆任务如何，仅由其他两名合作者编码的项目更有可能导致合作后个体记忆中的社会传染错误。这一发现与之前的研究结果非常一致，并为假设提供了有力的支持（Abel & Bäuml，2020；Choi et al.，2017），且和本研究的实验 2 发现合作对部分共享的情绪刺激情景记忆社会传染效应更为明显的结果一致。再暴露效应可以为上述现象提供解释，部分共享的信息会被个体接受并被报告为其之前编码过的信息的原因是面对面的竞争回忆方式对每位竞争者来说都是对编码过的信息的重新学习过程，与仅由单个参与者编码过的未共享项目相比，部分共享的编码项目有更大地被重新提取的可能性（Abel ＆ Bäuml，2020；Rajaram ＆ Pereira-Pasarin，2010）。除了竞争回忆阶段提供诱发竞争感的指导语外，还强调每名竞争者要尽可能又多又准确地记录下所编码过的项目及其字体来源类型，这些项目被认为是每名竞争者通过充分的回忆和检索提取的，且以往研究已证明竞争可以极大地激励个人重新学习信息，这基本上相当于在竞争者的帮助下反复检索所编码的信息的机会是均等的（Rajaram ＆ Pereira-Pasarin，2010）。当然，上述解释和推断是基于理论基础的，并不排除实际检索过程中可能出现非理想检索过程的可能性，例如当被试第一次记录下回忆出的编码信息时，被试可能不知道编码的信息间会存在共享程度上的不同，在这种情况下，其他两个竞争者出于寻求共同性或突出竞争性的目的可能会无条件地相信他们也编码过此信息，但是这类信息只是原本部分共享信息。因此，该部分的结果对今后进一步探讨社会传染影响因素研究的启发是需要准确地监测和分析回忆阶段，确定被试每个检索出的项目及其字体信息是真正来自自我记忆能力而非受到竞争同伴或其他外在因素的影响。此外，本实验发现两人共同分享编码的项目而非仅一人编码的项目更具有传染性的结果也证实了个体在三人群体竞争行为中更倾向于寻找共同性的归属和形成与群体中的一人形成心理联盟，而非太自信地凸显自我记忆能力，毕竟有时候在群体中太过于凸显自我不利于和他人关系的建立和持续。

（5）竞争对个体情绪刺激情景记忆社会传染效应存在影响，竞争形式对个体项目记忆和来源记忆社会传染效应影响存在差异性

本实验发现个体在其单独回忆阶段中表现出了竞争条件下个体对组内其他竞争者回忆信息的"攫取"，和以往为数不多的关于竞争对记忆社会传染效应影响的研究结果一致（Park et al.，2016），假设 8.5 也得到支持。根据记忆统整性理论（Theory of Mmeory Conformity），当个体与他人进行对话时，他们的记忆可能被他人的记忆内容所感染（Wright et al.，2000），竞争带来的个体心理状态及其引起的压力和焦虑感不同，同样会出现受他人记忆内容感染的影响（Wrightet al.，2010）。本实验从社会比较的情境因素、奖励因素和个人因素出

发,增加了社会互动情境-竞争及其形式这一因素,当个体进入竞争心态就更有可能更关注他人的记忆绩效并不关注奖励,即使在并不知道对方的记忆是否正确的情况下也依旧会倾向记住别人的记忆内容。另外,本实验发现在项目记忆任务下,竞争组的社会传染效应量显著高于合作-竞争组,验证了处于纯粹的竞争形式比处于合作混合竞争形式的个体更有超越他人而非共享意识,更加突出个人成就,激发个体更关注他人并"窃取"他人资源的心理状态(Johnson et al.,1993;Ortiz et al.,1996)。然而,竞争组在社会传染效应量上的优势在来源记忆任务下并未明显显现出的可能原因是和项目回忆相比,具有意识调配和支配注意力回忆过程的来源记忆的难度较大、提取时间较长,对两类竞争组个体来说难度相似,容易导致被试忘乎小组内成员的关系和记忆目标。竞争形式对个体项目记忆和来源记忆社会传染效应影响存在差异性也再一次验证了阐明项目记忆和来源记忆心理机制不同的双重加工理论模型。

（6）来源类型和项目类型对情绪刺激情景记忆两分支记忆类型社会传染效应的影响一致

其一,宋体来源类型存在对情景记忆两分支记忆类型社会传染效应的偏好。除上述发现外,我们还监测到来源类型对社会传染效应影响的显著差异,即无论记忆任务如何,宋体来源都显著高于楷体来源的社会传染效应量,我们试图做出以下解释,即宋体(如"美丽")的笔画结构中规中矩,是日常生活中随处可见和标准化的字体类型,也因此更容易让人忘记,因此它依赖于更多的认知资源来回忆,从而增加了易受他人记忆影响的可能性;而华文行楷字体(如"**美女**")笔画更加流畅唯美,更富有艺术感,更吸引人眼球从而令人印象深刻(Rawson & Dunlosky,2002;Zhang et al.,2015),因此它的检索更多地依赖于自动记忆,并将优先被回忆提取出来,不那么容易受他人影响而被记忆污染。这一发现进一步证明,作为来源信息的项目字体特征对个体来源信息监控产生重要影响。

其二,部分共享项目存在对情绪刺激情景记忆两分支记忆类型社会传染效应的偏好。此外,无论记忆任务如何,部分共享项目对社会传染错误的显著影响,这符合前面提到的再暴露效应(Abel & Bäuml,2020;Rajaram & Pereira-Pasarin,2010),也符合真实情况——"真相"即在真实社会互动情况下,两个人共同认为的"真相"更容易被认为是"真相"。

（7）积极刺激存在对情景记忆两分支记忆类型社会传染效应的影响一致性

目前的实验还表明无论情绪效价是积极的、中性的还是消极的,个体都会错误地回忆出最初只由竞争者编码的信息。此外在两种记忆任务下，被试都更有可能通过社会传播的错误将其他人的积极情绪信息纳入他们的项目和来源记忆中，部分验证了假设 8.5。尽管之前没有关于情绪刺激情景记忆中的社会传染效应的研究，但这些结果应该是非常合理的。对这些结果的大胆解释是，当做出真实判断时个人更有可能受到竞争者提供的错误信息的积极情绪影响，并且在一般和熟悉的情况下似乎更具感染力和困惑性（例如，宋体常用字体项目），对这一预测的解释与 Claypool 等人（2008）提出的积极线索-熟悉效应一致，该效应指出个人对所经历情况的熟悉性可以激活积极的情感，并影响他们对真相的判断，毫无疑问这个结论需要更多的实证研究。

（三）小　结

第四部分在两个实验（实验 4a 和实验 4b）中分别采用不同情绪效价刺激，对竞争及竞争不同形式是否和如何在进行和持续阶段对情景记忆及其社会传染效应起到影响提供了全面的证据。第四部分主要得出以下结论：

第一，尽管存在竞争抑制和竞争促进作用，但不同竞争形式产生的影响不一致。名义组和竞争组在项目回忆正确量上无差异，竞争组在竞争后的个人单独回忆中出现优势效应。竞争的促进作用稳定地存在两轮记忆阶段的来源记忆中，合作混合竞争形式对来源记忆的促进仅体现在竞争回忆提取阶段中。

第二，竞争对两阶段错误记忆的影响都体现提取任务间的差异性。相对项目记忆而言，来源记忆存在显著的错误记忆，支持双重加工理论模型。

第三，竞争形式对个体项目记忆和来源记忆社会传染效应影响存在差异性。竞争组的项目记忆社会传染效应量更加突出，但未体现在来源记忆中，验证了双重加工理论模型。

第四，在竞争情境中，刺激情绪性影响情景记忆社会传染效应。积极刺激对情景记忆两分支记忆类型社会传染效应优势影响存在一致性。

第五部分　总讨论

本文从社会合作和社会竞争两大视角系统探讨了社会互动对情景记忆社会传染效应的影响，并发现社会互动对含项目记忆和来源记忆的情景记忆社会传染效应存在差异性影响。第一部分首先在中性材料(实验 1a)和情绪性材料(实验 1b)中验证了项目记忆存在社会传染效应的基础上，拓展发现来源记忆中同样存在社会传染效应，且证明了两者具有差异性。第二部分从社会传染效应的本质——从记忆来源监测偏差的视角证明了社会合作会诱发社会传染效应和虚假认同效应的存在。随后在第三部分中继续在社会压力情境下探讨合作和刺激情绪性能否共同影响情景记忆社会传染效应。第四部分将视角从社会合作拓展到社会竞争角度，在中性刺激(实验 4a)和情绪刺激(实验 4b)中均发现了竞争及不同竞争条件对社会传染效应的影响，且仅发现单纯竞争在项目记忆社会传染效应中的优势。因此，本文在验证情景记忆两分支记忆中的社会传染效应的差异性机制的基础上，证实了社会互动的合作和竞争两大重要形式对社会传染效应的影响机制，基于合作记忆的提取策略破坏假说理论、来源监测框架理论、注意力控制理论、竞争的社会比较模型等理论模型进行了深入探讨，并重点在社会传染效应的存在的特异性、社会压力、互动形式、情绪刺激性等维度对支持情景记忆两分支记忆类型间差异的双重加工理论模型提供了丰富的实证研究证据，拓展了双重加工理论模型在社会压力情境和竞争情境中的应用领域。对社会学习、同伴学习中从减少聚焦自我的压力和采用中性情绪效价刺激等方面避免同伴带来的负面影响具有一定的现实启发意义。

（一）社会合作和竞争对情景记忆的积极和
消极影响存在差异性

本文通过将合作和非合作、竞争与非竞争下的个人层面记忆绩效进行对比发现,社会合作对项目记忆和来源记忆的积极、消极影响上存在差异性,即在积极影响中的错误修剪效应上体现来源记忆的优势,但在合作后优势效应上体现项目记忆的优势;记忆任务对合作消极影响中的合作抑制不存在显著差异性,但它对另一消极影响——社会传染效应的影响具有差异性。从竞争的社会互动形式来说,竞争对项目记忆存在竞争抑制,对来源记忆却存在竞争促进作用。上述情景记忆子类别间的差异性机制支持双重加工理论模型。

1. 社会合作对情景记忆两分支记忆的积极影响存在差异性

第一,合作存在增强效应,具体表现在合作错误记忆的减少及合作后个体记忆绩效的增强。在合作与非合作组合作回忆阶段记忆比较发现,合作提取记忆过程中的相互交流和提醒有助于抑制错误记忆的产生,体现合作的优势作用。此外,合作对个体记忆存在持续性积极影响,受合作过程中重复曝光效应的再编码过程和抑制错误记忆过程的影响,有助于提高个体单独记忆提取绩效。

第二,社会合作对情景记忆两子类别记忆中的影响存在差异性。在积极影响的错误修剪效应方面发现来源记忆显著强于项目记忆;另一方面,在合作后优势效应方面发现项目记忆显著强于来源记忆,反映了两者对熟悉性过程和回忆过程不同程度的依赖。根据痕迹模糊理论,记忆项目经过迅速分解后被试通过自动化的回忆进行检索时,主要依靠回忆过程(Brainerd & Reyna, 2019;Dodson et al. , 2008),虽然随着记忆的消退回忆过程会存在一定难度,但建立在争取提取项目基础上的来源提取难度更高,因而正确提取来源记忆的可能性更小,反应时也更长(Guoet al. , 2006;Nie et al. , 2019;Nie et al. , 2023)。同样道理,个体在合作后单独进行项目回忆和来源信息提取时面临项目回忆的浅层次加工,对字体来源信息的深层次加工难度更大,容易导致错误记忆的产生。

2. 社会合作对情景记忆两分支记忆的合作抑制影响一致

第一,社会合作均对情景记忆两分支记忆产生合作抑制作用。在项目回忆和来源记忆任务下都监测出合作产生的消极影响——合作抑制,即合作组正确记忆量显著低于非合作组(名义组)。提取策略破坏假说认为,每个个体都带着各自独特的最佳提取策略进入编码阶段,在合作回忆提取阶段中合作者相互会对彼此采用的提取策略造成破坏,导致各自最佳的记忆提取策略和记忆提取的潜能受到影响,从而出现了合作抑制的出现(Maswood et al. , 2022;Nie et al. ,

2023；Whillock et al.，2020)。

第二,社会合作对情景记忆两分支记忆类型中的合作抑制影响一致。这点和之前广泛在各类刺激材料和实验群体中均发现稳定的合作抑制结果相同,说明合作抑制的普适性。在本文实验1a中监测到合作对项目回忆和来源记忆的合作抑制无差别影响的结论可能是由于个体在记忆提取过程中更多受到外部因素而非来自编码项目自身的因素(内容和字体类别)对记忆绩效的影响,比如合作组内三人成员之间沟通配合程度、对实验程序的熟悉程度等,其他外部因素造成对个体注意力资源的持续过度占用,从而导致合作抑制上的无差别表现。

3. 社会竞争与合作差异性影响情景记忆两分支记忆的抑制和促进作用

第一部分发现合作对项目记忆和来源记忆的同步抑制和促进作用和先前的研究保持一致(Guazzini et al.，2020；Maswood et al.，2022；Nie et al.，2023),但第四部分表明竞争对项目记忆存在竞争抑制,对来源记忆却存在竞争促进作用。造成合作、竞争对情景记忆抑制和促进的影响不同的可能原因是合作过程中的互动交流有利于相互纠错和自我纠错,提高记忆准确性(Hyman et al.，2013；Rajaram & Maswood，2017；Saraiva et al.，2020),而根据竞争的社会比较模型,在紧张、高压的竞争情境下能激发出个体投入更多的注意力认知资源,相应地会采取更为严格的监测和提取策略,另外还会形成和竞争对手的心理博弈和比较。由此可见,竞争情境导致个体各自都自觉或不自觉地进行策略调整,不能一以贯之的采用最优提取策略,从而影响了竞争组项目回忆绩效水平,导致出现了竞争抑制。对于来源回忆绩效提升的现象来说,竞争可能会带来个体更为严格的记忆监测和提取策略,从而对提高来源记忆绩效有促进作用(Liu et al.，2021)。综上所述,竞争通过影响情景记忆量分支记忆类型所依赖的不同回忆过程在整体上对两类记忆类型形成了差异性影响。

(二)社会合作和竞争对情景记忆社会
传染效应的影响存在差异性

对照使用相同实验材料的第一部分合作和第四部分竞争的社会互动情境,

并同时参照使用社会合作压力类型对社会传染效应影响的第三部分，发现情景记忆受社会互动的差异化影响还会持续到后续个人单独记忆中。本系列实验中对个体单独回忆阶段的项目回忆和来源提取的社会传染效应分析均发现社会合作和竞争均会给个体记忆带来消极影响——社会传染效应，即由于在合作（竞争）回忆阶段中个体与其他两位同伴共同回忆并提取记忆项目及其字体来源信息，个体在合作（竞争）后的单独回忆阶段中会不可避免地"攫取"回忆出之前只是合作（竞争）同伴（们）编码的项目及其字体来源信息，并认为这些是自我编码过的信息。本文在验证项目记忆中存在社会传染效应的基础上扩展了其存在的记忆领域——来源记忆，证明了社会传染效应存在的稳定性。另外，合作（竞争）对情景记忆两分支记忆类型的社会传染效应的差异化影响证明了双重加工理论模型。

1. 社会合作和竞争导致项目记忆和来源记忆中社会传染效应的产生

社会合作和竞争促进形成记忆社会传染效应的产生。本系列实验均在项目回忆和来源记忆双重记忆任务下采用不同程度重叠刺激、三人合作（竞争）组被试证明了项目记忆社会传染效应的普遍存在性（Abel & Bäuml，2020；Andrews-Todd et al.，2021；Kensinger et al.，2016；Maswood & Rajaram，2019；Meade et al.，2017；Meade & Roediger 2002；Numbers et al.，2019；Park et al.，2016）。来源监测框架理论（Johnson，1993）认为，当个体提取记忆信息时可以采用很多来源，个体会将最近的、显著的信息错误归因为较早事件记忆中，尤其是当被试出现记忆提取困难或失败时更容易依赖外部资源作为记忆提取策略。更为重要的是，本系列实验均证实了不仅项目记忆中存在社会传染效应，情景记忆的另一分支——来源记忆中同样存在社会传染效应。这点作为本系列实验的重要发现之一，既在"情理之中"，又在"意料之外"。"情理之中"的是，如同其他关于合作对情景记忆影响的研究中均发现项目记忆和来源记忆中同时存在积极和消极影响一般，本文预测在"质"的方面，来源记忆中也具有和项目记忆一样的社会传染现象，只不过两者可能会有"量"方面的差异。况且在社会互动的实验中个体会潜移默化、无意识地受到合作同伴的影响并在记忆表现上有所体现。"意料之外"的是，仅从个体攫取原本只属于别人的记忆并当成是自我记忆的表面现象来看，记忆的社会传染效应是一种"剽窃"记忆现象，当前对社会传染效应的研究主要集中在项目记忆和自传体记忆中（Abel & Bäuml，2020；Andrews-Todd et al.，2021；Maswood & Rajaram，2019；Meade et al.，2017；Numbers et al.，2019；Park et al.，2016；Harris et al.，2017）。在未采取任何试图降低和促进社会传染效应措施的情况下个体在社会互动过程中无法避免来源记忆不受合作同伴带来的负面影响，从而得出合作对个体记忆产生的积极和消极影响必定同时存在的结论。

2. 社会合作对情景记忆两分支记忆社会传染效应的影响存在差异性

来源记忆社会传染效应量显著低于项目记忆社会传染效应量的结果说明项目记忆在社会传染效应上的优势，再次验证了解释项目回忆和来源记忆不同加工机制的双重加工理论模型，在合作回忆阶段合作组成员之间的充分自由讨论使得同伴（们）编码过的信息进入彼此视野，在合作后的个体记忆提取阶段由于记忆内容本身的消退和并未事先被告知编码信息种类的不同使所有被试放松对提取信息的来源（原始编码者）的监测，加之由于字体来源信息的检索相较于项目内容的提取更多地依赖于基于控制的回忆过程，这使得来源记忆比条目项目更困难、更具破坏性和更易受攻击（Li & Nie，2021；Nie et al.，2019；Nie et al.，2023；Ye et al.，2019；Zhou et al.，2020），导致个人更容易产生来源信息提取错误。研究也发现，与项目记忆相比，个体提取来源记忆的难度更大（Ye et al.，2019；Zhou et al.，2020），这往往导致记忆编码者监控错误。此外，与之前的研究一样（Nie et al.，2019；Nie et al.，2023；Ventura-Bort et al.，2017），本文采用了来源记忆提取的序列范式（Nie et al.，2019；Nie & Deng，2023；Nie et al.，2023；Nie et al.，2023；Ventura Bort et al.，2016），在一定程度上也决定了项目的字体来源信息的正确提取是建立在能正确回忆其相对应的项目内容的基础上的，个体对同伴（们）编码项目的相应字体的记忆较模糊，正确回忆难度就会较大，从而导致来源记忆的社会传染效应量更低。

3. 不同社会竞争对情景记忆两分支记忆社会传染效应影响存在差异性

在项目记忆中竞争组和合作-竞争组之间的社会传染效应量不存在差异，而在来源记忆中发现竞争组的社会传染效应量显著高于合作-竞争组，也就是说竞争对项目记忆和来源记忆任务下社会传染效应的影响存在差异。记忆统整性理论(Theory of Memory Conformity)认为,当个体与他人进行对话时,他们的记忆可能被他人的记忆内容所感染(Wright et al. , 2000)。竞争带来的个体心理状态及其引起的压力和焦虑感不同,同样会出现受他人记忆内容传染的影响(Wrightet al. , 2010)。在本实验中从社会比较的情境因素、奖励因素和个人因素出发,增加了社会互动情境——竞争及其形式这一因素,当个体进入竞争心态就更有可能更关注他人的记忆绩效并不关注奖励,即使在并不知道对方的记忆是否正确的情况下也依旧会倾向记住别人的记忆内容。另外,本实验发现在项目记忆任务下,竞争组的社会传染效应量显著高于合作-竞争组,验证了处于纯粹的竞争形式比处于合作混合竞争形式的个体更有超越他人意识而非共享意识,更加突出个人成就,激发个体更关注他人并出现"窃取"他人资源的心理状态(Johnson et al. , 1993; Ortiz et al. , 1996)。然而,竞争组在社会传染效应量上的优势在来源记忆任务下并未明显显现出来,可能的原因是和项目回忆相比,具有意识调配和支配注意力回忆过程的来源记忆提取难度较大、提取时间较长,对两类竞争组个体来说难度相似,容易导致被试忘记小组内成员的关系和记忆目标。竞争形式对个体项目记忆和来源记忆社会传染效应影响存在差异性也再一次验证了阐明项目记忆和来源记忆心理机制不同的双重加工理论模型,双重加工理论可以扩展运用至社会竞争领域中。

4. 来源类型和项目类型对两种社会互动情境下社会传染效应的影响一致

虽然第一部分(合作)和第四部分(竞争)实验操作方式不同,但实验采取的材料是一致的,来源类型和项目类型对两种社会互动情境下社会传染效应的影响存在一致性和稳定性。即不管在合作或竞争情境下,宋体来源项目和部分共享项目在情景记忆两分支记忆社会传染效应上均更敏感。这说明虽然合作情境下合作者的目标以合作为目标导向追求一致性和明确性,而处于竞争情境下个体更加追求差异性和个性,但都表现出对常见字体类型(宋体)的倾向性。在经历合作或竞争后的个体单独回忆阶段中均发现宋体字体在正确记忆中的显著优势体现了不管个体之前经历了何种社会互动,随着记忆慢慢消退,个体表现出对常见字体类型的记忆提取优势。另外,无论记忆任务如何,部分共享项目对社会传染错误的显著影响,这和前面提到的再暴露效应(Abel & Bäuml, 2020; Rajaram & Pereira-Pasarin, 2010),和现实情况匹配,即往往不管社会情境如何，"真相"往往掌握在大多数人群中，在真实社会互动情况下，两个人共同认为的"真相"更容易被认为是"真相"。

（三）个体记忆的社会传染效应
具有存在的特异性

在确定个体项目记忆和来源记忆均存在社会传染效应后，我们在合作情境中设置了不同记忆提取任务以探讨社会传染效应作为记忆来源监测偏差中的代表之一——"剽窃"记忆（即将他人编码过的项目错误地归因为自我编码过的倾向）和其他记忆来源监测偏差相比是否具有代表性以及其在情景记忆两分支记忆中的记忆来源监测中是否存在相同的偏差倾向，结果证明真实合作与否及合作记忆提取任务的不同都会对个体记忆来源监测正确性和偏差方向产生影响，个体对合作阶段提取的项目归因更倾向于"剽窃"记忆，证实了社会传染效应存在的特异性，与此同时，个体对共享编码信息的记忆来源监测产生"虚假认同"效应倾向。

1. 不同合作记忆提取任务对记忆来源监测偏差的影响存在差异性

通过操纵被试在合作回忆中接收的指导语不同，即被试要么被分配到一个被要求写下同伴（们）编码过的所有项目的包容组条件，要么被分配到一个仅需要写下同伴（们）编码过的项目的排他组条件，另外设置由"虚拟"同伴提供事先准备好回忆信息但实质是被试单独完成回忆任务的对照组，发现三类组别下个体均会体现不同程度上的记忆来源监测正确性，在两类真实社会合作组表现出更强的正确记忆来源监测，其中排他性条件下被试凸显出对正确记忆来源监测的优势。不同提取任务下的被试对记忆提取中注意力资源的分配和记忆正确与否评估和监测的严格程度也是不同的（Hirst & Yamashiro, 2018；Pasupathi, 2001）。排他组条件下的被试对信息来源更加关注，提高了来源监测的准确性，产生更少的记忆来源监测偏差和更多的记忆来源监测正确，包容组条件的被试更注重信息"数量"而忽视信息"质量"，降低了对每一个提取项目的正确来源监测，缺乏任何真实社会互动的控制组实质上缺少社会互动带来的有利影响，如再编码机会、矫正错误记忆来源的作用等，因而其记忆来源监测正确性最低。

2. 社会合作导致"剽窃"记忆的记忆来源监测偏差倾向

通过对合作记忆阶段提取项目的记忆来源监测发现个体对在合作记忆过程中讨论的信息的来源监测存在偏差，具体来说，和错误地认为自己编码的信息是来自同伴的"泄露"记忆相比，个体更倾向于将合作同伴的信息作为自己的独特记忆的"剽窃"记忆，并错误地认为是自己的个人记忆而非同伴记忆与合作同伴共享。换句话说，他们表现出对"剽窃"记忆的特异倾向，即社会传染现象的发生可能性较"泄露"记忆大。相比之下，我们没有在无真实合作的情况下且同时完成了类似合作记忆任务的被试中观察到这些相同的偏差。这些结果支持了合作后的来源监测偏差不是随机的，代表了记忆中取决于记忆社会背景的真实偏见。

3. 社会合作导致"虚假认同"效应的记忆来源监测偏差倾向

通过对原本共享信息的记忆来源监测测试时发现个体更倾向于认为原先只有自己编码过这些项目而不是同伴原先编码的，表现出一种"分享"记忆的"虚假认同"效应。此结论也非常贴近现实生活经验，即个体更倾向于相信自己的独特记忆与他人（群体）共享，或者认为自己的行为和信仰在同龄人更常见。更广泛地说，"虚假"的认同是天真现实主义的表现——人们倾向于相信自己对世界的看法是真实的，并期望具有理性的其他人也会以同样的方式看待世界。前人也证明了"虚假认同"错误的共识偏见发生在广泛的行为和态度背景下。例如，在一项关于记忆来源监测偏差的经典研究中，当大学生被试被问及是否会在大学校园里穿滑板上课，大学生被试表示有较多同龄人会做出同样的决定（Ross et al.，1977）。

（四）社会压力对情景记忆两分支记忆
社会传染效应的影响具有差异性

为探究情境因素有无压力及何种压力对个体情景记忆社会传染效应的差异性影响，通过制造社会群体比较压力（和同类大学同学的记忆能力作比较），评估和监测压力（全程录像，专家研究）的不同组别指导语设置个人导向压力组、目标导向压力组和无压力对照组，证明了合作情境下不同压力类型对个体情景记忆社会传染效应产生不同影响，个人导向压力促进社会传染记忆和记忆来源监测偏差的产生，且社会压力对情景记忆两分支记忆的社会传染效应产生差异影响，即项目记忆中的社会传染效应更明显，验证了双重加工理论模型。

1. 不同类型社会压力对情景记忆社会传染效应的影响具有差异性

个人导向压力类型对社会传染效应更为敏感。三种压力类型组均发现个体单独记忆中出现社会传染效应，出现了回忆起更多由于受合作同伴提供信息的影响并将其纳入自我记忆体系产生受"传染"的错误记忆。深度比较发现，个人导向压力条件下个体情景记忆的社会传染效应最为显著，个人导向压力通过指导个体在完成合作和个人回忆任务时"表现出能力"的说明来额外诱导，引发被试对表现和自我效能的关注，将资源从与任务相关的活动（如评估和来源监测）中转移出来。相比之下，目标导向压力有助于避免个体受其合作同伴提供的不准确信息的影响，这个条件为被试提供了一个明确的、与任务相关的目标，并通过监控信息的来源和准确性来避免社会传染效应。目标导向压力下的被试在回忆任务上更成功，因为他们回忆起更少的由合作同伴带来的错误记忆。这些发现表明，压力可以差异化地影响社会传染效应，增加或减少人们对合作同伴不准确记忆贡献的回忆取决于任务目标的指导。

2. 社会压力对情景记忆两分支记忆社会传染效应的影响具有差异性

通过对两种记忆任务下的社会传染效应率进行横向比较，监测出项目记忆在社会传染效应上的优势，且该优势不受合作压力类型影响，即使不同压力组的任务目标有所不同，但因提取任务不同带来的记忆负荷压力对不同组被试来说是相似的，克服由项目回忆和来源提取不同带来的不同应对策略和资源使用是被试面临的首等压力，再次证明了阐明项目回忆和来源提取对回忆过程依赖程度不同的双重加工模型。由于被试均未提前告知编码的不同，所以对于每名被试来说在合作阶段同伴成功提取的信息也很大程度被看作是"正确记忆"，但实际上是社会传染记忆，在个体检索阶段中被试对这些"正确记忆"内容的检索难度不一，项目回忆难度相对较低，被试在回忆检索阶段主要将注意力资源优先评估项目回忆正确性和来源提取匹配的准确性上,项目正确回忆的提取难度相对较小因而提取成功的可能性较高。与此同时,来源记忆的提取采用序列范式,导致被试来源记忆正确提取的难度较大,因此综合来看被看成"正确记忆"的项目回忆准确性更高,实际上这是对社会传染错误的项目内容回忆更明显。项目记忆和来源提取在不同压力类型下的社会传染效应差异再次验证了双重加工理论模型,也扩展了双重加工理论模型的应用范畴。

(五)刺激的情绪性及其与社会压力、社会互动共同影响情景记忆社会传染效应

考虑刺激的情绪性对情景记忆两分支记忆的正确记忆和错误记忆存在重要且不尽相同的影响(Minor & Herzmann,2019;Ventura-Bort et al.,2020;Zhou et al.,2020)及其对记忆社会传染效应的影响存在争议,因此本系列实验采用刺激的情绪性这一刺激特征因素,探究其与合作、压力类型、社会互动形式对情景记忆两分支记忆类型社会传染效应可能存在的差异性影响。

1. 社会合作和竞争对情绪刺激情景记忆的社会传染效应的影响具有差异性

第一,合作和竞争均促进情绪性诱发的社会传染效应的产生。在系列实验中通过设置合作与非合作条件均发现合作促进生成情绪性诱发的社会传染效应,而与有无基线奖励的是否竞争(名义组 vs 竞争组)及何种竞争方式(竞争组 vs 合作-竞争组)的操作分析中也均发现情景记忆中的情绪词诱发的社会传染效应,个体在社会合作和竞争影响下三类情绪刺激的项目记忆和来源记忆中均会错误地回忆出最初只由竞争者编码过的信息及其字体来源类型,这意味着刺激的情绪性对情景记忆社会传染效应的影响一致地存在于社会合作和社会竞争中。这说明社会合作和竞争对个体记忆影响的共同之处,即不管是何种社会互动方式,个体都会受到记忆活动中有真实他人存在的影响,使其记忆策略和提取策略得到改变。

第二,合作和竞争对情绪词诱发的社会传染效应的影响倾向性有差异。具体表现为在合作情境下积极和消极刺激的社会传染效应相似,且都显著高于中

性刺激，始终呈"U"型曲线，且积极和消极效价刺激两者对社会传染效应没有显著差异化影响，而在竞争情境中仅突出积极情绪在社会传染效应上的优势。根据检索策略破坏假说(Browning et al.，2018；Ke et al.，2017；Li & Nie，2021；Nie et al.，2023)，与中性词相比，情绪词编码阶段涉及的策略在回忆阶段会被更严重的破坏，其破坏程度越大，在合作回忆过程中的真实互动中，被试就越容易依赖同伴，并视同伴为记忆提取资源，在项目记忆和来源记忆中都比较稳定地体现出同伴提供的情绪刺激易被唤醒并被"传染"的竞争偏好(Mather，2007；Mather & Sutherland，2011)。因此，由情绪刺激产生的社会传染现象会变得越严重。而在竞争情境下，由于不存在社会互动，个体可能保留了最佳的记忆提取策略和始终保持对积极刺激的高感受敏感度，而且同时形成了为获胜并取得报酬的压力(Liu et al.，2021)，这个结论也和实验3b揭示的在压力情境下个体表现出对积极刺激更显著的社会传染效应的结论相符合。最后，不得不提的一点是，研究表明，刺激的情绪性可以分为效价和唤醒两个维度，且已有研究证明，不同的情绪唤醒水平和情绪效价都会影响项目和源记忆(Zhou et al.，2020；Ke et al.，2017)，在合作情境中未发现积极和消极效价刺激对社会传染效应的差异化影响可能的解释是：实验对所选的情绪性刺激在唤醒水平和情绪效价词汇均进行了显著差异化处理，因此可能存在情绪效价和情绪唤醒水平相互作用抵消了刺激情绪词诱发的社会传染效应的内部显著差异。所以，今后的研究需要单独考量情绪效价或唤醒水平对记忆的影响，从而辨别不同的影响因子作用。

第三，合作和竞争对情绪刺激的情景记忆两分支记忆社会传染效应的影响存在差异性。通过采用社会传染效应率(Contagion Ratio)横向比较合作情境下情绪刺激项目记忆和来源记忆社会传染状况，发现个体对情绪刺激的项目记忆社会传染量显著高于来源记忆，支持双重加工理论模型，而在竞争情境下，项目记忆和来源记忆的社会传染效应未存在显著差异。合作和竞争在情景记忆任务上的差异也再次证明两种互动方式上的差异。和在单纯只有中性刺激的实验中发现合作情境下项目记忆在社会传染效应上的优势是一致的，意味着项目记忆的社会传染程度显著高于来源记忆的这一结论不受刺激的情绪性这一变量的调节，分析原因这可能和实验1b中刺激量较多导致被试对不同情绪刺激的感知度降低，视觉疲劳影响记忆绩效有关。竞争组在社会传染效应量上的优势在来源记忆任务下并未明显的可能原因是和项目回忆相比，具有意识调配和支配注意力回忆过程的来源记忆的难度较大、提取时间较长，对两类竞争组个体来说难度相似。容易导致被试忘记小组内成员的关系和记忆目标。鉴于当前缺乏关于情绪刺激的情景记忆社会传染效应的研究，还需要更多支持或反驳此结论的论证研究。

第四，刺激情绪性和来源类型、项目类型交互影响情景记忆两分支记忆社会传染效应。本系列实验发现刺激情绪性诱发的社会传染效应在项目记忆和来源记忆中和来源类型、项目类型的交互作用是相同的，即在两项记忆任务下均发现在华文行楷的部分共享项目中，只有消极刺激的社会传染性显著高于中性刺激，对该部分结果的大胆解释是，当个体需要在特殊或不熟悉的情境下（如不常见的华文行楷字体）做出真实与否的判断时，个体更有可能受到合作者提供的消极错误信息的影响，这在一定程度上也折射出个体对陌生事件（物）存在或多或少的负面情绪（如抵触、害怕、担忧等）。

2. 刺激的情绪性对记忆来源监测偏差造成差异性影响

第一，刺激的情绪性对记忆来源监测偏差造成差异性影响。基于第一部分验证情绪刺激情景记忆社会传染效应普遍存在的基础上，持续对情绪刺激情景记忆社会传染效应存在的可能性和特异性进行实验分析发现个体对积极刺激的记忆来源监测倾向于错误归因于"自我"，出现"剽窃"记忆的社会传染效应倾向，而对消极刺激的记忆来源监测倾向于错误归因于"同伴"，也就是个体一般都认为自我和美好、积极向上、正面的事物更匹配，将不好的、负面的事物归因于外界，侧面表达了对自我更高更完美的美好愿望。

第二，刺激的刺激性和项目类型交互影响记忆来源监测偏差，积极的共享刺激更容易产生"虚假认同"来源监测偏差倾向。当本实验详细研究个体对三种情绪效价共享刺激的记忆来源监测偏差差异时发现个体偏好对积极情绪共享刺激产生记忆来源监测偏差，该部分结论是在个体更倾向"剽窃"他人编码的积极（美好、正面）刺激的基础之上的进一步延展，即个体倾向于"由己推人"，即错误地认为他人或群体也会有自身"美好、正面"的一面。另外，在刺激编码阶段中发现积极刺激的编码正确性要相对低于其他两种情绪效价刺激，这在一定程度上降低被试对积极情绪刺激的记忆来源监测准确性，且被试在相信自我和相信同伴之间选择相信自我，错误地认为自己编码过的项目也是同伴或群体编码的项目，表现出一种"乐观主义"心态。

3. 社会压力和刺激的情绪性共同对情景记忆社会传染效应产生差异性影响

不同社会压力类型对情绪刺激记忆监测偏差存在差异性影响。通过设置引导被试产生不同情景压力感的指导语，诱发并测试被试产生和同伴比较、被外界评价和监测的压力感，和目标导向压力组相比，个人导向压力组的被试表现出更多的情绪刺激记忆来源监测错误。注意控制理论可以用来说明压力如何引导注意力和表现的（Eysenck et al.，2007），来源准确性监控是目标导向的过程，需要足够的资源和动机才能实施，而压力有可能破坏这些活动出现社会传染效应的现象，因为有因素干扰个体的注意力从而导致更少的注意力用于监测合作同伴的反应。然而，压力有时也会导致个体实现目标的动机增加（Aronson，2002；Gardner，2012），比如当充满压力的情况伴随着具体的、与任务相关的成功执行的说明时，它就可以支持将注意力分配给相关过程和实践（Coullet et al.，2001；Fisher & Ford，1998；Hofmann，1993；Kanfer，1996），与目标导向操作相关联的具体目标也可以帮助人们专注于手头的任务，使其看起来更容易实现（Gollwitzer & Sheeran，2006）。在某些情况下，目标导向的压力甚至可能激励个人参与他们可能不会尝试的行为，而更多引导个体将目标聚焦在个人表现和自我效能感的发挥上，这样就容易造成个体注意力从任务上转移到自身，个体为了达到更好的自我表现绩效，因而会减少对外在信息源减少监控和评估，出现越是想要自我表现反而事与愿违的后果。

第六部分　结论与后续研究展望

（一）主 要 结 论

本文基于经历社会合作后的个体项目记忆和来源记忆中均存在社会传染效应的结论，通过4部分共8个实验系统探讨了社会互动对项目记忆和来源记忆两种情景记忆分支记忆社会传染效应的差异性影响。其中，重点研究社会合作对情景记忆社会传染效应影响的差异性、存在的特异性及其与刺激的情绪性、压力类型共同对社会传染效应起到的影响机制，并在竞争情境中调查竞争及不同的竞争形式是否表现出和合作具有差异性的影响。研究主要结论如下：

第一，社会合作与竞争对情景记忆两分支记忆的抑制和促进作用存在差异性。即合作对情景记忆的抑制作用同时存在项目和来源记忆中，对来源记忆上的错误修剪效应显著高于项目记忆，但在合作后优势效应上体现项目记忆的优势。但另一种社会互动形式——竞争对项目记忆存在抑制作用，而对来源记忆存在促进作用，且来源记忆中存在更强的错误修剪效应，项目记忆中的竞争优势效应并不存在于来源记忆中。上述情景记忆子类别间的差异性机制支持双重加工理论模型。

第二，社会合作与竞争均促进项目记忆和来源记忆社会传染效应的产生，社会合作和竞争均对情景记忆两分支记忆类型社会传染效应存在差异性影响，表现为经历过社会合作或竞争后的个体项目记忆和来源记忆中均存在社会传染效应，且项目记忆中的社会传染效应更为显著，支持双重加工理论模型。

第三，基于记忆来源监测偏差框架，社会合作既诱发了个体记忆来源监测偏差中的"剽窃"记忆（社会传染效应），也促进了"虚假认同"效应的产生。个体对合作记忆阶段提取的项目归因更倾向于"剽窃"记忆，证实了社会传染效应存在的特异性，与此同时，个体对共享编码信息的记忆来源监测存在"虚假认同"效应倾向。

第四，不同类型的社会压力对个体情景记忆社会传染效应的影响存在差异性，且社会压力对情景记忆两分支记忆的社会传染效应产生差异影响。个人导向的压力促进社会传染记忆和记忆来源监测偏差的产生，即项目记忆中的社会传染效应更明显，验证了双重加工理论模型。

第五，刺激的情绪性及其与社会合作、社会压力类型、社会互动形式共同影响情景记忆中的社会传染效应。合作促进产生情绪刺激诱发的社会传染效应，且相较于中性刺激，情绪刺激对情景记忆社会传染效应更敏感，情绪刺激的项目记忆和来源记忆社会传染效应存在差异性，表现为情绪刺激的项目记忆社会传染效应的优势。刺激的情绪性对记忆来源监测偏差造成差异性影响，个体对积极刺激的记忆来源监测倾向于错误归因于"自我"，出现"剽窃"记忆的社会传染效应倾向。不同压力类型对个体情绪刺激记忆监测偏差存在差异性影响，个人导向压力组的被试表现出更多的情绪刺激记忆来源监测错误。社会竞争中积极刺激项目的情景记忆两分支记忆类型社会传染效应的影响一致。

（二）不足与后续研究展望

期待本文能够为进一步探索社会互动后个体记忆的社会传染现象提供更多参考意义。这项研究揭示经历社会互动后的情景记忆社会传染效应非常稳定，也扩展了以往研究的局限性。但毫无疑问，本文出于初探，还有许多改进的余地和后续研究的展望。

其一，与以往的研究相比，实验 1b 中设置的刺激较多，导致实验时间过长，实验后期被试出现疲劳，在一定程度上影响了记忆表现，容易产生地板效应，根据文献综述，只有 Choi 等人（2017）采用了最多的实验材料（360 张分类图片）以探究社会传染效应。未来编码刺激总量可以优化到更合适的水平，以获得更客观的数据。

其二，本文仅仅关注刺激的情绪效价特征，限制了社会传染在个人情绪记忆中的准确呈现。如前所述，可能原因是忽略了唤醒特征导致两种情绪效价刺激（积极和消极刺激）对记忆社会传染效应的无差异影响，如果能区分和平衡这两种情绪的属性特征及其对记忆的影响（Zimmerman & Kelley，2010），更能验证它们对情景记忆的差异影响(Zhou et al.，2020)。

其三,从记忆来源监测偏差的理论角度(Johnson et al.，1993)来说,个体将依靠内部(记忆策略提取、注意力资源分配、监测和评估分工等)和外部来源(同伴特征、情境特征)完成记忆来源监测过程,而目前的研究混合了两条监测线索的影响结果,尚不清楚内部和外部来源对社会传染错误的影响是否存在差异。因此,后续研究可进行深度区分内外来源对记忆来源监测偏差倾向性的系统讨论。

其四,双重加工理论模型认为项目回忆、项目再认和来源记忆的三种记忆提取方式的心理过程存在较大差异(Bell et al.，2016；Caruso et al.，2020；Cooper et al.，2017；Malejka & Bröder，2016；Nie，2018；Nie et al.，2023；Osth et al.，2018；Yonelinas et al.，2010；Zhou et al.，2020),进一步关于社会传染效应的研究可以采取记忆再认的来源监测方法,并进行不同记忆提取方式的差异对"剽窃"记忆的影响研究,这样也可以与以前的基于记忆再认的文献进行更直接的比较(Abel & Bäuml，2020；Hollins et al.，2016b),并验证回忆和再认记忆提取方式对情景记忆社会传染效应的差异影响。

最后,虽然第一部分(合作)和第四部分(竞争)在实验材料上保持一致,但在分析社会互动情境对情景记忆社会传染效应的差异性对比研究中缺乏创设一种可直接将社会合作和社会竞争进行直接比较的实验范式,且这将在一定程度上弥补当前关于竞争和合作研究中不足(如对竞争条件的操纵还有待于充分体现竞争、缺乏人和人面对面的互动、缺乏对情景记忆子类别的全面研究)的实验空间,这样也更有利于直接进行比较分析。

参考文献

Abel，M.，& Bäuml，K. H.（2020）. Social interactions can simultaneously enhance and distort memories: Evidence from a collaborative recognition task. *Cognition*，*200*，104254. https://doi. org/10. 1016/j. cognition. 2020. 104254

Andrews-Todd，J.，Salovich，N. A.，& Rapp，D. N.（2021）. Differential effects of pressure on social contagion of memory. *Journal of Experimental Psychology: Applied*，*27*，258–275. https://doi. org/10. 1037/xap0000346

Ansari，T. L.，& Derakshan，N.（2010）. Anxiety impairs inhibitory control but not volitional action control. *Cognition and Emotion*，*24*（2），241–254. https://doi. org/10. 1080/02699930903381531

Armstrong，J. S.，& Collopy，F.（1996）. Competitor orientation: Effects of objectives and information on managerial decisions and profitability. *Journal of Marketing Research*，*33*，188–199. https://doi. org/10. 1177/0022243796033 00206

Aronson，J.（2002）. *Stereotype threat: Contending and coping with unnerving expectations*. In J. Aronson（Ed.），Improving academic achievement: Impact of psychological factors on education（pp. 279–301）. Academic Press. https:// doi. org/10. 1016/B978-012064455-1/50017-8

Asch，& Solomon，E.（1956）. Studies of independence and conformity: i. a minority of one against a unanimous majority. *Psychological Monographs*，*70*（9），1–70. https://doi. org/10. 1037/h0093718

Barber，S. J.，Castrellon，J. J.，Opitz，P.，& Mather，M.（2017）. Younger and older adults' collaborative recall of shared and unshared emotional pictures. *Memory & Cognition*，*45*（5），716–730. https://doi. org/10. 3758/s13421-017-0694-3

Bärthel，G. A.，Wessel，I.，Huntjens，R. J.，& Verwoerd，J.（2017）. Collaboration enhances later individual memory for emotional material. *Memory*，*25*（5），636–646. https://doi. org/10. 1080/09658211. 2016. 1208248

Basden, B. H. , Basden, D. R. , Bryner, S. , & Thomas, R. L. (1997). A comparison of group and individual remembering: Does collaboration disrupt retrieval strategies? *Journal of Experimental Psychology: Learning, Memory, and Cognition*, *23*(5), 1176–1189. https://doi. org/10. 1037/0278-7393. 23. 5. 1176

Baumeister, R. F. (1984). Choking under pressure: Self-Consciousness and paradoxical effects of incentives on skillful performance. *Journal of Personality and Social Psychology*, *46*(3), 610–620. https://doi. org/10. 1037/0022-3514. 46. 3. 610

Baumeister, R. F. , & Showers, C. J. (1986). A review of paradoxical performance effects: Choking under pressure in sports and mental tests. *European Journal of Social Psychology*, *16*(4), 361–383. https://doi. org/10. 1002/ejsp. 2420160405

Bayen, U. J. , & Kuhlmann, B. G. (2011). Influences of source—item contingency and schematic knowledge on source monitoring: Tests of the probability-matching account. *Journal of Memory and Language*, *64*(1), 1–17. https://doi. org/10. 1016/j. jml. 2010. 09. 001

Beilock, S. L. , & Carr, T. H. (2005). When high-powered people fail: Working memory and "choking under pressure" in math. *Psychological Science*, *16*(2), 101–105. https://doi. org/10. 1111/j. 0956-7976. 2005. 00789. x

Beilock, S. L. , Kulp, C. A. , Holt, L. E. , & Carr, T. H. (2004). More on the fragility of performance: Choking under pressure in mathematical problem solving. *Journal of Experimental Psychology: General*, *133*, 584–600. https://doi. org/10. 1037/0096-3445. 133. 4. 584

Bell, R. , Sasse, J. , Moller, M. , Czernochowski, D. , Mayr, S. , & Buchner, A. (2016). Event-related potentials in response to cheating and cooperation in a social dilemma game. *Psychophysiology*, *53*(2), 216–228. https://doi. org/ 10. 1111/psyp. 12561

Berger, N. , Crossman, M. , & Brandt, K. R. (2016). No evidence for age-related differences in item-method-directed forgetting of emotional words. *Quarterly Journal of Experimental Psychology*, *71*(3), 595–604. https://doi. org/10. 1080/17470218. 2016. 1264433

Blumen, H. M. , & Rajaram, S. (2008). Influence of re-exposure and retrieval disruption during group collaboration on later individual recall. *Memory*, *16*(3), 231–244. https://doi. org/10. 1080/09658210701804495

Blumen, H. M. , Young, K. E. , & Rajaram, S. (2014). Optimizing group collaboration to improve later retention. *Journal of Applied Research in Memory and Cognition*, 3(4), 244 – 251. https://doi. org/10. 1016/j. jarmac. 2014. 05. 002

Bouncken, R. B. , Gast, J. , Kraus, S. , & Bogers, M. (2015). Coopetition: a systematic review, synthesis, and future research directions. *Review of Managerial Science*, 9(3), 577 – 601. https://doi. org/10. 1007/s11846-015-0168-6

Bradley, M. M. , & Lang, P. J. (1999). Affective Norms for English Words (ANEW): Instruction manual and affective ratings. *Journal of Royal Microscopica*, 88(1), 630 – 634. https://doi. org/10. 1111/j. 1365-2621. 2000. tb16063. x

Brainerd, C. J. , & Reyna, V. F. (2019). Fuzzy-trace theory, false memory, and the law. *Policy Insights from the Behavioral and Brain Sciences*, 6(1), 79 – 86. https://doi. org/10. 1177/2372732218797143

Brashier, N. M. , Eliseev, E. D. , & Marsh, E. J. (2020). An initial accuracy focus prevents illusory truth. *Cognition*, *194*, 104054. https://doi. org/10. 1016/j. cognition. 2019. 104054

Brezis, N. , Bronfman, Z. Z. , Yovel, G. , & Goshen-Gottstein, Y. (2017). The electrophysiological signature of remember-know is confounded with memory strength and cannot be interpreted as evidence for dual-process theory of recognition. Journal of Cognitive Neuroscience, 29(2), 322 – 336. https://doi. org/10. 1162/jocn_a_01053

Brown, A. S. , Croft Caderao, K. , Fields, L. M. , & Marsh, E. J. (2015). Borrowing personal memories. Applied Cognitive Psychology, 29, 471 – 477. https://doi. org/10. 1002/acp. 3130

Campbell, J. I. D. & Thompson, V. A. (2012). MorePower 6. 0 for ANOVA with relational confidence intervals and Bayesian analysis. *Behaviour Research Methods*, 44, 1255 – 1265. https://doi. org/10. 3758/s13428-012-0186-0

Carol, R. N. , Carlucci, M. E. , Eaton, A. A. , & Wright, D. B. (2013). The power of a co-witness: When more power leads to more conformity. *Applied Cognitive Psychology*, 27(3), 344 – 351. https://doi. org/10. 1002/ac p. 2912

Caruso, G. , Perri, R. , Fadda, L. , Caltagirone, C. , & Carlesimo, G. A. (2020). Recall and recognition in Alzheimer's disease and frontotemporal dementia. *Journal of Alzheimer's Disease*, 77(2), 655 – 666. https://doi. org/10. 3233/JAD-200126

Chambers, K. L. , & Zaragoza, M. S. (2001). Intended and unintended effects of explicit warnings on eyewitness suggestibility: Evidence from source identification tests. *Memory & Cognition*, 29(8), 1120 – 1129. https://doi. org/10. 3758/BF03206381

Choi, H. Y. , Kensinger, E. A. , & Rajaram, S. (2017). Mnemonic transmission, social contagion, and emergence of collective memory: Influence of emotional valence, group structure, and information distribution. *Journal of Experimental Psychology: General*, 146, 1247 – 1265. https://doi. org/10. 1037/xge0000327

Claypool, H. M. , Hall, C. E. , Mackie, D. M. , & Garcia-Marques, T. (2008). Positive mood, attribution, and the illusion of familiarity. *Journal of Experimental Social Psychology*, 44, 721 – 728. https://doi. org/10. 1016/j. jesp. 2007. 05. 001

Coman, A. , & Hirst, W. (2015). Social identity and socially shared retrieval-induced forgetting: The effects of group membership. *Journal of Experimental Psychology: General*, 144 (4), 717 – 722. https://doi. org/10. 1037/xge0000077

Cooper, E. , Greve, A. , & Henson, R. N. (2017). Assumptions behind scoring source versus item memory: Effects of age, hippocampal lesions and mild memory problems. *Cortex*, 91, 297 – 315. https://doi. org/10. 1016/j. cortex. 2017. 01. 001

Corbetta, M. , & Shulman, G. L. (2002). Control of goal-directed and stimulus-driven attention in the brain. *Nature Reviews Neuroscience*, 3(3), 201 – 215. https://doi. org/10. 1038/nrn755

Coull, A. , Yzerbyt, V. Y. , Castano, E. , Paladino, M. -P. , & Leemans, V. (2001). Protecting the ingroup: Motivated allocation of cognitive resources in the presence of threatening ingroup members. *Group Processes & Intergroup Relations*, 4(4), 327 – 339. https://doi. org/10. 1177/1368430201004004003

Croizet, J. -C. , Després, G. , Gauzins, M. -E. , Huguet, P. , Leyens, J. -P. , & Méot, A. (2004). Stereotype threat undermines intellectual performance by triggering a disruptive mental load. *Personality and Social Psychology Bulletin*, 30(6), 721 – 731. https://doi. org/10. 1177/0146167204263961

Crouzevialle, M. , & Butera, F. (2013). Performance-approach goals deplete working memory and impair cognitive performance. *Journal of Experimental Psychology: General*, 142(3), 666 – 678. https://doi. org/10. 1037/a0029632

Cuc, A. , Ozuru, Y. , Manier, D. , & Hirst, W. (2006). On the formation of collective memories: The role of a dominant narrator. *Memory & Cognition*,

34，752 – 762. https：//doi. org/10. 3758/BF03193423

Davis，S. D. ，& Meade，M. L. （2013）. Both young and older adults discount suggestions from older adults on a social memory test. *Psychonomic Bulletin & Review*，*20*（4），760 – 765. https：//doi. org/10. 3758/s13423-013-0392-5

DeCaro，M. S. ，Rotar，K. E. ，Kendra，M. S. ，& Beilock，S. L. （2010）. Diagnosing and alleviating the impact of performance pressure on mathematical problem solving. *The Quarterly Journal of Experimental Psychology: Human Experimental Psychology*，*63*（8），1619 – 1630. https:// doi. org/10. 1080/17470210903474286

De Houwer，J. ，Hermans，D. ，Rothermund，K. ，& wentura，D. （2002）. Affective priming of semantic categorisation responses. *Cognition & Emotion*，16（5），643 – 666. https:// doi. org/10. 1080/02699930143000419

Diehl，M. ，& Stroebe，W. （1987）. Productivity loss in brainstorming groups: Toward the solution of a riddle. *Journal of personality and social psychology*，*53*（3），497. https:// doi. org/10. 1037/0022-3514. 53. 3. 497

DiMenichi，B. C. ，& Tricomi，E. （2015）. The power of compe. tition: Effects of social motivation on attention，sustained physical effort，and learning. *Frontiers in Psychology*，*6*，1282. https：//doi. org/10. 3389/fpsyg. 2015. 01282

Dodson，C. S. ，Darragh，J. ，& Williams，A. （2008）. Stereotypes and retrieval-provoked illusory source recollections. *Journal of Experimental Psychology Learning Memory and Cognition*，*34*（3），460 – 477. https://doi. org/10. 1037/ 0278-7393. 34. 3. 460

Dolcos，F. ，Katsumi，Y. ，Weymar，M. ，Moore，M. ，Tsukiura，T. ，& Dolcos，S. （2017）. Emerging directions in emotional episodic memory. *Frontiers in Psychology*，*8*，1867. https：//doi. org/10. 3389/fpsyg. 2017. 01867

Doughty，N. ，Paterson，H. M. ，MacCann，C. ，& Monds，L. A. （2017）. Personality and memory conformity. *Journal of Individual Differences*，*38*，12 – 20. https://doi. org/10. 1027/1614-0001/a000217

Echterhoff，G. ，Hirst，W. ，& Hussy，W. （2005）. How eyewitnesses resist misinformation: Social postwarnings and the monitoring of memory characteristics. *Memory & Cognition*，*33*（5），770 – 782. https://doi. org/10. 3758/BF03193073

Eysenck,M. W. ，Derakshan，N. ，Santos，R. ，& Calvo，M. G. （2007）. Anxiety and cognitive performance: Attentional control theory. *Emotion*，*7*（2），336 – 353. https://doi. org/10. 1037/1528-3542. 7. 2. 336

Faul，F. ，Erdfelder，E. ，Buchner，A. ，& Lang，A. G. （2009）. Statistical power analyses using G * Power 3. 1: tests for correlation and regression analyses. *Behavior Research Methods*, *41*(4), 1149 – 1160. https://doi. org/10. 3758/BRM. 41. 4. 1149

Festinger, L. (1954). A theory of social comparison processes. *Human Relations*, *7*(2), 117 – 140. https://doi. org/10. 1177/001872675400700202

Fisher, S. L. , & Ford, J. K. (1998). Differential effects of learner effort and goal orientation on two learning outcomes. *Personnel Psychology*, *51*(2), 397 – 420. https://doi. org/10. 1111/j. 1744-6570. 1998. tb00731. x

Fivush, R. , Haden, C. , & Reese, E. (1996). Remembering, recounting, and reminiscing: The development of autobiographical memory in social context. *Remembering Our Past: Studies in Autobiographical Memory*, 341 – 359. https://doi. org/10. 1017/CBO9780511527913. 014

French, L. , Garry, M. , & Mori, K. (2008). You say tomato? Collaborative remembering leads to more false memories for intimate couples than for strangers. *Memory*, *16*(3), 262 – 273. https://doi. org/10. 1080/09658210701801491

Gabbert, F. , & Memon, A. , & Allan, K. (2003). Memory conformity: Can eyewitnesses influence each other's memories for an event? *Applied Cognitive Psychology*, *17*, 533 – 543. https://doi. org/10. 1002/acp. 885

Garcia, S. M. , Song, H. , & Tesser, A. (2010). Tainted recommendations: The social comparison bias. *Organizational Behavior and Human Decision Processes*, *113*, 97 – 101. https://doi. org/10. 1016/j. obhdp. 2010. 06. 002

Garcia, S. M. , Tor, A. , & Schiff, T. M. (2013). The psychology of competition: A social comparison perspective. *Perspectives on Psychological Science*, *8*(6), 634 – 650. https://doi. org/10. 1177/1745691613504114

Gardner, H. K. (2012). Performance pressure as a double-edged sword enhancing team motivation but undermining the use of team knowledge. *Administrative Science Quarterly*, *57*(1), 1 – 46. https://doi. org/10. 1177/ 0001839212446454

Garry, M. , French, L. , Kinzett, T. , & Mori, K. (2008). Eyewitness memory following a discussion: Using the MORI technique with a Western sample. *Applied Cognitive Psychology*, *22*, 431 – 439. https://doi. org/10. 1002/acp. 1376

Georgiou, I. , Becchio, C. , Glover, S. , & Castiello, U. (2007). Different action patterns for cooperative and competitive behaviour. *Cognition*, *102*(3), 415 – 433. https://doi. org/10. 1016/j. cognition. 2006. 01. 008

Gimmig, D. , Huguet, P. , Caverni, J. -P. , & Cury, F. (2006). Choking under pressure and working memory capacity: When performance pressure reduces fluid intelligence. *Psychonomic Bulletin & Review*, *13* (6), 1005 – 1010. https://doi. org/10. 3758/BF03213916

Gnyawali, D. R. , & Park, B. R. (2009). Co-opetition and technological innovation in small and medium-sized enterprises A multilevel conceptual model. *Journal of Small Business Management*, *47*(3), 308 – 330. https://doi. org/10. 1111/j. 1540-627X. 2009. 00273. x

Goethals, G. , & Darley, J. (1977). Social comparison theory: An attributional approach. In J. Suls & R. L. Miller (Eds.), *Social comparison processes: Theoretical and empirical perspectives* (pp. 259 – 278). Washington, DC: Hemisphere.

Goff, L. M. , & Roediger, H. L. (1998). Imagination inflation for action events: Repeated imaginings lead to illusory recollections. *Memory & Cognition*, *26* (1), 20 – 33. https://doi. org/10. 3758/BF03211367

Gollwitzer, P. M. , & Sheeran, P. (2006). Implementation intentions and goal achievement: A meta-analysis of effects and processes. *Advances in Experimental Social Psychology*, *38*, 69 – 119. https://doi. org/10. 1016/S0065-2601(06)38002-1

Guazzini, A. , Guidi, E. , Cecchini, C. , & Yoneki, E. (2020). Collaborative facilitation and collaborative inhibition in virtual environments. *Future Internet*, *12*(7), 118. https://doi. org/10. 3390/fi12070118

Guo, C. , Duan, L. , Li, W. , & Paller, K. A. (2006). Disrinuishing source memory and item memory: Brain potentials at encoding and reteieval. *Brain Research*, *1118*(1), 142 – 154. https://doi. org/10. 1016/j. brainres. 2006. 08. 034

Halamish, V. (2018). Can very small font size enhance memory? *Memory & Cognition*, *46*, 979 – 993. https://doi. org/10. 3758/s13421-018-0816-6

Harris, C. B. , Barnier, A. J. , Sutton, J. , & Khan, T. (2017). Social contagion of autobiographical memories. *Journal of Applied Research in Memory and Cognition*, *6*, 319 – 327. https://doi. org/10. 1016/j. jarmac. 2017. 07. 006

Hayama, H. R. , Vilberg, K. L. , & Rugg, M. D. (2012). Overlap between the neural correlates of cued recall and source memory: Evidence for a generic recollection network? *Journal of Cognitive Neuroscience*, *24*(5), 1127 – 1137. https://doi. org/10. 1162/jocn_a_00202

Hayes, B. K. , Stephens, R. G. , Ngo, J. , & Dunn, J. C. (2018). The dimensionality of reasoning: Inductive and deductive inference can be explained by a single process. *Journal of Experimental Psychology: Learning, Memory, and Cognition*, 44 (9), 1333 – 1351. https://doi. org/10. 1037/xlm0000527

Hirst, W. , & Echterhoff, G. (2012). Remembering in conversations: The social sharing and reshaping of memories. *Annual Review of Psychology*, 63 (21), 1 – 25. https://doi. org/10. 1146/annurev-psych-120710-100340

Hirst, W. , and Yamashiro, J. (2018). Social aspects of forgetting. In M. L. Meade, C. B. Harris, P. Van Bergen, J. Sutton, and A. J. Barnier (Eds). *Collaborative Remembering: Theories, Research, and Applications* (pp. 76 – 99). Oxford: Oxford University Press.

Hofmann, D. A. (1993). The influence of goal orientation on task performance: A substantively meaningful suppressor variable. *Journal of Applied Social Psychology*, 23 (22), 1827 – 1846. https://doi. org/10. 1111/j. 1559-1816. 1993. tb01068. x

Hollins, T. J. , Lange, N. , Dennis, I. , & Longmore, C. A. (2016b). Social influences on unconscious plagiarism and anti-plagiarism. *Memory*, 24, 884 – 902. https://doi. org/10. 1521/soco. 1999. 17. 3. 273

Hope, L. , Ost, J. , Gabbert, F. , Healey, S. , & Lenton, E. (2008). "With a little help from my friends...": The role of co-witness relationship in susceptibility to misinformation. *Acta Psychologica*, 127 (2), 476 – 484. https://doi. org/10. 1016/j. actpsy. 2007. 08. 010

Howes, A. , Warren, P. A. , Farmer, G. , El-Deredy, W. , & Lewis, R. L. (2016). Why contextual preference reversals maximize expected value. *Psychological Review*, 123 (4), 368 – 391. https://doi. org/10. 1037/a0039996

Hyman, I. E. , Jr. , & Neisser, U. (1992). The role of the self in recollections of a seminar. *Journal of Narrative and Life History*, 2, 81 – 103. https://doi. org/10. 1075/jnlh. 2. 2. 01rol

Hyman, I. E. , Jr. (1994). Conversational remembering: Story recall with a peer vs. for an experimenter. *Applied Cognitive Psychology*, 8, 49 – 66. https:// doi. org/10. 1002/acp. 2350080106

Hyman, I. E. , Jr. , Cardwell, B. A. , & Roy, R. A. (2013). Multiple causes of collaborative inhibition in memory for categorised word lists. *Memory*, 21 (7), 875 – 890. https://doi. org/10. 1080/09658211. 2013. 769058

Hyman, I. E. , Jr. , Roundhill, R. F. , Werner, K. M. , & Rabiroff, C. A. (2014). Collaboration inflation: Egocentric source monitoring errors following collaborative remembering. *Journal of Applied Research in Memory and Cognition*, 3(4), 293 - 299. https://doi. org/10. 1016/j. jarmac. 2014. 04. 004

Hyman, I. E. , Jr. (1999). Creating false autobiographical memories: Why people believe their memory errors. In E. Winograd, R. Fivush, & W. Hirst (Eds.), *Ecological approaches to cognition: Essays in honor of Ulric Neisser* (pp. 229 - 252). Lawrence Erlbaum Associates Publishers.

Jacoby, L. L. , Hessels, S. , & Bopp, K. (2001). Proactive and retroactive effects in memory performance. In H. L. Roediger Ⅲ, J. S. Nairne, I. Neath, & A. M. Surprenant (Eds.), *The nature of remembering: Es-says in honor of Robert G. Crowder* (pp. 35 - 54). Washington, DC: American Psychological Association.

Jlbert, M. C. , Wulff, A. N. , & Hyman, I. E. (2021). Stealing and sharing memories: Source monitoring biases following collaborative remembering. *Cognition*, *211* (5), 104656. https://doi. org/10. 1016/j. cognition. 2021. 104656

Johnson, C. (2012). Behavioral responses to threatening social comparisons: From dastardly deeds to rising above. *Social & Personality Psychology Compass*, 6, 515 - 524. https://doi. org/10. 1111/j. 1751-9004. 2012. 00445. x

Johnson, M. K. (2006). Memory and reality monitoring. *American Psychologist*, *61*(8), 760 - 771. https://doi. org/10. 1002/acp. 803

Johnson, M. K. , Foley, M. A. , Suengas, A. G. and Raye, C. L. (1988). Phenomenal characteristics of memories for perceived and imagined autobiographical events. *Journal of Experimental Psychology: General*, *117*, 371 - 376. https://doi. org/10. 1037/0096-3445. 117. 4. 371

Johnson, M. K. , Hastroudi, S. , & Lindsay, D. S. (1993). Source monitoring. *Psychological Bulletin*, *114*, 3 - 28. https://doi. org/10. 1037/0033-2909. 114. 1. 3

Johnson, M. K. , Raye, C. L. , Foley, H. J. , & Foley, M. A. (1981). Cognitive operations and decision bias in reality monitoring. *American Journal of Psychology*, 94, 37 - 64. https://doi. org/10. 2307/1422342

Kanfer, R. (1996). Self-regulatory and other non-ability determinants of skill acquisition. In P. M. Gollwitzer & J. A. Bargh (Eds.), *The psychology of action: Linking cognition and motivation to behavior* (pp. 404 - 423). Guilford Press.

Kanfer, R. , & Ackerman, P. L. (1989). *Dynamics of skill acquisition: Building a bridge between intelligence and motivation*. In R. J. Sternberg (Ed.),

Advances in the psychology of human intelligence (Vol. 5, pp. 83 – 134).

Ke, C., Nie, A., & Zhang, R. (2017). The modulation of recall task on collaborative inhibition and error pruning: The influence of emotional valence and level of processing. *Acta Psychologica Sinica*, *49*(6), 733 – 744. https://doi.org/10.3724/SP.J.1041.2017.00733

Kensinger, E. A., Choi, H. Y., Murray, B. D., & Rajaram, S. (2016). How social interactions affect emotional memory accuracy: Evidence from collaborative retrieval and social contagion paradigms. *Memory & Cognition*, *44*, 706 – 716. https://doi.org/10.3758/s13421-016-0597-8

Kilduff, G. J., Elfenbein, H. A., & Staw, B. M. (2010). The psychology of rivalry: A relationally-dependent analysis of competition. *Academy of Management Journal*, *53*, 943 – 969. https://doi.org/10.5465/AMJ.2010.54533171

Kleider, H. M., Pezdek, K., Goldinger, S. D., & Kirk, A. (2008). Schema-driven source misattribution errors: Remembering the expected from a witnessed event. *Applied Cognitive Psychology*, *22*(1), 1 – 20. https://doi.org/10.1002/acp.1361

Komes, J., Schweinberger, S. R., & Wiese, H. (2014). Fluency affects source memory for familiar names in younger and older adults: Evidence from event-related brain potentials. *Neuroimage*, *92*, 90 – 105. https://doi.org/10.1016/j.neuroimage.2014.02.009

Kuhlmann, B., Bayen, U., Meuser, K., & Kornadt, A. (2016). The impact of age stereotypes on source monitoring in younger and older Adults. *Psychology and Aging*, *31*(8), 875 – 889. https://doi.org/10.1037/pag0000140

Landau, J. D., & Marsh, R. L. (1997). Monitoring source in an unconscious plagiarism paradigm. *Psychonomic Bulletin & Review*, *4*, 265 – 270. https://doi.org/10.3758/BF03209404

Lane, S. M. (2006). Dividing attention during a witnessed event increases eyewitness suggestibility. *Applied Cognitive Psychology*, *20*(2), 199 – 212. https://doi.org/10.1002/acp.1177

Lee, D., Huh, Y., & Reigeluth, C. M. (2015). Collaboration, intragroup conflict, and social skills in project-based learning. *Instructional Science*, *43*(5), 561 – 590. https://doi.org/10.1007/s11251-015-9348-7

Li, M., & Nie, A. (2021). Discrepancies in episodic memory: different patterns of age stereotypes in item and source memory. *Current Psychology*, *42*, 5873 – 5885. https://doi.org/10.1007/s12144-021-01937-8

Lindner, I. , Schain, C. , Kopietz, R. , & Echterhoff, G. (2012). When do we confuse self and other in action memory? Reduced false memories of self-performance after observing actions by an out-group vs. in-group actor. *Frontiers in Psychology*, *3*, 467. https://doi. org/10. 3389/fpsyg. 2012. 00467

Lindsay, D. S. , & Johnson, M. K. (1989). The eyewitness suggestibility effect and memory for source. Memory & Cognition, 17(3), 349 – 358. https://doi. org/10. 3758/BF03198473

Lindsay, D. S. , Johnson, M. K. , & Kwon, P. (1991). Developmental change In memory source monitoring. *Journal of Experimental Child Psychology*, *52* (3), 297 – 318. https://doi. org/10. 1016/0022-0965(91)90065-Z

Liu, Z. , Liu, T. , & Li, Y. (2021). How does social competition affect true and false recognition? *Psychonomic Bulletin & Review*, *28*(1), 292 – 303. https://doi. org/10. 3758/s13423-020-01807-7

Locke, E. A. , & Latham, G. P. (1990). *A theory of goal setting & task performance*. Prentice-Hall, Inc.

Loftus, E. F. , Miller, D. G. , & Burns, H. J. (1978). Semantic integration of verbal information into a visual memory. *Journal of Experimental Psychology: Human Learning and Memory*, *4*(1), 19 – 31. https://doi. org/ 10. 1037/0278-7393. 4. 1. 19

Lu, S. , Au, W. T. , Jiang, F. , Xie, X. , & Yam, P. (2013). Cooperativeness and competitiveness as two distinct constructs: Validating the Cooperative and Competitive Personality Scale in a social dilemma context. *International Journal of Psychology*, *48*(6), 1135 – 1147. https://doi. org/10. 1080/00207594. 2012. 743666

Mackay, D. G. , Shafto, M. , Taylor, J. K. , Marian, D. E. , Abrams, L. , & Dyer, J. R. (2004). Relations between emotion, memory, and attention: Evidence from taboo stroop, lexical decision, and immediate memory tasks. *Memory & Cognition*, *32*(3), 474 – 488. https://doi. org/10. 3758/ BF03195840

MacKenzie, G. , Powell, T. F. , & Donaldson, D. I. (2015). Positive emotion can protect against source memory impairment. *Cognition and Emotion*, *29*(2), 236 – 250. https://doi. org/10. 1080/02699931. 2014. 911145

Malejka, S. , & Bröder, A. (2016). No source memory for unrecognized items when implicit feedback is avoided. *Memory & Cognition*, *44*(1), 63 – 72. https://doi. org/10. 3758/s13421-015-0549-8

Malhotra, D. (2010). The desire to win: The effects of competitive arousal on motivation and behavior. *Organizational Behavior and Human Decision Processes*, *111*, 139 – 146. https://doi. org/10. 1016/j. obhdp. 2009. 11. 005

Mano, Y. , Sugiura, M. , Tsukiura, T. , Chiao, J. Y. , Yomogida, Y. , Jeong, H. , Kawashima, R. (2011). The representation of social interaction in episodic memory: A functional MRI study. *NeuroImage*, *57*, 1234 – 1242. https://doi. org/10. 1016/j. neuroimage. 2011. 05. 016

Mao, X. , You, Y. , Li, W. , & Guo, C. (2015). Emotion impairs extrinsic source memory—An ERP study. *Biological Psychology*, *110*, 182 – 189. https:// doi. org/10. 1016/j. biopsycho. 2015. 07. 005

Marion, S. B. , & Thorley, C. (2016). A meta-analytic review of collaborative inhibition and postcollaborative memory: Testing the predictions of the retrieval strategy disruption hypothesis. *Psychological Bulletin*, *142*(11), 1141 – 1164. https://doi. org/10. 1037/bul0000071

Marsh, E. J. (2007). Retelling is not the same as recalling: Implications for memory. *Current Directions in Psychological Science*, *16*, 16 – 20. https:// doi. org/10. 1111/j. 1467-8721. 2007. 00467. x

Marsh, E. J. , & Tversky, B. (2004). Spinning the stories of our lives. *Applied Cognitive Psychology*, *18*, 491 – 503. https://doi. org/10. 1002/acp. 1001

Maswood, R. , Luhmann, C. C. , & Rajaram, S. (2022). Persistence of false memories and emergence of collective false memory: Collaborative recall of DRM word lists. *Memory*, *30*(4), 465 – 479. https://doi. org/10. 1080/ 09658211. 2021. 1928222

Maswood, R. , & Rajaram, R. (2019). Social transmission of false memory in small groups and large networks. *Topics in Cognitive Science*, *11*, 687 – 709. https://doi. org/10. 111/TOPS. 12348

Mather, M. (2007). Emotional Arousal and Memory Binding: An Object-Based Framework. *Perspectives on Psychological Science*, *2*(1), 33 – 52. https:// doi. org/10. 1111/J. 1745-6916. 2007. 00028. x

Mather, M. , & Sutherland, M. R. (2011). Arousal-biased compitition in perception and memory. *Perspectives on Psychological Science*, *6*(2), 114 – 133. https://doi. org/10. 1177/1745691611400234

McNabb, J. C. , & Meade, M. L. (2014). Correcting socially introduced false memories: The effect of restudy. *Journal of Applied Research in Memory and Cognition*, *3*(4), 287 – 292. https://doi. org/10. 1016/j. jarmac. 2014. 05. 007

Meade, M. L. , & Gigone, D. (2011). The effect of information distribution on collaborative inhibition. *Memory*, *19*, 417 – 428. https://doi. org/10. 1080/

09658211. 2011. 583928

Meade, M. L., & Roediger, H. L. (2002). Explorations in the social contagion of memory. *Memory & Cognition*, *30*(7), 995 – 1009. https://doi. org/10. 3758/BF03194318

Meade, M. L., McNabb, J. C., Lindeman, M. I. H., & Smith, J. L. (2017). Discounting input from older adults: The role of age salience on partner age effects in the social contagion of memory. *Memory*, *25*(5), 704 – 716. https://doi. org/10. 1080/09658211. 2016. 1207783

Melton, A. W., & Irwin, J. M. (1940). The influence of interpolated learning on retroactive inhibition and the overt tranfer of specific responses. *American Journal of Psychology*, *53*, 175 – 203. https://doi. org/10. 2307/1417415

Mento, A. J., Steel, R. P., & Karren, R. J. (1987). A meta-analytic study of the effects of goal setting on task performance: 1966 – 1984. *Organizational Behavior and Human Decision Processes*, *39*(1), 52 – 83. https://doi. org/10. 1016/0749-5978(87)90045-8

Mesagno, C., Harvey, J. T., & Janelle, C. M. (2012). Choking under pressure: The role of fear of negative evaluation. *Psychology of Sport and Exercise*, *13*(1), 60 – 68. https://doi. org/10. 1016/j. psychsport. 2011. 07. 007

Minor, G., & Herzmann, G. (2019). Effects of negative emotion on neural correlates of item and source memory during encoding and retrieval. *Brain Research*, *1718*, 32 – 45. https://doi. org/10. 1016/j. brainres. 2019. 05. 001

Mitchell, K. J., & Johnson, M. K. (2009). Source monitoring 15 years later: What have we learned from fMRI about the neural mechanisms of source memory? *Psychological Bulletin*, *135*(4), 638 – 677. https://doi. org/10. 1037/a0015849

Mitchell, K. J., Johnson, M. K., & Mather, M. (2003). Source monitoring and suggestibility to misinformation: Adult age-related differences. *Applied Cognitive Psychology*, *17*(1), 107 – 119. https://doi. org/10. 1002/acp. 857

Miyake, A., Friedman, N. P., Emerson, M. J., Witzki, A. H., Howerter, A., & Wager, T. D. (2000). The unity and diversity of executive functions and their contributions to complex "frontal lobe" tasks: A latent variable analysis. *Cognitive Psychology*, *41*(1), 49 – 100. https://doi. org/10. 1006/cogp. 1999. 0734

Monge, Z. A., Stanley, M. L., Geib, B. R., Davis, S. W., & Cabeza, R. (2018). Functional networks underlying item and source memory: Shared and distinct network components and age-related differences. *Neurobiology of*

Aging，*69*，140 – 150. https：//doi. org/10. 1016/j. neurobiolaging. 2018. 05. 016

Moran, S. , & Schweitzer, M. (2008). When better is worse： Envy and the use of deception in negotiations. *Negotiation and Conflict Management Research*，*1*，3 – 29. http：//dx. doi. org/10. 1111/j. 1750-4716. 2007. 00002

Mousavi, S. Y. , Low, R. , & Sweller, J. (1995). Reducing cognitive load by mixing auditory and visual presentation modes. *Journal of Educational Psychology*，*87*(2)，319 – 334. https：//doi. org/10. 1037/0022-0663. 87. 2. 319

Mullen, B. (1983). Operationalizing the effect of the group on the individual： A self-attention perspective. *Journal of Experimental Social Psychology*，*19*(4)，295 – 322. https：//doi. org/10. 1016/0022- 1031(83)90025-2

Nie, A. (2018). Facial recall： Feature – conjunction effects in source retrieval versus item recognition. *Perceptual and Motor Skills*，*125*(2)，369 – 386. https：//doi. org/10. 1177/0031512517751725

Nie, A. , & Deng, C. (2023). Detrimental and beneficial effects in ongoing and lasting collaborative memory： Insight from the emotional timeout procedure. *Advances in Cognitive Psychology*，*19*(1)，59 – 79. https：//doi. org/10. 5709/ acp-0376-4

Nie, A. , & Jiang, G. (2021). Does stimulus emotionality influence associative memory? Insights from directed forgetting. *Current Psychology*，*40*(10)，4957 – 4974. https：//doi. org/10. 1007/s12144-019-00449-w

Nie, A. , Ke, C. , Li, M. , & Guo, B. (2019). Disrupters as well as monitors： Roles of others during and after collaborative remembering in the DRM procedure. *Advances in Cognitive Psychology*，*15*(4)，276 – 289. https：//doi. org/10. 5709/acp-0275-1

Nie, A. , Ke, C. , Guo, B. , Li, M. , & Xiao, Y. (2023). Collaborative memory for categorized lists： Ongoing and lasting effects are sensitive to episodic memory tasks. *Current Psychology*，*42*，3870 – 3887. https：//doi. org/10. 1007/s12144-021-01684-w

Nie, A. , Li, M. , Li, M. , Xiao, Y. , & Wang, S. (2023). Together we lose or gain： Ongoing and enduring impacts of collaboration in episodic memory of emotional DRM lists. *Current Psychology*，*42*，27965 – 27982. https：//doi. org/10. 1007/s12144-022-03940-z

Numbers, K. T. , Barnier, A. J. , Harris, C. B. , & Meade, M. L. (2019). Aging stereotypes influence the transmission of false memories in the social contagion paradigm. *Memory*，*27*(3)，368 – 378. https：//doi. org/10. 1080/

09658211. 2018. 1511809

Numbers，K. T.，Meade，M. L.，& Perga，V. A. (2014). The influences of partner accuracy and partner memory ability on social false memories. *Memory & Cognition*，*42*，1225 - 1238. https://doi. org/10. 3758/s13421-014-0443-9

Ortiz，A.，Johnson，D. W.，& Johnson，R. (1996). The effect of positive goal and resource interdependence on individual performance. *Journal of Social Psychology*，*136*，243 - 249. https://doi. org/10. 1080/00224545. 1996. 9713998

Osth，A. F.，Fox，J.，McKague，M.，Heathcote，A.，& Dennis，S. (2018). The list strength effect in source memory: Data and a global matching model. *Journal of Memory and Language*，*103*，91 - 113. https://doi. org/10. 1016/ j. jml. 2018. 08. 002

Park，S. H.，Son，L. K.，& Kim，M-S. (2016). Social contagion in competitors versus cooperators. *Applied Cognitive Psychology*，*30*，305 - 313. https:// doi. org/10. 1002/acp. 3197

Pasupathi，M. (2001). The social construction of the personal past and its implications for adult development. *Psychological Bulletin*，*127*，651. https:// doi. org/10. 1037/0033-2909. 127. 5. 651

Pleban，R.，& Tesser，A. (1981). The effects of relevance and quality of another's performance on interpersonal closeness. *Social Psychology Quarterly*，44，278 - 285. https://doi. org/10. 2307/3033841

Podolny，J. M. (2005). *Status signals: A sociological study of market competition*. Princeton, NJ: Princeton University Press.

Poortvliet，P. M. (2012). Harming others' task-related efforts: The distinct competitive effects of ranking information on performance and mastery goal individuals. *Social Psychology*，44 (6)，373 - 379. https://doi. org/10. 1027/ 1864-9335/a000161

Pratte，M. S.，& Rouder，J. N. (2011). Hierarchical single- and dual-process models of recognition memory. *Journal of Mathematical Psychology*，*55*(1)， 36 - 46. https://doi. org/10. 1016/j. jmp. 2010. 08. 007

Rajaram，S.，& Pereira-Pasarin，L. P. (2010). Collaborative memory: Cognitive research and theory. *Perspectives on Psychological Science*，*5*(6)，649 - 663. https://doi. org/10. 1177/1745691610388763

Rawson，K. A.，& Dunlosky，J. (2002). Are performance predictions for text based on ease of processing? *Journal of Experimental Psychology: Learning Memory & Cognition*，*28*(1)，69 - 80. https://doi. org/10. 1037/0278-7393.

28. 1. 69

Reysen, M. B. (2003). The effects of social pressure on group recall. *Memory & Cognition*, *31*(8), 1163 – 1168. https://doi. org/10. 3758/BF03195799

Reysen, M. B. (2007). The effects of social pressure on false memories. *Memory & Cognition*, *35*(1), 59 – 65. https://doi. org/10. 3758/BF03195942

Reysen, M. B., & Adair, S. A. (2008). Social processing improves recall performance. *Psychonomic Bulletin & Review*, *15*(1), 197 – 201. https://doi. org/10. 3758/PBR. 15. 1. 197

Roediger, H. L., Meade, M. L., & Bergman, E. T. (2001). Social contagion of memory. *Psychonomic Bulletin & Review*, *8*, 365 – 371. https://doi. org/10. 3758/BF03196174

Ross, L., Greene, D., & House, P. (1977). The "false consensus effect": An egocentric bias in social perception and attribution processes. *Journal of Experimental Social Psychology*, *13*, 279 – 301. https://doi. org/10. 1016/0022-1031(77)90049-X

Rugg, M. D., Mark, R. E., Walla, P., Schloerscheidt, A. M., Birch, C. S., & Allan, K. (1998). Dissociation of the neural collelates of implicit and explicit memory. *Nuture*, *392*(6676), 595 – 598. https://doi. org/10. 1038/33396

Salovich, N. A., & Rapp, D. N. (2020). Misinformed and unaware? metacognition and the influence of inaccurate information. *Journal of Experimental Psychology Learning Memory and Cognition*, *47*(4), 608 – 624. https://doi. org/10. 1037/xlm0000977

Santaniello, G., Ferre, P., Rodriguez-Gomez, P., Poch, C., Eva, M. M., & Hinojosa, J. A. (2018). Recognition memory advantage for negative emotional words has an early expiry date: Evidence from brain oscillations and ERPs. *Neuropsychologia*, *117*, 233 – 240. https://doi. org/10. 1016/j. neuropsychologia. 2018. 06. 006

Saraiva, M., Garrido, M. V., & Albuquerque, P. B. (2020). Emergence and transmission of misinformation in the context of social interactions. *Memory & Cognition*, *49*(1), 1 – 13. https://doi. org/10. 3758/s13421-020-01081-x

Schacter, D. L., Harbluk, J. L., & McLachlan, D. R. (1984). Retrieval without recollection: An experimental analysis of source amnesia. *Journal of Verbal Learning and Verbal Behavior*, *23*, 593 – 611. https://doi. org/10. 1016/S0022-5371(84)90373-6

Schaper, M. L., & Bayen, U. J. (2021). The metamemory expectancy illusion in source monitoring affects metamemory control and memory. *Cognition*, *206*,

104468. https://doi. org/10. 1016/j. cognition. 2020. 104468

Schmader, T. , & Johns, M. (2003). Converging evidence that stereotype threat reduces working memory capacity. *Journal of Personality and Social Psychology*, 85(3), 440 – 452. https://doi. org/10. 1037/0022-3514. 85. 3. 440

Schmader, T. , Johns, M. , & Forbes, C. (2008). An integrated process model of stereotype threat effects on performance. *Psychological Review*, 115(2), 336 – 356. https://doi. org/10. 1037/0033-295X. 115. 2. 336

Sheen, M. , Kemp, S. , & Rubin, D. (2001). Twins dispute memory ownership: A new false memory phenomenon. *Memory & Cognition*, 29, 779 – 788. https://doi. org/10. 3758/BF03196407

Shimamura, A. P. , & Squire, L. R. (1987). A neuropsychological study of fact memory and source amnesia. *Journal of Experimental Psychology: Learning, Memory, and Cognition*, 13, 464 – 473. https://doi. org/10. 1037/0278-7393. 13. 3. 464

Solnick, S. J. , & Hemenway, D. (1998). Is more always better? A survey on positional concerns. *Journal of Economic Behavior and Organization*, 37, 373 – 383. https://doi. org/10. 1016/S0167-2681(98)00089-4

Sparks, J. R. , & Rapp, D. N. (2011). Readers' reliance on source credibility in the service of comprehension. *Journal of Experimental Psychology: Learning, Memory, and Cognition*, 37, 230 – 247. https://doi. org/10. 1037/a0021331

Stark, L. J. , & Perfect, T. J. (2007). Whose idea was that? Source monitoring for idea ownership following elaboration. *Memory*, 15, 776 – 783. https://doi. org/10. 1080/09658210701643042

Steele, C. M. , & Aronson, J. (1995). Stereotype threat and the intellectual test performance of African Americans. *Journal of Personality and Social Psychology*, 69, 797 – 811. https://doi. org/10. 1037/0022-3514. 69. 5. 797

Suls, J. , & Wheeler, L. (Eds.). (2000). *Handbook of social comparison: Theory and research*. Kluwer Academic Publishers. https://doi. org/10. 1007/978-1-4615-4237-7

Sun, Q. , Gu, S. , & Yang, J. (2018). Context and time matter: Effects of emotion and motivation on episodic memory overtime. *Neural Plasticity*, 2018, 7051925. https://doi. org/10. 1155/2018/7051925

Symeonidou, N. , & Kuhlmann, B. G. (2022). Better memory for emotional sources? A systematic evaluation of source valence and arousal in source memory. *Cognition and Emotion*, 36(2), 300 – 316. https://doi. org/10. 1080/

02699931. 2021. 2008323

Takahashi, M. , & Saito, S. （2004）. Does test delay eliminate collaborative inhibition? *Memory*, *12*（6）, 722 – 731. https://doi. org/10. 1080/09658210344000521

Tauer, J. M. , & Harackiewicz, J. M. （1999）. Winning isn't everything: Competition, achievement orientation, and intrinsic motivation. *Journal of Experimental Social Psychology*, *35*, 209 – 238. https://doi. org/10. 1006/jesp. 1999. 1383

Tesser, A. （1988）. *Toward a self-evaluation maintenance framework of social behavior*. In L. Berkowitz（Ed. ）, Advances in experimental social psychology （Vol. 21, pp. 181 – 227）. New York, NY: Academic.

Thorley, C. , & Dewhurst, S. A. （2007）. Collaborative false recall in the DRM procedure: Effects of group size and group pressure. *European Journal of Cognitive Psychology*, *19*（6）, 867 – 881. https://doi. org/10. 1080/09541440600872068

Thomas, A. K. , & Dubois, S. J. （2011）. Reducing the burden of stereotype threat eliminates age differences in memory distortion. *Psychological Science*, *22*（12）, 1515 – 1517. https://doi. org/10. 1177/0956797611425932

Thorn, W. A. F. （1960）. *A study of the correlates of dissociation as measured by posthypnotic amnesia*. Unpublished honors thesis, University of Sydney, Sydney, Australia.

Ventura-Bort, C. , Dolcos, F. , Wendt, J. , Wirkner, J. , Hamm, A. O. , & Weymar, M. （2020）. Item and source memory for emotional associates is mediated by different retrieval processes. *Neuropsychologia*, *145*, 106606. https://doi. org/10. 1016/j. neuropsychologia. 2017. 12. 015

Ventura-Bort, C. , Low, A. , Wendt, J. , Molto, J. , Poy, R. , Dolcos, F. , . . . Weymar, M. （2016）. Binding neutral information to emotional contexts: Brain dynamics of long-term recognition memory. *Cognitive, Affective, & Behavioral Neuroscience*, *16*（2）, 234 – 247. https://doi. org/10. 3758/s13415-015-0385-0

Wang, B. , & Fu, X. （2011）. Time course of effects of emotion on item memory and source memory for Chinese words. *Neurobiology of Learning and Memory*, *95*（4）, 415 – 424. https://doi. org/10. 1016/j. nlm. 2011. 02. 001

Wang, W. , Tang, M. , Zhang, H. F. , & Lai, Y. C. （2015）. Dynamics of social contagions with memory of nonredundant information. *Physical reviewe*, *92*（1）, 012820. https://doi. org/10. 1103/PhysRevE. 92. 012820

Wang, J. Y., Weber, F. D., Zinke, K., Noack, H., & Born, J. (2017). Effects of sleep on word pair memory in children - separating item and source memory aspects. *Frontiers in Psychology*, *8*, 1 - 9. https://doi.org/10.3389/fpsyg.2017.01533

Ross, L., & Ward, A. (1996). Naive realism in everyday life: Implications for social conflict and misunderstanding. In E. S. Reed, E. Turiel, & T. Brown (Eds.), *Values and knowledge* (pp. 103 - 135). Lawrence Erlbaum Associates, Inc.

Weidemann, C. T., & Kahana, M. J. (2017). Dynamics of brain activity reveal a unitary recognition signal. *Bio Rxiv*, *45*(3), 440 - 451. https://doi.org/10.1101/165225

Weldon, M. S., & Bellinger, K. D. (1997). Collective memory: Collaborative and individual processes in remembering. *Journal of Experimental Psychology: Learning, Memory, and Cognition*, *23*(5), 1160 - 1175. https://doi.org/10.1037/0278-7393.23.5.1160

Weldon, M. S., Blair, C., & Huebsch, R. D. (2000). Group remembering: Does social loafing underlie collaborative inhibition? *Journal of Experimental Psychology Learning, Memory and Cognition*, *26*(6), 1568 - 1577. https://doi.org/10.1037//0278-7393.26.6.1568

Weltman, D., & Eakin, M. (2014). Incorporating unusual fonts and planned mistakes in study materials to increase business student focus and retention. *Informs Transactions on Education*, *15*(1), 156 - 165. http://doi.org/10.1287/ited.2014.0130

Wessel, I., Zandstra, A. R. E., Hengeveld, H. M., & Moulds, M. L. (2015). Collaborative recall of details of an emotional film. *Memory*, *23*(3), 437 - 444. http://doi.org/10.1080/09658211.2014.895384

Weymar, M., Low, A., Melzig, C. A., & Hamm, A. O. (2009). Enhanced long-term recollection for emotional pictures: Evidence from high-density ERPs. *Psychophysiology*, *46*(6), 1200 - 1207. https://doi.org/10.1111/j.1469-8986.2009.00869.x

Whillock, S. R., Meade, M. L., Hutchison, K. A., & Tsosie, M. D. (2020). Collaborative inhibition in same-age and mixed-age dyads. *Psychology and Aging*, *35*(7), 963 - 973. https://doi.org/10.1037/pag0000490

White, J. B., Schmitt, M. T., & Langer, E. J. (2006). Horizontal hostility: Multiple minority groups and differentiation from the mainstream. *Group Processes and Intergroup Relations*, *9*(3), 339 - 358. https://doi.org/10.

1177/1368430206064638

Wissman, K, T. , & Rawson, K. A. (2015). Why does collaborative retrieval improve memory? Enhanced relational and item—specific processing. *Journal of Memory and Language*, *84*, 75 – 87. https://doi. org/10. 1016/j. jml. 2015. 05. 003

Wixted, J. T. , Goldinger, S. D. , Squire, L. R. , Kuhn, J. R. , Papesh, M. H. , Smith, K. A. , Treiman, D. M. , Steinmetz, P. N. (2018). Coding of episodic memory in the human hippocampus. *PNAS Proceedings of the National Academy of Sciences of the United States of America*, *115*(5), 1093 – 1098. https://doi. org/10. 1073/pnas. 1716443115

Wood, G. , Vine, S. J. , & Wilson, M. R. (2016). Working memory capacity, controlled attention and aiming performance under pressure. *Psychological Research*, *80*(4), 510 – 517. https://doi. org/10. 1007/s00426-015-0673-x

Wright, D. B. , Self, G. , & Justice, C. (2000). Memory conformity: Exploring misinformation effects when presented by another person. *British Journal of Psychology*, *91*(2), 189 – 202. https://doi. org/10. 1348/000712600161781

Wright, D. B. , London, K. , & Waechter, M. (2010). Social anxiety moderates memory conformity in adolescents. *Applied Cognitive Psychology*, *24*(7), 1034 – 1045. https://doi. org/10. 1002/acp. 1604

Wright, D. B. , & Villalba, D. K. (2012). Memory conformity affects inaccurate memories more than accurate memories. *Memory*, *20*(3), 254 – 265. https://doi. org/10. 1080/09658211. 2012. 654798

Ye, J. , Nie, A. , & Liu, S. (2019). How do word frequency and memory task influence directed forgetting: An ERP study. *International Journal of Psychophysiology*, *146*, 157 – 172. https://doi. org/10. 1016/j. ijpsycho. 2019. 10. 005

Yonelinas, A. P. , Aly, M. , Wang, W. C. , & Koen, J. D. (2010). Recollection and familiarity: Examining controversial assumptions and new directions. *Hippocampus*, *20*(11), 1178 – 1194. https://doi. org/10. 1002/hipo. 20864

Yu, R. f. , & Wu, X. (2015). Working alone or in the presence of others: Exploring social facilitation in baggage X-ray security screening tasks. *Ergonomics*, *58*(6), 857 – 865. https://doi. org/10. 1080/00140139. 2014. 993429

Zaragoza, M. S. , & Lane, S. M. (1998). Processing resources and eyewitness suggestibility. *Legal and Criminological Psychology*, *3*(2), 305 – 320. https://doi. org/10. 1111/j. 2044-8333. 1998. tb00368. x

Zaragoza，M. S.，Lane，S. M.，Ackil，J. K.，& Chambers，K. L.（1997）. Confusing real and suggested memories：Source monitoring and eyewitness suggestibility. In N. L. Stein，P. A. Ornstein，B. Tversky，& C. Brainerd （Eds.），*Memory for everyday and emotional events*（pp. 401 - 425）.

Zhang，J.，Wang，Y.，Xiao，W.，& Luo，Z.（2015）. Synthesizing ornamental typefaces. *Computer Graphics Forum*，*36*（1），64 - 75. https://doi. org/10. 1111/cgf. 12785

Zhou，W.，Nie，A.，Xiao，Y.，Liu，S.，& Deng，C.（2020）. Is color source retrieval sensitive to emotion? Electrophysiological evidence from old/new effects. *Acta Psychologica*，*210*，103156. https://doi. org/10. 1016/j. actpsy. 2020. 103156

Zhu，B.，Chen，C.，Loftus，E. F.，Lin，C.，He，Q.，Chen，C.，Li，H.，Moyzis，R. K.，Lessard，J.，& Dong，Q.（2010）. Individual differences in false memory from misinformation：Personality characteristics and their interactions with cognitive abilities. *Personality and Individual Differences*，*48* （8），889 - 894. https://doi. org/10. 1016/j. paid. 2010. 02. 016

邓灿.（2021）. 合作和提取任务对情绪词记忆的影响——基于情绪遗留效应角度. 硕士学位论文,浙江大学,杭州.

郭冰燕.（2019）. 定向遗忘调节合作记忆吗？——情绪效价与合作方式的作用. 硕士学位论文,浙江大学,杭州.

柯淳淳.（2017）. 合作对记忆的抑制和促进——基于回忆任务的研究. 硕士学位论文,浙江大学,杭州.

柯淳淳,聂爱情,张瑞卿.（2017）. 回忆任务对合作抑制和错误修剪的调节——情绪效价和编码水平的影响. 心理学报 49(6)，12. https://doi. org/10. 3724/ SP. J. 1041. 2017. 00733

刘丽婷.（2018）. 情绪对自发性错误记忆的影响及其机制. 硕士学位论文,浙江大学,杭州.

李梦梦.（2022）. 合作对性别刻板印象词情景记忆的影响——线索的调节作用. 硕士学位论文,浙江大学,杭州.

李旻烨.（2022）. 社会互动对情景记忆的调节机制：基于年龄刻板印象的研究. 博士学位论文,浙江大学,杭州.

刘斯.（2021）. 合作频率和合作顺序对记忆绩效的促进和抑制. 硕士学位论文,浙江大学,杭州.

刘希平,张环,唐卫海.（2014）. 协作抑制的作用机制:来自编码阶段的证据. 心理科学,37(3)，559 - 566. https://doi. org/CNKI:SUN:XLKX. 0. 2014-03-008

聂爱情,姜敬国,付乔,张瑞卿.（2015）. 任务类型对面孔联合效应和特征效应的调节. 心理学报 44（5），570 - 583. https://doi. org/10. 19495/j. cnki. 1007-5429. 2019. 03. 023

彭聃龄.（2019）.长时记忆.载于彭聃龄等编，普通心理学（第 5 版）（233—246 页）.北京：北京师范大学出版社.

唐亮.（2021）.年龄刻板印象对学龄期儿童情景记忆的影响——基于合作的视角.硕士学位论文，浙江大学，杭州.

赵珂珂.（2013）.情绪词对不同类型来源记忆的影响.硕士学位论文，曲阜师范大学，曲阜.

索　引